特別支援教育サポートBOOKS

通級指導教室・特別支援学級で使える

河村式 カタカナプリント

河村 優詞 著

明治図書

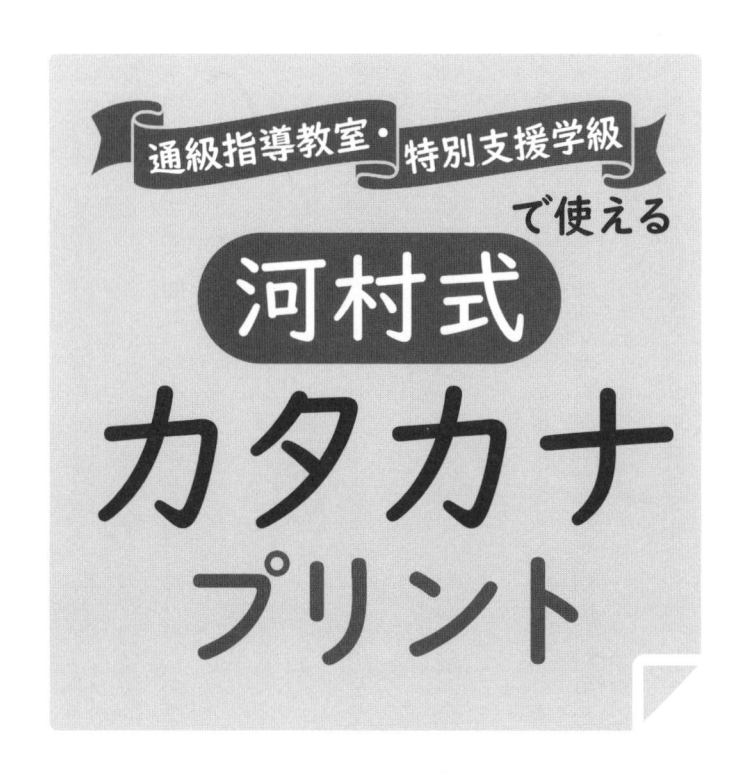

はじめに

本書はひらがなの清音の読み書きの習得がある程度進んだ児童を対象にした通級指導教室・特別支援学級向けのカタカナ指導法および教材です（ひらがなの清音の読み書きが不十分な場合、姉妹編の『河村式ひらがなプリント』で習得を図りましょう）。

文字の習得は児童たちのその後のあらゆる学習に影響します。絵本に教科書、説明書、作文、日記、行事の司会の台本など、文字が分からなければその後の学校における様々な活動に大きな制約が伴います。言い換えれば文字の未習得はその子の活躍の機会を減らしてしまう可能性があるということです。さらに、文字の習得は将来における生活にも影響が大きい学習です。特にカタカナの読み書き獲得は外来語の習得と深く関わっています。そのため、ひらがなの読み書きを習得できたら、それを維持しつつ、さらにカタカナの指導を計画する必要があります。

本書では科学的な研究に基づく知見と、現場の教師の有していたノウハウを融合させて開発した指導プログラムと教材を紹介します。このプログラムは、児童たちから得られたデータをもとにして分量やレイアウトが考えられており、様々な特性の児童たちが効率よくカタカナを身に付けられるような設計になっています。無論、全ての児童を網羅できるものではありませんので、必要に応じて個々への対応の工夫は必要になりますが、指導の個別化を図る前に全員に行うベーシックな指導として活用できるでしょう。

本書は初任者からベテランまで、簡単に指導ができるようデザインされています。しかしそれだけではなく、本書のプログラムに即して指導を行うことで、教師も知らず知らずのうちに専門的な指導法を身に付けてスキルアップを図ることができるように構成されています。多くの教師が知らないテクニックの数々、例えば「シェーピング」「刺激性制御」「条件性弁別」「刺激等価性」「プレマックの原理」「刺激ペアリング手続き」「恣意的遅延見本合わせ」等、専門家が用いる高度な指導技法を習得することができれば、その後の他教科の指導のレベルアップにもつながるはずです。

読み書きが苦手な児童たちのカタカナ学習の支援教材として、本書をご活用いただけることを願っています。

２０２５年１月

河村優詞

目次

ダウンロード教材

1　本書のプログラムの特徴

本書の指導プログラムは特別支援学級向けのひらがな教材『通級指導教室・特別支援学級で使える河村式ひらがなプリント』の続編として開発されました。近年、特別支援教育に関する教材は多数出版されていますが、本プログラムは応用行動分析学（ABA: Applied Behavior Analysis）をベースとし、科学的な有効性が確認された指導法を複数含んでいます。

特徴①　余計な刺激が少ない

余計な刺激が多いプリント教材は児童の集中を損なうため、本プログラムは余計な刺激を排したシンプルなプリントとダウンロード教材の文字カードを中心に構成されています。また、余白を広くとっているため、誤字が生じた際に消させずに余白に書かせる、教師が手本を余白に書くなど、柔軟な運用がしやすいように構成されています。

特徴②　自力学習と個別化の併用がしやすい

本書のプリントは「絵と字を線で結ぶ」「なぞる・書く」等、シンプルな課題のみで構成されており、視線の流れも右から左、上から下へと概ね一定になるよう構成されているため、ある程度慣れると児童が自力で書き進められるようになってきます。カード等を用いた個別指導が必要になることがありますが、他の児童が自力でプリントを行っている際に、順番に個別指導を行うこともできるでしょう。

特徴③　記憶状況を把握しやすい

読みの復習や書きのテストを毎日行うため、児童の今できること、できないことを把握しやすく、それに応じた追加的な学習が行いやすい仕組みになっています。その児童がどの文字を何日間覚えていられたか、という記録があれば、復習の計画を立てやすくなるはずです。記録用紙の様式を巻末（163〜167頁）に含めましたので、読み書きできる字とできない字を細かに確認し、復習の計画に役立ててください。

2　指導の原則

即時の称賛的フィードバック

各指導方法の詳細は後述しますが、あらゆる指導において重要な点が、児童に肯定的なフィードバックを即時返すことです。読み書きに成功したら、すぐさま「ナイス！」「いいね！」等と大げさに称賛しましょう。また、いつもは書字が乱雑な子が、少しでも普段よりきれいな字を書いていたら「このマスの字、いつもよりきれいだね！」「はみ出さずに書けている！」というように、その子の中の平均点以上の成果であればどんどん称賛していきましょう。

どのような称賛が有効かという点については個人差が大きいので、その子が嬉しい褒め方を探してください。多くの場合、「即時」「具体的に」「視覚刺激を伴って」褒めると、行動に影響しやすくなります。

①即時

児童の読みの発声や筆記から数秒以内に称賛します。時間を経てから帰りの会等で褒めると、効果が薄くなることが多いです。

②具体的に

児童が何を褒められているか分かりやすくします。例えば書字の丁寧さを褒める場合、きれいに書けているところに赤ペンで印をつけながら褒めるとよいでしょう。

③視覚刺激を伴って

声だけで褒めても分かりにくい場合が多いです。赤ペンのマルやシールなどの視覚的な刺激を伴って褒めるとよいでしょう。

ただし、児童がふざけている時、泣いている時、怒っている時、落ち込んでいる時など、ネガティブな状態の時に称賛すると、そのような状態を助長してしまうので、そのような事態が生じている場合は何も声をかけないのが正解になります。特に低学年では「ネガティブな時以外は全て褒める」ぐらいの感覚で、常に肯定的なフィードバックを返すとよいでしょう。

バツはつけない・消しゴムも使わない

消しゴムで消す行動は児童に不要な負担をかけてしまうことがあります。また、誤字を消しゴムで消そうとしてうまく消せずに紙が汚くなったり、破れたりすると、児童のやる気を削いでしまいます。そのため、本プログラムでは誤字は消させず、余白にもう一度書かせ、称賛する方法で修正を図ります。この「もう一度書かせる」というのを嫌がる児童の場合、時間を置いて別の紙に書かせると意外にもすんなりと書いてくれることがあります。ただし、「間違えた字を見られたくない」というように、自ら消すことを希望する場合は消させても構いません。また、児童が書くべき文字が分からなくなった時に「考えさせよう」と思ってすぐに答えを教えない方針の先生もいますが、これは学習への負担を増し、文字に嫌悪感をもつ源になりますので、本プログラムではすぐに答えを教えて構いません。

読み書きの基礎にねらいを絞る

文字の書きを指導する際には、「正しい筆順で」「止め・はね・払いを正確に」等、様々なねらいが考えられます。同様に読みを指導する際には「大きな声で」「はきはきと」等、様々なねらいが想定できます。しかし、ねらいの数を増やしすぎると指導効果は大幅に薄れます。そこで本プログラムでは、極限までシンプルに、①「手本なしで、1文字をパッと読める」②「手本なしで、1文字をパッと書ける」、以上の2点を優先的にねらいます。

読み書きは「パッと」できるまで練習する必要があります。「えーっと……」と思い出しつつ読み書きするような場合、しばらく時間が経つと忘れてしまうことがほとんどです。読み書きに時間を要した字は記録し、復習しましょう。

もう一点大切なことは、「手本なしで」できるようにするということです。つまり、「教師の読みを復唱する」「文字を見て文字を書く」という視写ではなく、「文字を見て自力で読める」「絵を見て文字を書く」「教師の声を聞いて聴写する」というところまでできるように指導しましょう。

これら以外の「筆順」「止め・はね・払い」等の内容は、可能であれば付加的にねらうこととし、強くこだわりません。筆記の際の字形は徐々に修正すればよいので、最初は最低限読める程度であれば構いません。筆順も極端に書きにくくならない順序であれば、ある程度大目に見て構いません。ただし、「シ・ツ」「ソ・ン」のみ、筆順によって読みが変わってしまうので、可能であれば初回学習時から正しい筆順を覚えさせましょう。

3　カタカナ指導を開始する前に（前駆的スキルの確認・指導）

ひらがなの清音の大部分を読み書きできるか

本プログラムにはひらがなとカタカナを同じ音の文字として結びつける課題が含まれています。そのため、ひらがなの清音の読み書きが十分習得されていることが前提となります（特殊音はこの時点では未習得で構いません）。

ひらがな清音のうち、読み書きできない文字が5文字以上ある場合は、習得状況が不十分であると判断し、『通級指導教室・特別支援学級で使える河村式ひらがなプリント』を使用して指導してみましょう。また、どの程度ひらがなが読み書きできるか分からない場合、前書に含まれるテストや文字カードを使って確認してみましょう。なお、仮にひらがなが読み書きできたとしても、カタカナの学習を開始すると、ひらがなが読み書きできなくなることがあります。並行して少しずつ復習を行いましょう。

最低限度の学習態勢が確立されているか

机に向かう学習には大なり小なり負担が伴います。嫌がる児童に無理やり取り組ませると、文字の学習そのものが嫌いになり、今後の漢字の学習にも悪影響を及ぼすことがあります。また、絵本などの児童が楽しめる課題の中だけで指導することも考えられますが、学習の密度が確保できず、習得が難しくなることがあります。このような場合、「カタカナ学習が終わったら粘土で遊べる」「絵本が読める」というように、その子が好む課題をご褒美にして、学習態勢を整える方法があります。また、指定された課題が終わったら、スタンプを押したりシールを与えたりするなどの手段を講じても構いません。このように物を与える方法に抵抗を覚える先生もいますが、近年では全く害がなく、むしろ積極的に行われるべきものであるとされています。

最低限の語彙量はあるか

本書のプリントには絵を手掛かりとした筆記課題が含まれています。そのため、絵を見て名称がある程度言えることが前提となっています。仮に未習得の語彙が多いことが予想される場合、本書のプリントの挿絵を指差して「これは？」と問い、教師が手本を言って復唱させ、手本を徐々に減らす指導を反復実施して、絵の名前が言えるように指導しておきましょう。

4 読みの指導法

文字カード（ダウンロード教材：20頁）を使用し、以下の方法で指導します。２文字を１セットにして進めます。

「読み聞き」

フラッシュカードの要領で、教師がカードを見せて読みを言うところを見せます。復唱させても構いません。負荷が低い学習方法ですが、児童に反応を求めない分、集中の持続が難しく、これだけではなかなか覚えられない子もいます。その場合、後述する「読み言い」とセットで行い、たまに「これはなんて読む？」と問うて発声を求めましょう。

「読み言い」

文字カードを見せて「これは？」と問い、児童に読みの発声を求めます。言えない場合は教師が手本を言い、復唱させます。自力で言えず、手本の復唱であっても「ナイス！」「いいね！」等と励ましましょう。そして数秒ずつ教師の手本を遅らせ、自分で読みが言えるようにします。集団で実施すると他者の読みの復唱になってしまい、文字を見て読むという学習にならないこともありますが、誤答が目立たないのでネガティブな反応が生じにくいです。逆に個別で行うとよく覚えますが、負荷が大きく、誤答を気にする子もいます。その場合、「読み聞き」の活動を併用しましょう。

「カード取り」

机の上に数枚のカタカナカードを並べ、教師がひらがなカード１枚を見せて「これと同じのはどれ？」と問うて対応するカタカナカードを取らせます。これができたら逆に机の上に数枚のひらがなカードを並べ、教師がカタカナカードを１枚見せて「これと同じのはどれ？」と問い、対応するカードを取らせましょう。カードが大きすぎる場合は縮小コピーしてください。

発声や記憶が困難なケースは「指差し」を追加

緊張その他、様々な理由で声の表出が難しく、「読み言い」ができないケースもあるでしょう。このような場合、数枚のカードを机の上に並べ「〃ア〃はどれ？」のように教師が問うて、児童にカードの指差しを求める学習方法があります。指差しは発声が難しいケースだけでなく、記憶を促したい場合にも活用できます。また、カルタと似た課題なので、学習後のゲーム的な課題としてご褒美に使うこともできるでしょう（その際、必ず絵が含まれていない、文字だけのカードを使用しましょう）。

進行ペースと復習

進行のペースは児童の記憶の状況によって異なります。読み書きを問わず「パッとできるものは記憶に残りやすい」という法則があります。読めなかったカードの他、「えーっと……」と少し詰まるカードがあったら数分時間を置いて再度練習しましょう。進めるペースは1日2文字を上限に、8～9割以上の正答率をキープできる範囲で進行するとよいでしょう。

読めない文字が増えた場合、進行を一度止め、同じ文字を数日かけて繰り返し練習しましょう（これは書きの学習でも同様です）。

また、これまでに学習した仮名の復習も毎日繰り返し行います。可能なら既習の文字全てを毎日復習するとよいでしょう。ひらがなの復習も適宜混ぜて行いましょう。学習が進んで習った文字が増え、全ての文字の復習が大変な場合は、連続して何日か正答している文字の復習を1日飛ばしてみましょう。そしてその翌日も覚えていたら2日飛ばし、さらにその翌日も覚えていたら3日飛ばし、というように、徐々に復習の間隔を空けてみましょう。

後述するプリントを使った筆記の学習よりも、数文字先行させて読みの習得が進むのがベストです。また、プリントの学習に児童が慣れると、教師の手が空くタイミングをつくれます。その時に、教師が児童の席で個別に「読み言い」を行い、読める文字を確認しながら学習を進めてもよいでしょう。

読みの学習スケジュールのイメージ

	1日目	2日目	3日目	4日目	5日目	6日目	7日目	8日目	9日目	10日目
ア	○	○	○	○	○	なし	○	なし	なし	○
イ	×	○	○	○	○	なし	○	なし	なし	○
ウ			○	○	○	○	なし	○	○	○
エ			○	○	○	○	なし	○	○	○
オ				×	○	○	○	なし	○	○
カ				×	○	○	○	なし	○	○
キ						○	○	○	○	なし
ク						○	○	○	○	なし
ケ							○	○	○	○
コ							○	○	○	○
サ								○	○	○
シ										○
ス										○
セ										○
ソ										○
タ										○

2文字で1セット

前に習った2文字をきちんと覚えてから、次の2文字を開始しましょう。

指導時間を短縮したい場合何日か連続で正答できていたら少しずつ間を空けてみましょう。

5 教材の使い方

教材は「①清音プリント」「②特殊音プリント」「③テスト」「④文字カード」「⑤単語・書き分けプリント」「⑥記録用紙」で構成されています。

① 清音プリント（その1〜23）

1日分4枚で構成されています（16頁の図を参照）。4枚をステイプラ止めして児童に配付します。1ページ目は、ひらがなとカタカナを線で結ぶ課題です。「これは〝ア〟だね」というように教師が指差して読みを言いながら進めるとよいでしょう。

2〜3ページ目はなぞりと視写が中心です。開始時に教師が「アイロンの〝ア〟」のように絵を指差して単語の読みを言い聞かせます。薄い色の線やマスから大きくはみ出す場合は、はみ出さなかった箇所に小さな○をつけて称賛する、はみ出さなかった画数を「3ポイントゲット」のように得点化して、ポイントに応じてシールを与える等の称賛的な方法で、はみ出さずに書く画数を少しずつ増やしていきましょう。3ページ目の末尾には絵に応じた文字を書く課題があり、これは視写やなぞりよりも記憶に効果的です。

4ページ目には手本を見ずに筆記する課題があり、これは記憶に対する効果が最も高い部分ですが、その分難度も高い課題となっています。書けない様子であれば余白に手本を書くか、前のページにさかのぼって答えを見ても構わない旨を説明しましょう。

② 特殊音プリント（その24〜40）

清音を十分覚えた後に使用するプリントです（17頁の図を参照）。濁音・半濁音のプリント（その24〜28）は清音プリントと同様に筆記とテストを反復します。拗音・促音・長音プリント（その29以降）は単語を読みつつ、何度か隣の点・直線・曲線を鉛筆で叩く、なぞる等してリズムを覚えてから筆記させ、テストを反復します。点と直線「|」は1文字で1拍、曲線は2文字で1拍のリズムです。清音と同様に、これまでに学んだ字にさかのぼって復習するため、テストをなるべく多く行いましょう。

③ テスト（①〜⑰）

文字の記憶上、一番重要なのは「テスト」です。時間と負担が許容するのであれば、これまでに習った全てのカタカナのテストを行いたいところです。習っていない箇所はあらかじめ斜線を引くか、教師が答えを書いておきます（17頁の図を参照）。誤答は余白に答えを書いて視写させます。テストの誤答が多い場合、1回目のテストは「テストの練習」とし、直しを行ってから「本番テスト」として2回目のテストを行ってもよいでしょう。これは記憶のためだけでなく、正答率を上げることで児童に誤答を気にさせないためでもあります。

また、誤答率が高い場合は清音プリントの進行ペースを落とし、同じ文字の学習を2～3日行ってから次に進む計画にしてもよいでしょう。後半になってくると、これまでに習った文字が多くなり、テストの量も増えていきます。そのような場合、読みの学習と同様、「毎回書けている字は斜線を引いて1日飛ばす」というように、負担の軽減を図りましょう。

④ 文字カード

先述した「読み聞き」「読み言い」「カード取り」に使います。他のカードを使用する場合、絵が含まれていると文字を覚えにくくなることがありますので、文字だけを見せられるようにしましょう（この教材のダウンロード方法については20頁をご覧ください）。

⑤ 単語・書き分けプリント

清音プリント・特殊音プリントの指導が最後まで進み、ある程度読み書きを覚えられてから開始します。単語単位での筆記、およびひらがな・カタカナの書き分けを指導するためのプリントです。「カタカナことばれんしゅう」「カタカナことばテスト」のプリントを反復してカタカナによる単語の筆記を習得させます。また、「ひらがなことばれんしゅう」「ひらがなことばテスト」も同様に反復し、ひらがなによる単語の筆記を習得させます。手本を見ずに単語の筆記ができるようになってから、「どちらかな」のプリントで徐々に書き分けができるように指導していきましょう（この教材のダウンロード方法については20頁をご覧ください）。

⑥ 記録用紙

きちんと記憶を定着させることができていないのに学習を先に進めると、効率が悪いばかりか過剰な負荷を児童に与えてしまいます。そのため、その日にどの文字をテストで書けたか、読めたかを確認するための記録をとりましょう。この表を見て、どの程度の密度で復習を行うか等、翌日の指導を計画してみてください。

なぞりや視写を行います。ここでは記憶が促されない子もいますので，負担が大きすぎる場合，数マス削って構いません。

線で結ばせましょう。

教師が指差して読みを教えましょう。

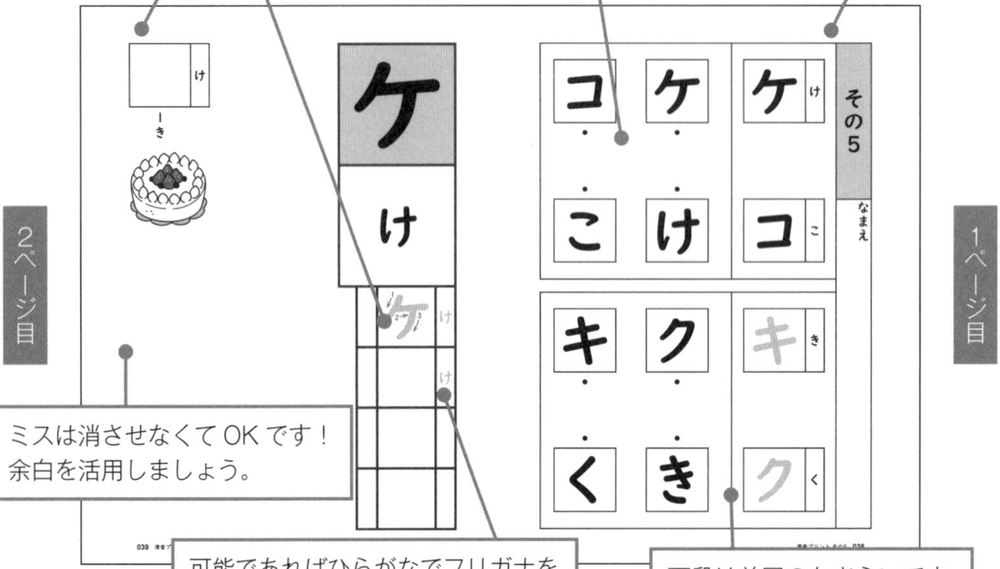

ミスは消させなくてOKです！余白を活用しましょう。

可能であればひらがなでフリガナを書かせると記憶が促進されます。

下段は前回のおさらいです。

手本を見ずに書きます。
ここが一番，記憶効果が高いです。
前回・前々回の復習も含まれています。

絵に応じた文字を書きます。他のマスよりも効果が高いです。

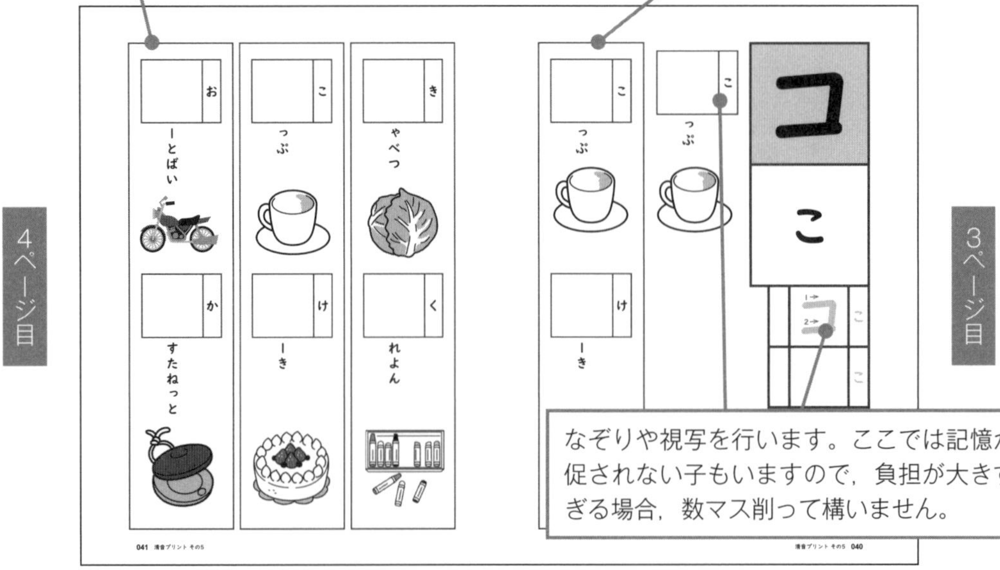

なぞりや視写を行います。ここでは記憶が促されない子もいますので，負担が大きすぎる場合，数マス削って構いません。

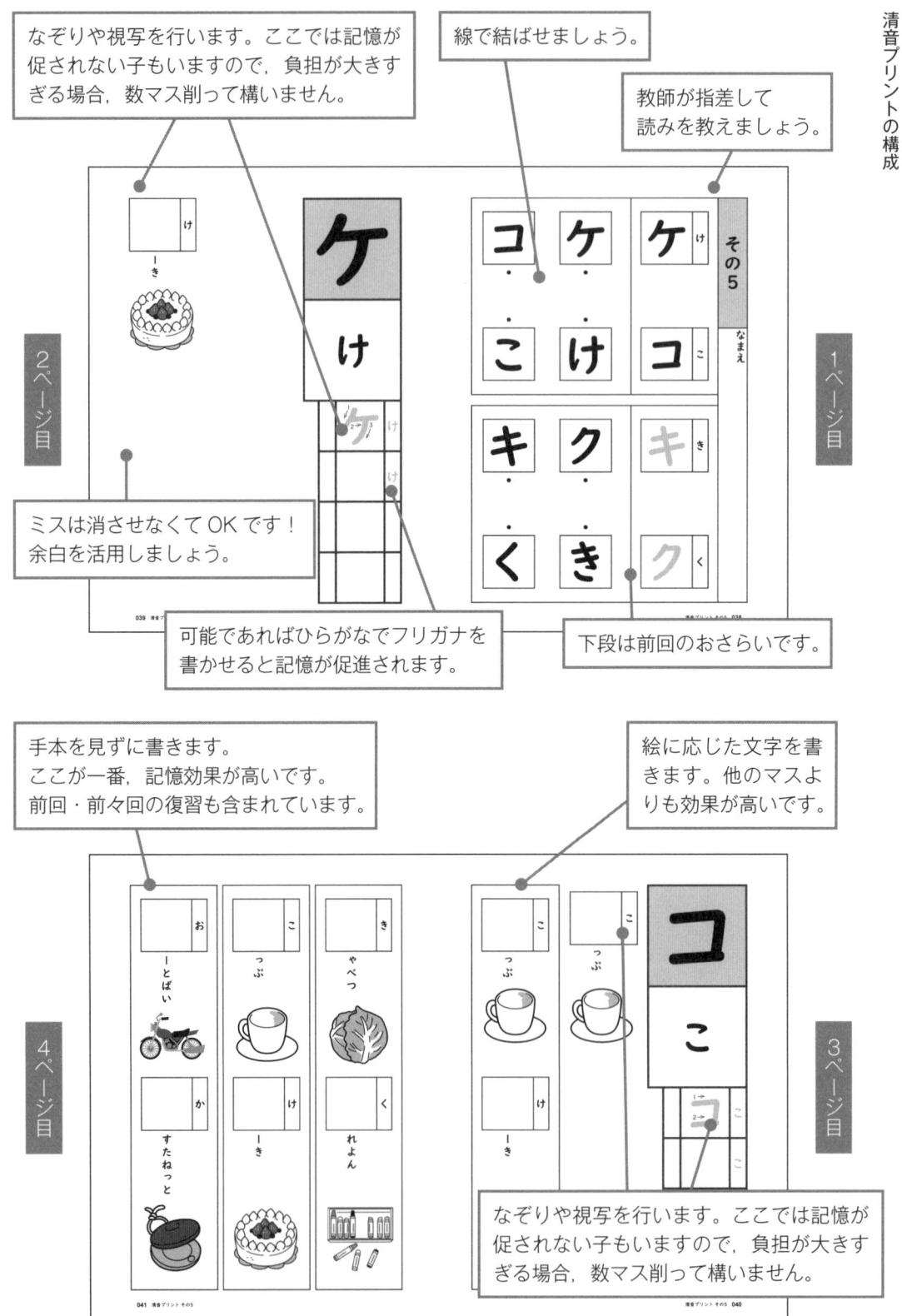

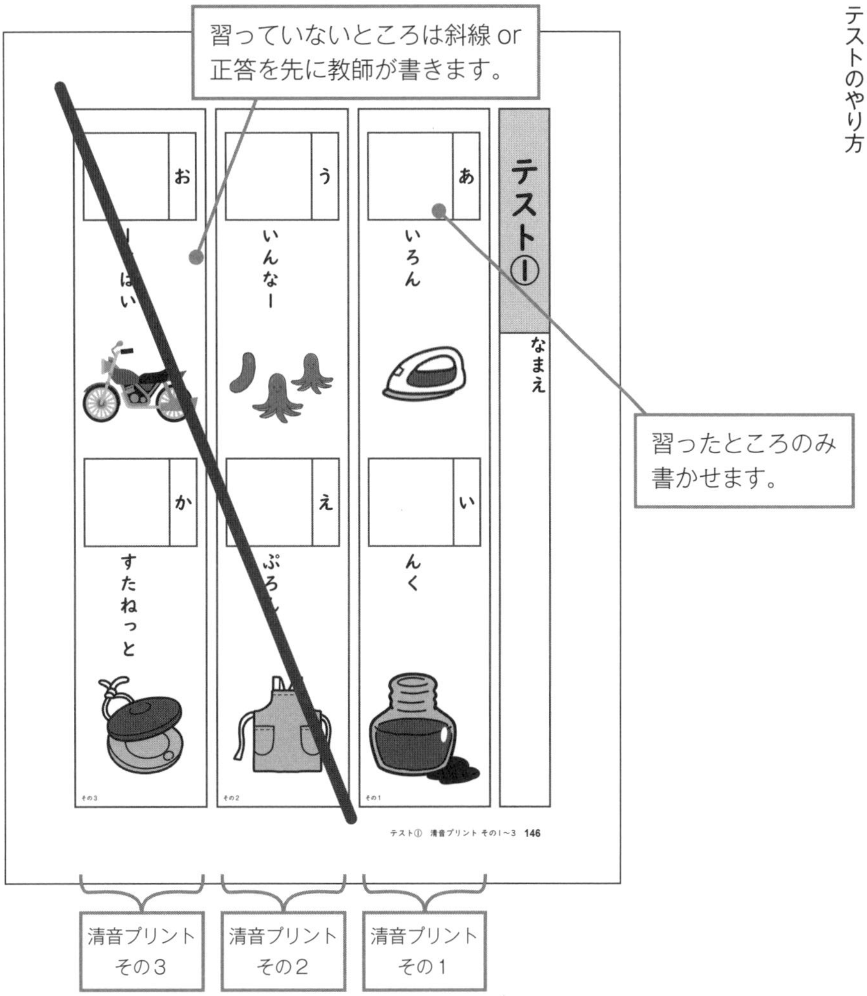
習っていないところは斜線 or
正答を先に教師が書きます。
習ったところのみ
書かせます。
テスト①
なまえ
あ
いろん
い
んく
う
いんなー
え
ぷろ
お
はい
か
すたねっと
テスト① 清音プリント その1～3 146
清音プリント
その3
清音プリント
その2
清音プリント
その1

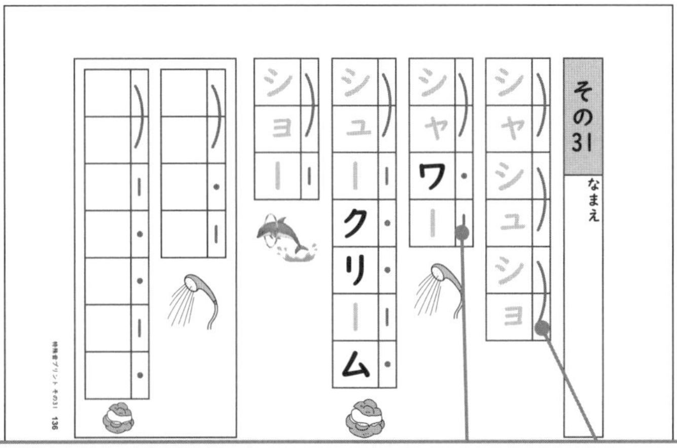
その31
なまえ
シャシュショ
シャワー
シュークリーム
ショー
特殊音プリント その31 136

文字の横の点や直線・曲線を叩いたり，なぞったりしながら何度か読み，その後筆記させます。点と直線は１文字で１拍，曲線は２文字で１拍です。テストの際も，先にこの点・直線・曲線をなぞりつつ，リズムよく唱えてから書かせましょう。

6 授業のスタイル

クラス全員がカタカナを新規に学習する場合、集団全体に文字カードを見せつつ読みを言う「読み聞き」で授業を開始するとよいでしょう。これまでに習ったカタカナ全数の読みを1～2周、その日に新たに習うカタカナ2文字を2～3周程度行い、その後、「今日はアイロンの〝ア〟」というように、単語を例に出しつつ黒板に字を書いて見せます。人数が少なければ、カードを見せて「これは？」と問い、文字を読ませる「読み言い」をこのタイミングで順番に行います。人数が多く待ち時間が長くなる場合は、「読み言い」を行わず、そのまま清音プリントを用いた学習を始めることも検討します。配付時に文字を指差して「今日は〝ア〟と〝イ〟をやるよ」というように説明を付加してもよいでしょう。そして児童が黙々と清音プリントに取り組んでいたら個々の席を回って一人ずつ「読み言い」や「カード取り」を行いましょう。清音プリントができた児童から時間を空けずにテストへと進みます（全員が終わるのを待っていると、その間に忘れてしまったり、ヒマになって別のことを始めたりしてしまうかもしれません。待ち時間は極力減らしましょう）。

テストは記憶効果が高いものの、負担が大きい課題です。終わった後に好きな絵本を読めるなど、お楽しみの課題を用意するのもよい手段です。テストの正答率が低い場合は先に進まず、明日も同じ文字を学習しましょう。

7 指導がうまくいかない時に

① 筆記が持続しない・取り組みの継続が難しい

きちんと筆記しているタイミングで称賛する、その子が好むシールやスタンプを細かに与えて達成感を与える等の方法を考えましょう。例えば絵本の中でカタカナを探す、児童の好む生き物の図鑑やキャラクターを題材にカタカナを読み書きする等、好きな課題とセットにして実施してもよいでしょう。誤答に対してネガティブな気持ちになる子の場合、ミスをすることは悪いことではないことを伝えましょう。書き直しを罰であると捉える子の場合、誤字の直後に行わず、時間を空けてから行いましょう。

②書きを記憶していられない

清音プリントよりもテストの方が記憶効果は高いです。負担が許容するのであれば、清音プリントの一部のマスを削り、その分の時間でテストを反復しましょう。また、「〝ア〟って書いてみて?」と問うて書かせる聴写をするのも効果的です。通常のテストを1回行った後、テストの挿絵を隠し、ひらがなを見て筆記できるか確認してもよいでしょう。また、カタカナの学習を始めるとひらがなを忘れてしまうケースが多く見られますので、細かに復習しましょう。

③単語になると書けない

文字単体だけでなく、単語を書けるようになるためには多くの単語例で学習する必要があります。本プログラムと教科書、さらに生き物やキャラクターの名前等、カタカナで書くものをピックアップして書く練習をしてみましょう。その際、絵を見て自力で一つ一つの単語が書けるようになってから次の単語へ進むようにしましょう。十分できていないのに先に進むと効果が薄いです。また、単語の筆記ができるようになったら、日記、作文、手紙、感想文など、ごく短い文・文章を書く機会を極力多く設けましょう。

④課題時間の調整が必要（遅すぎる・速すぎる）

タイマー等で視覚的に時間を提示し、プリント1枚ごと等細かに時間の目標を決め、できた場合に称賛しましょう。本書16頁を参考に削る課題を考えましょう。なお、各種プリントには名前欄がありますが、これは教師が書いても構いません。

⑤ひらがなとカタカナを混同する

本書の文字カードと『通級指導教室・特別支援学級で使える河村式ひらがなプリント』に付属しているひらがなカードを併せて使用します。ひらがなとカタカナのカードを混ぜて机の上に並べ、「この中でひらがなを先生に下さい」「カタカナを先生に下さい」と指示してカードを分類させてみましょう。補助しつつ練習してこの課題ができるようになったら、カードを1枚提示して「これはひらがな・カタカナどっちでしょう?」と問うて口頭で解答を求めます。これらができるように練習した上で、単語・書き分けプリントを用いてひらがな・カタカナの書き分け指導を行いましょう。ただし、書き分けには相当な単語数での指導が必要になります。日記などで文字を書く機会を極力多く設け、その中で様々な書き分けの経験を積ませていきましょう。

8　指導の仕組み

本プログラムの仕組みについて、少し踏み込んだ内容を解説しますので、難しく感じる場合は読み飛ばして構いません。

カタカナの学習は少し複雑です。21頁の図1と2をご覧ください。

カタカナの学習では挿絵・印刷されたひらがなの手本・印刷されたカタカナの手本・先生の読みの発声に対し、ひらがなやカタカナの筆記、読みの発声等を指導します。

この際、「何を見て（あるいは聞いて）→何をした（読んだ・書いた等）」というような、手掛かりと反応の関係性が大切になります。例えば同じように児童が「ア」と筆記したとしても、先生の「〝ア〟って書いてごらん」という指示に対して書いたのか、ひらがなの「あ」を見て書いたのか、あるいは挿絵を見て書いたのかによって、別の反応であると捉える必要があるということです。

図1の破線は『通級指導教室・特別支援学級で使える河村式ひらがなプリント』の学習までに学習した内容、あるいはそれをもとにした習得が見込まれる、ひらがな学習の内容です。

図2の実線は、本プログラムで新規に学習する関係になります。

①はカード等に印刷されたカタカナを見て、児童が口頭で読む反応です。

②はひらがなカードを見て同じ読みのカタカナカードを取る、あるいはその逆にカタカナカードを見て同じ読みのひらがなカードを取る反応です。

③はプリントで手本を見て視写する反応、④は書き取りのテストで、ひらがなや挿絵をもとにカタカナを筆記する反応です。さらに必要に応じて⑤の聴写を行います。

＊文字カード、単語・書き分けプリントは下記のＱＲコード、または左記のＵＲＬより無料でダウンロードできます。
ＵＲＬ：https://meijitosho.co.jp/308121#supportinfo
ユーザー名：308121　パスワード：katakanawork

図１　『通級指導教室・特別支援学級で使える河村式ひらがなプリント』までに既習の内容

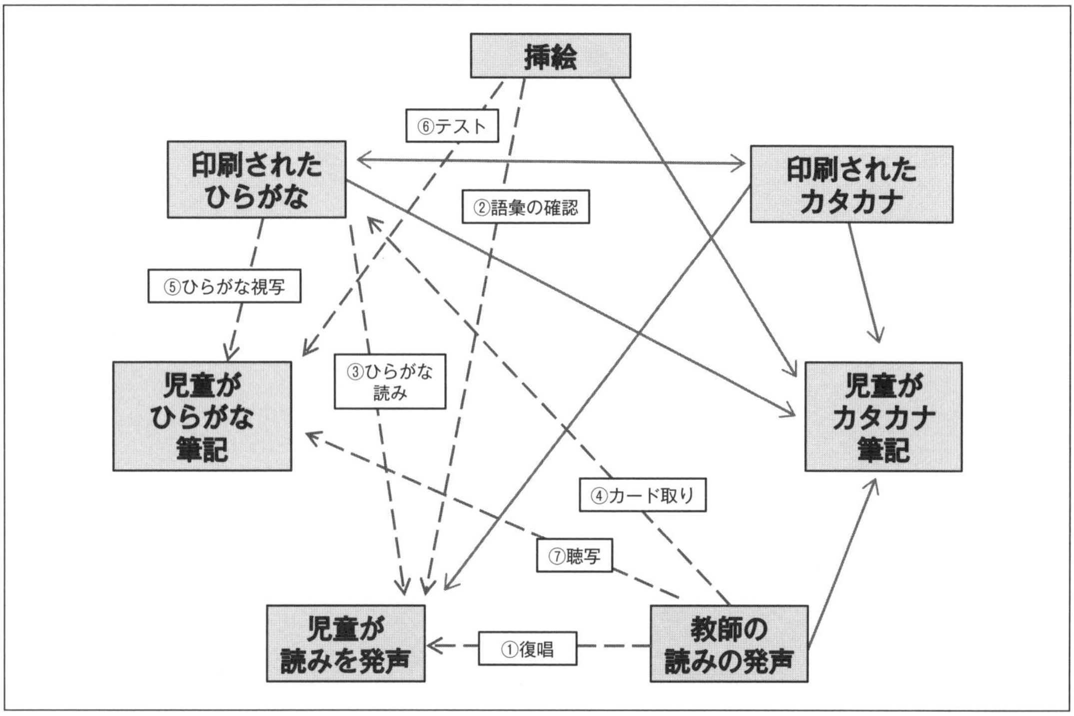

図２　本プログラムで新たに学習する内容

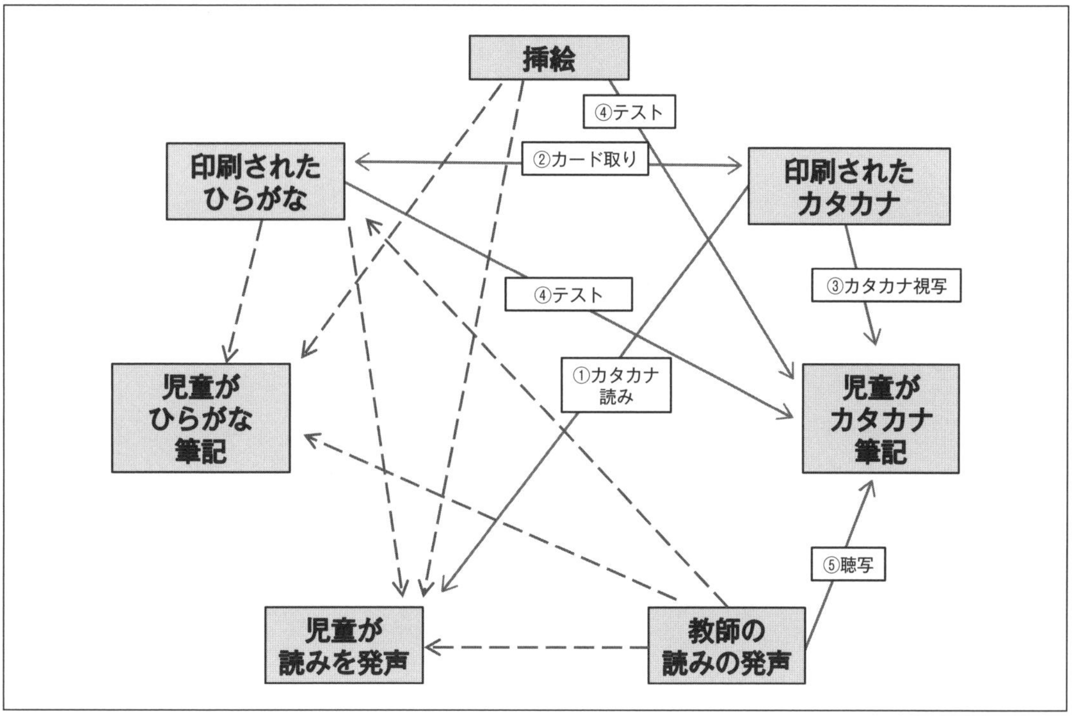

その1

なまえ

ア《あ》

イ《い》

イ

あ

イ

ア

い

ア

ア

あ

ア あ

あ

あ

いろん

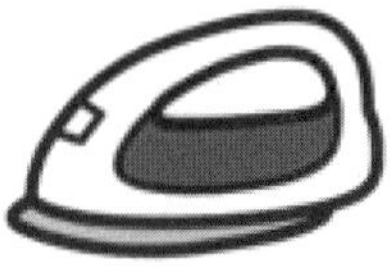

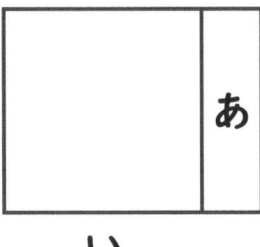

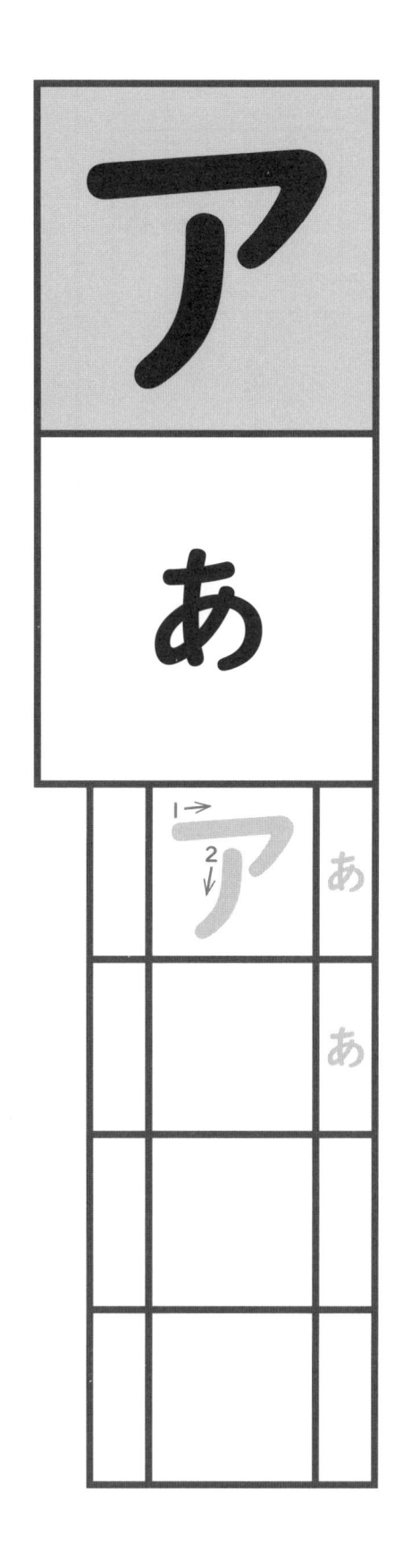

イ

い

イ

い

い

い

んく

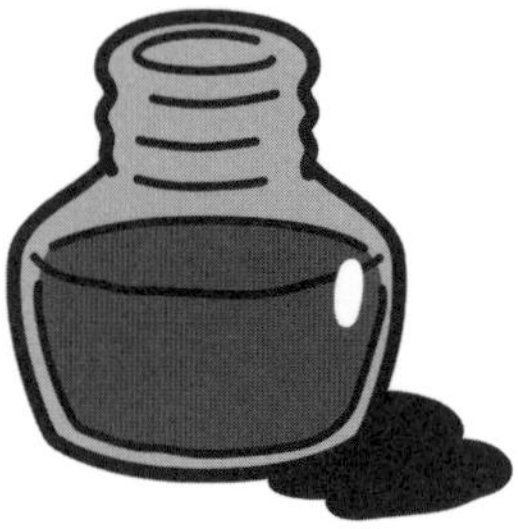

あ

いろん

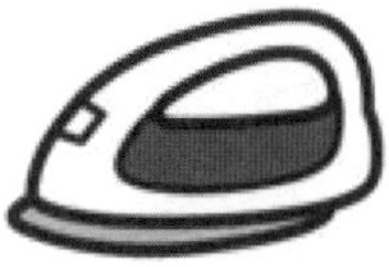

い

んく

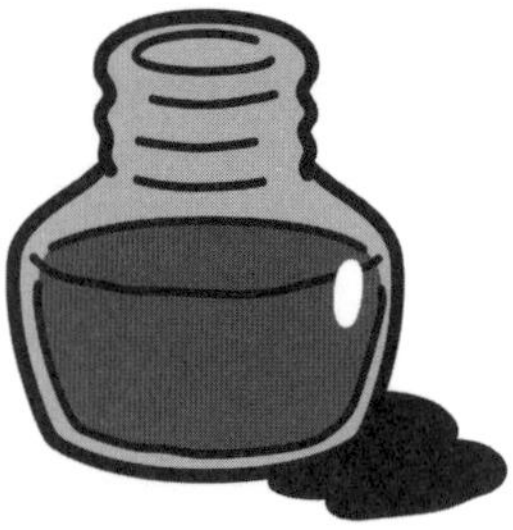

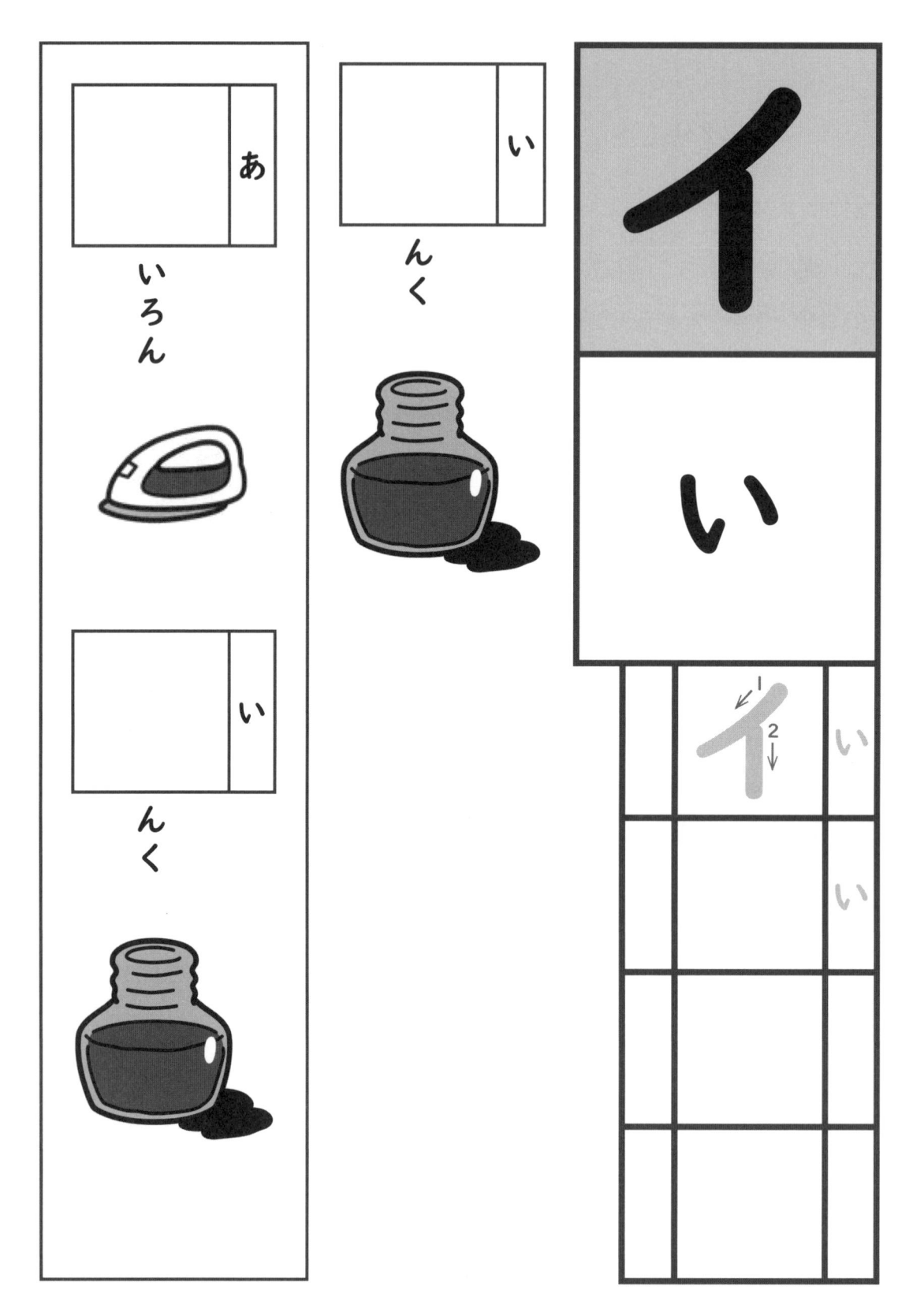

あ

いろん

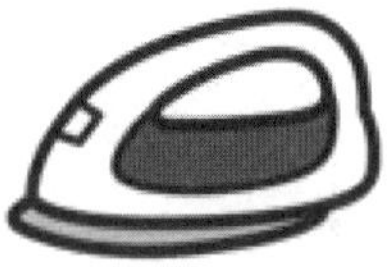

い

んく

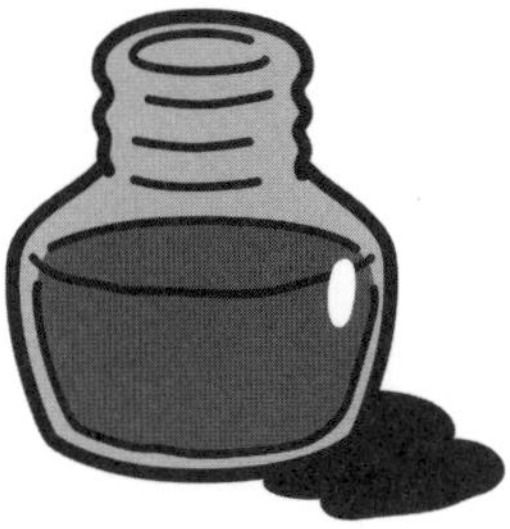

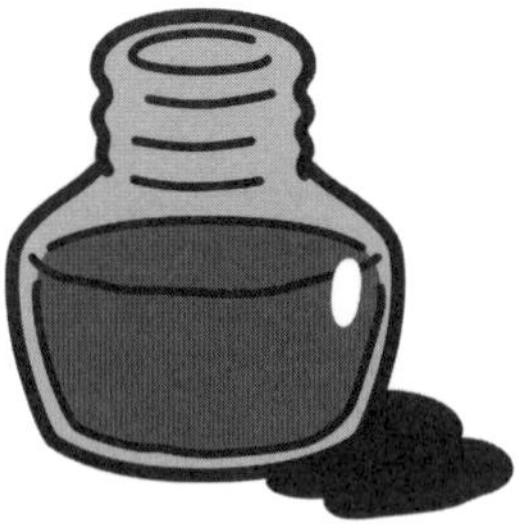

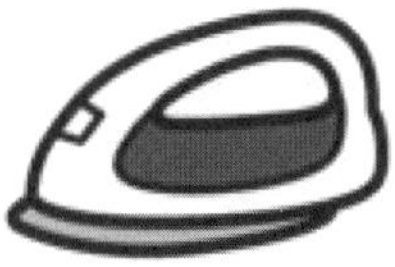

いろん

んく

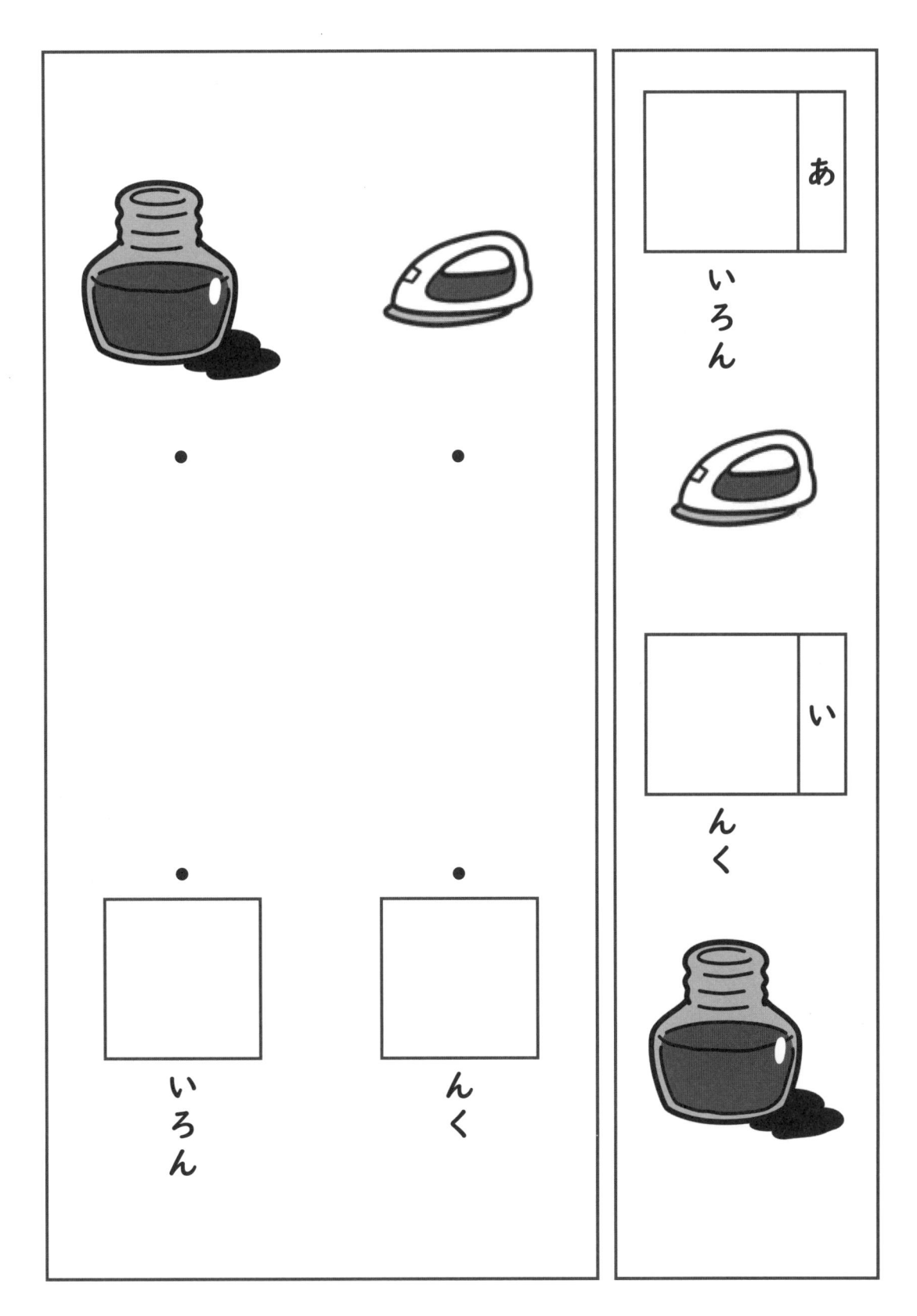

その2

なまえ

ウ　エ

え　う

ウ《う》

エ《え》

ア　イ

あ　い

ア《あ》

イ《い》

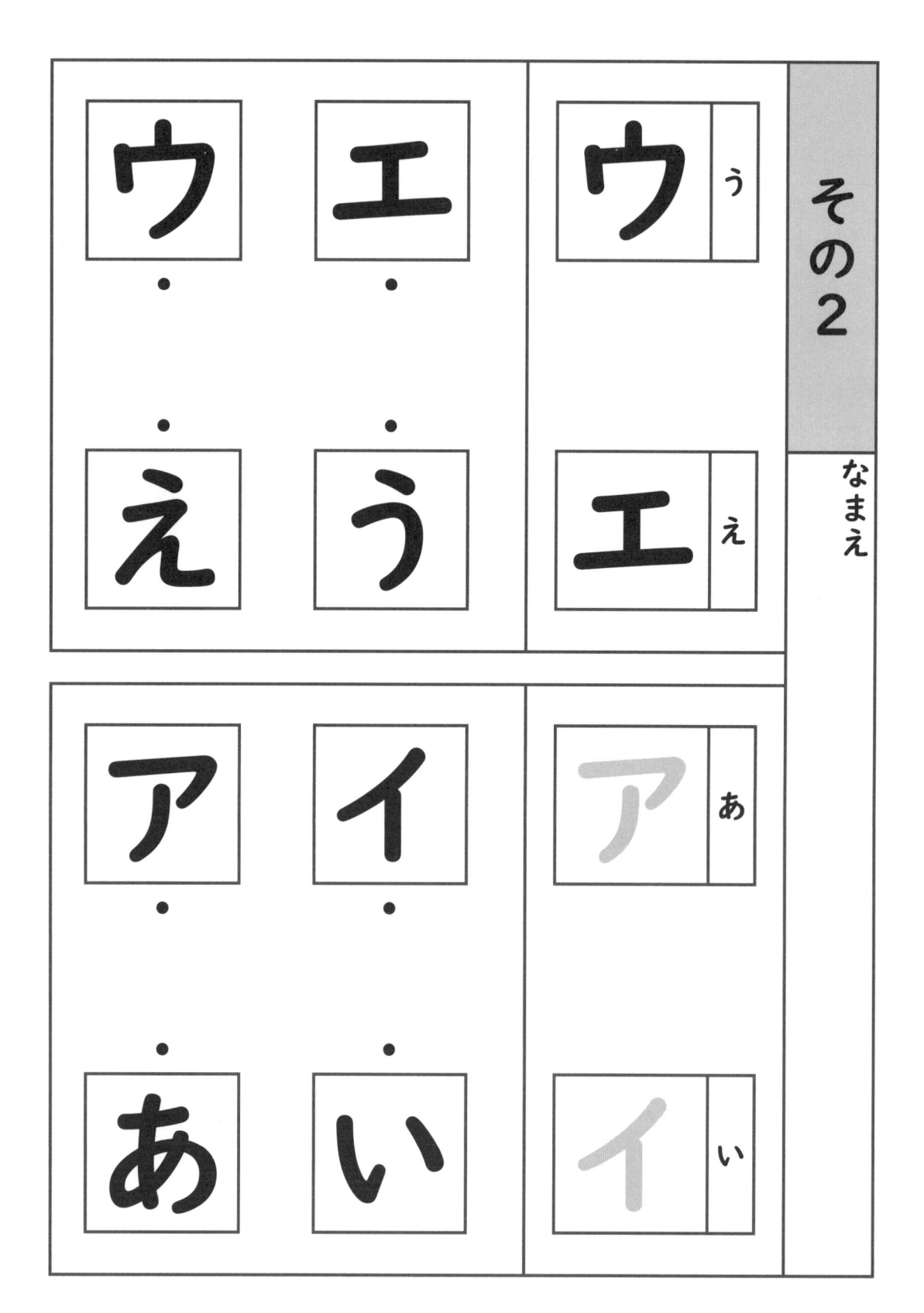

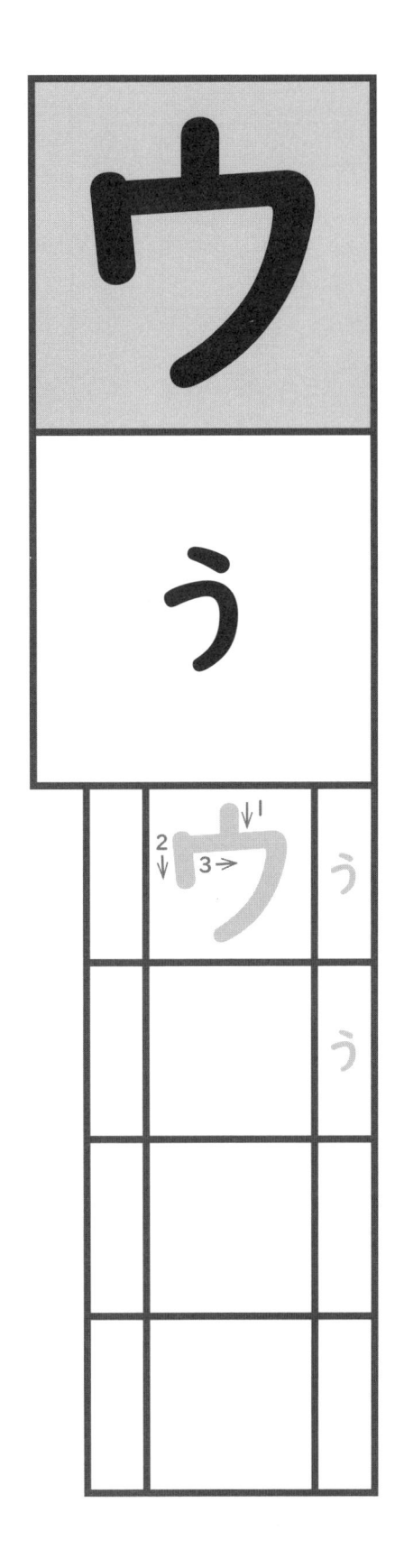

ウ

う

1 2 3

ウ

う

う

う

いんなー

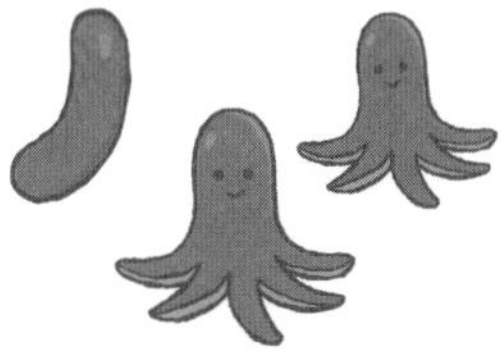

エ

え

1→ 2 3→ エ

え

え

え

ぷろん

う

いんなー

え

ぷろん

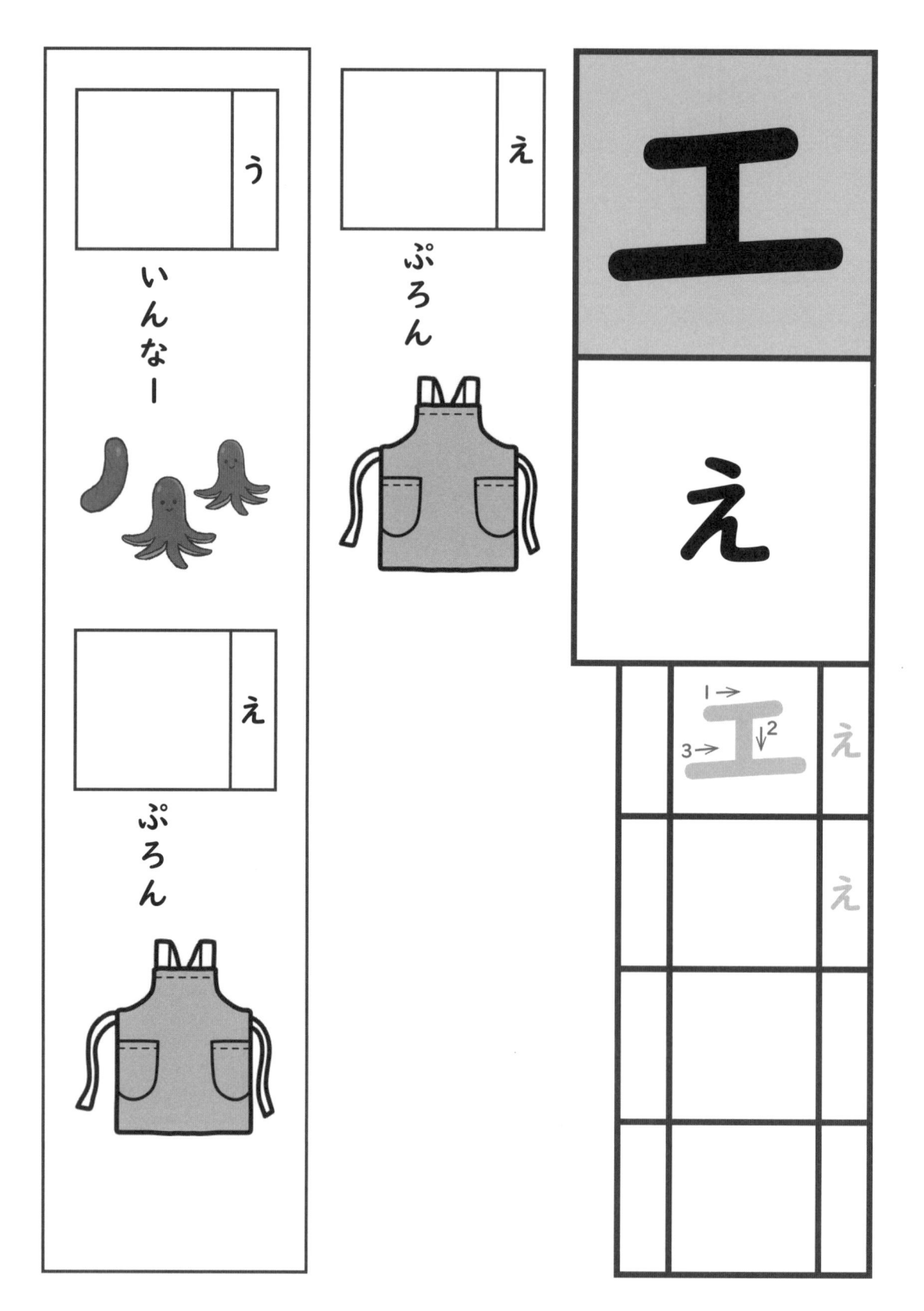

あ

いろん

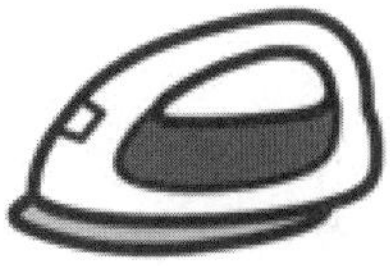

い

んく

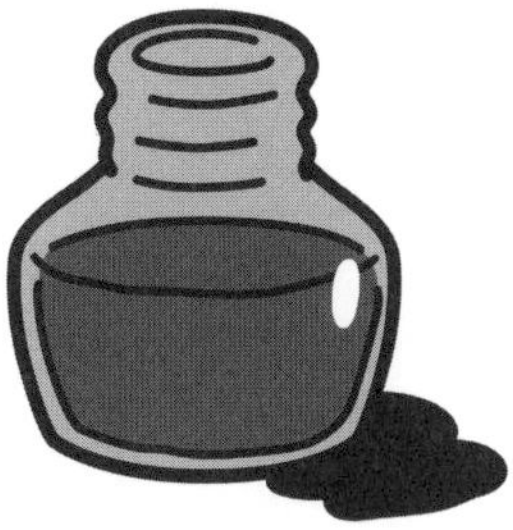

う

いんなー

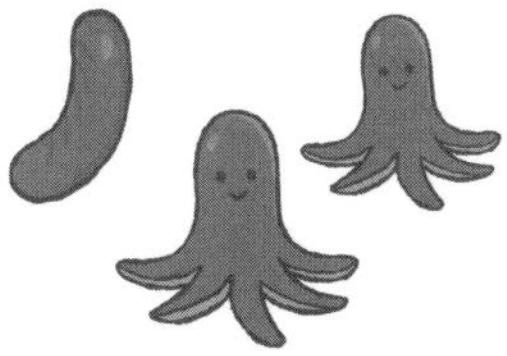

え

ぷろん

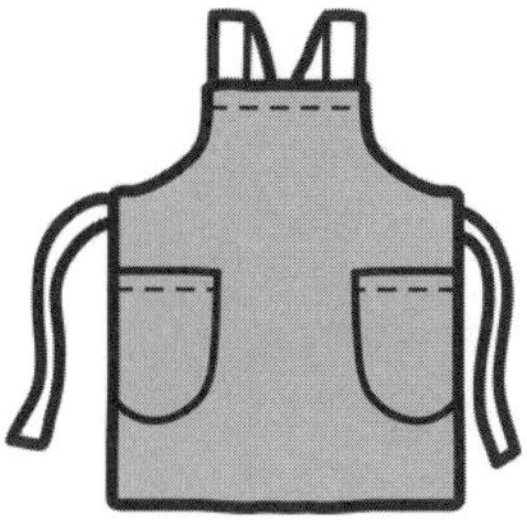

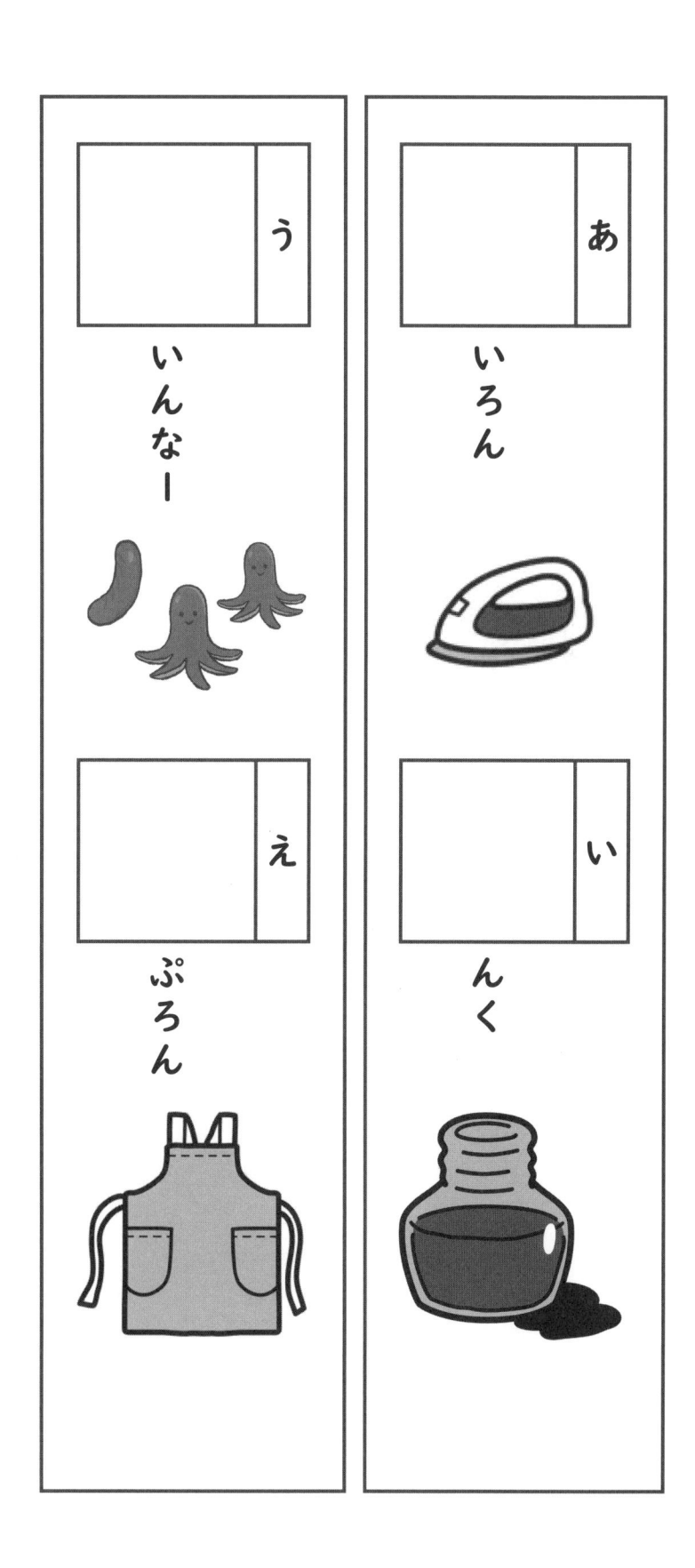

その3

なまえ

オ お

カ か

オ カ

お か

ウ う

エ え

ウ エ

え う

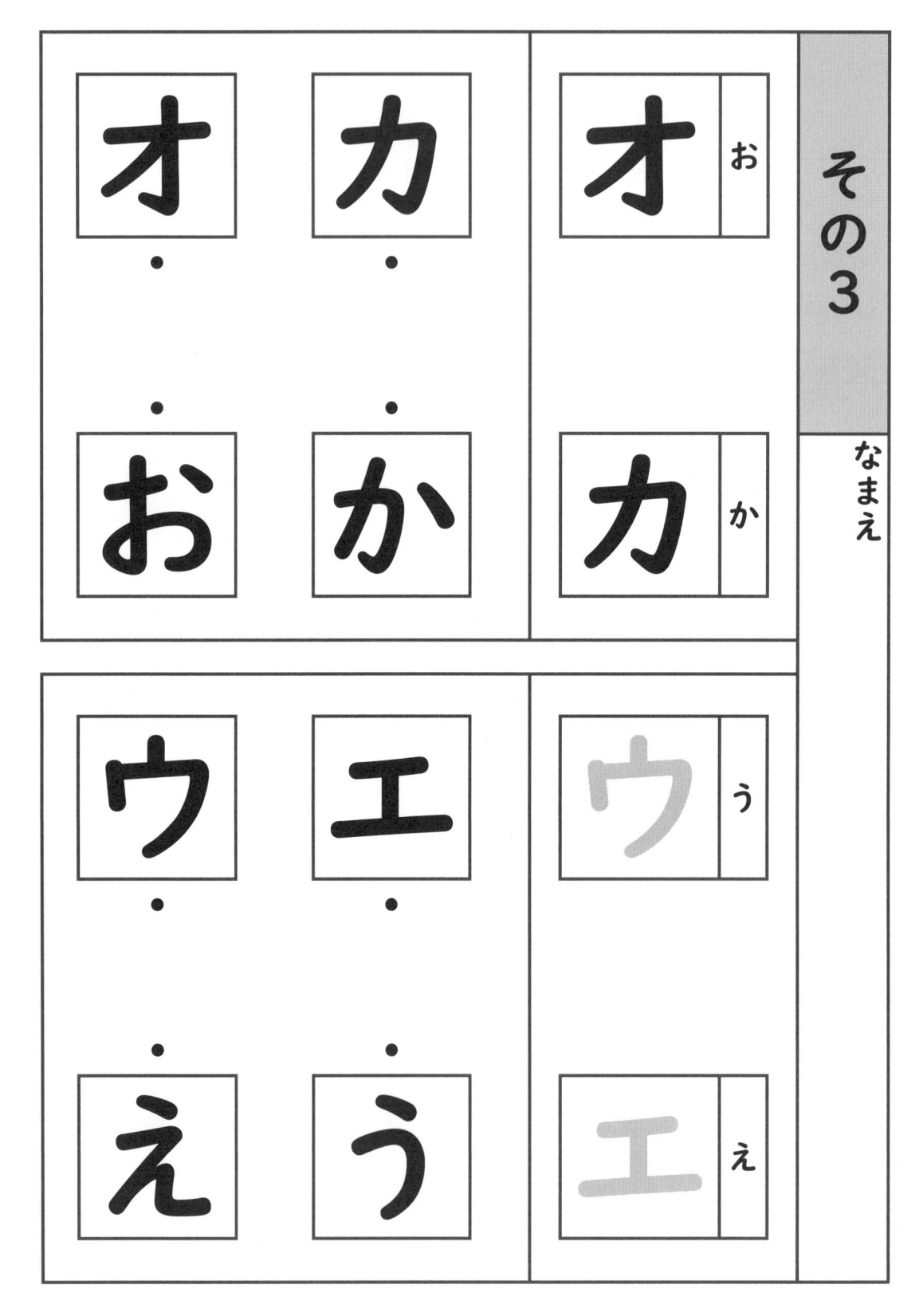

オ

お

1 2 3 オ お

お

お

ーとばい

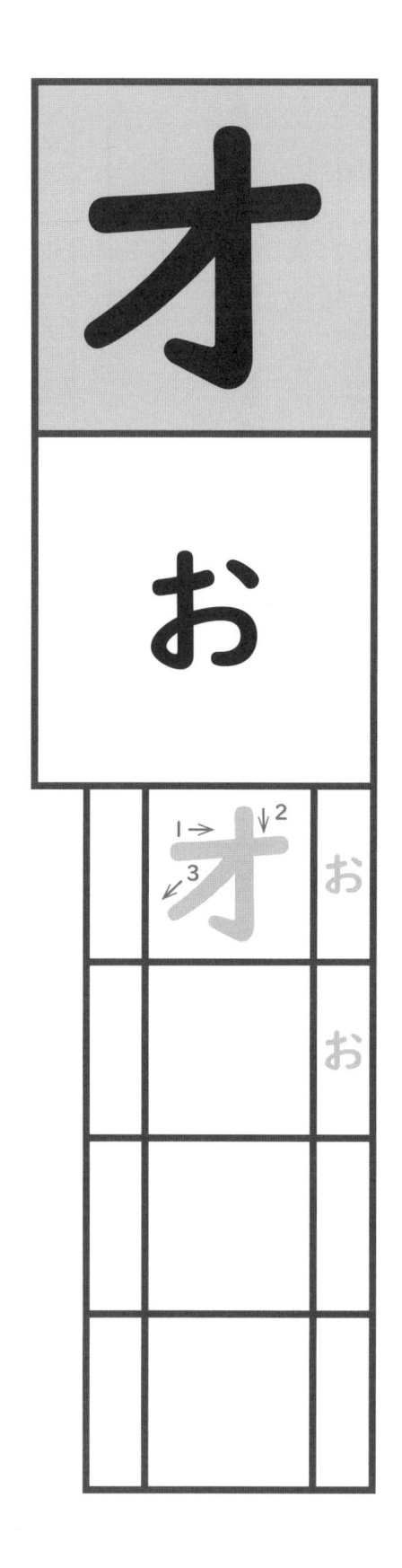

カ

か

1 2
カ
か

か

か
すたねっと

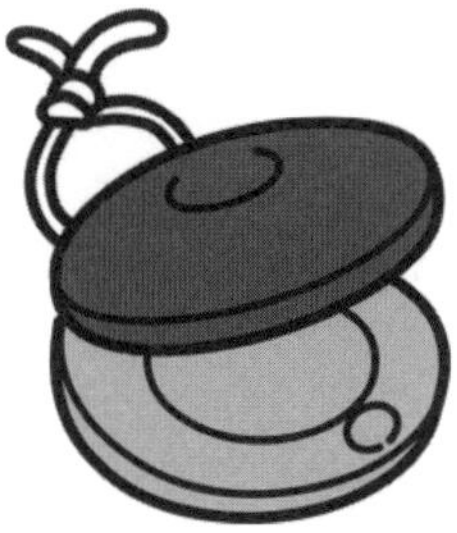

お
ーとばい

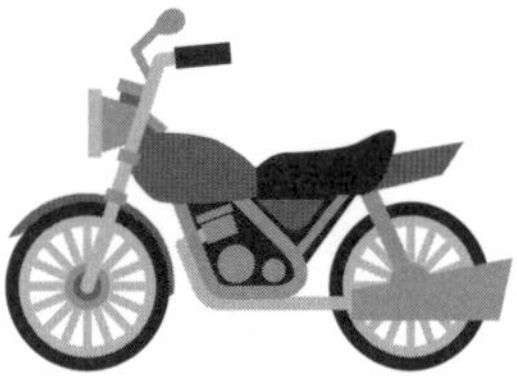

か
すたねっと

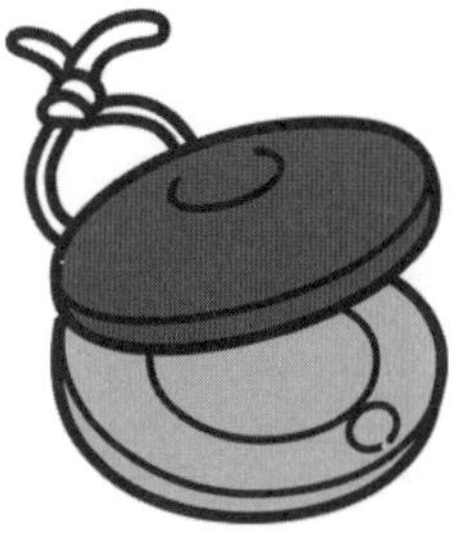

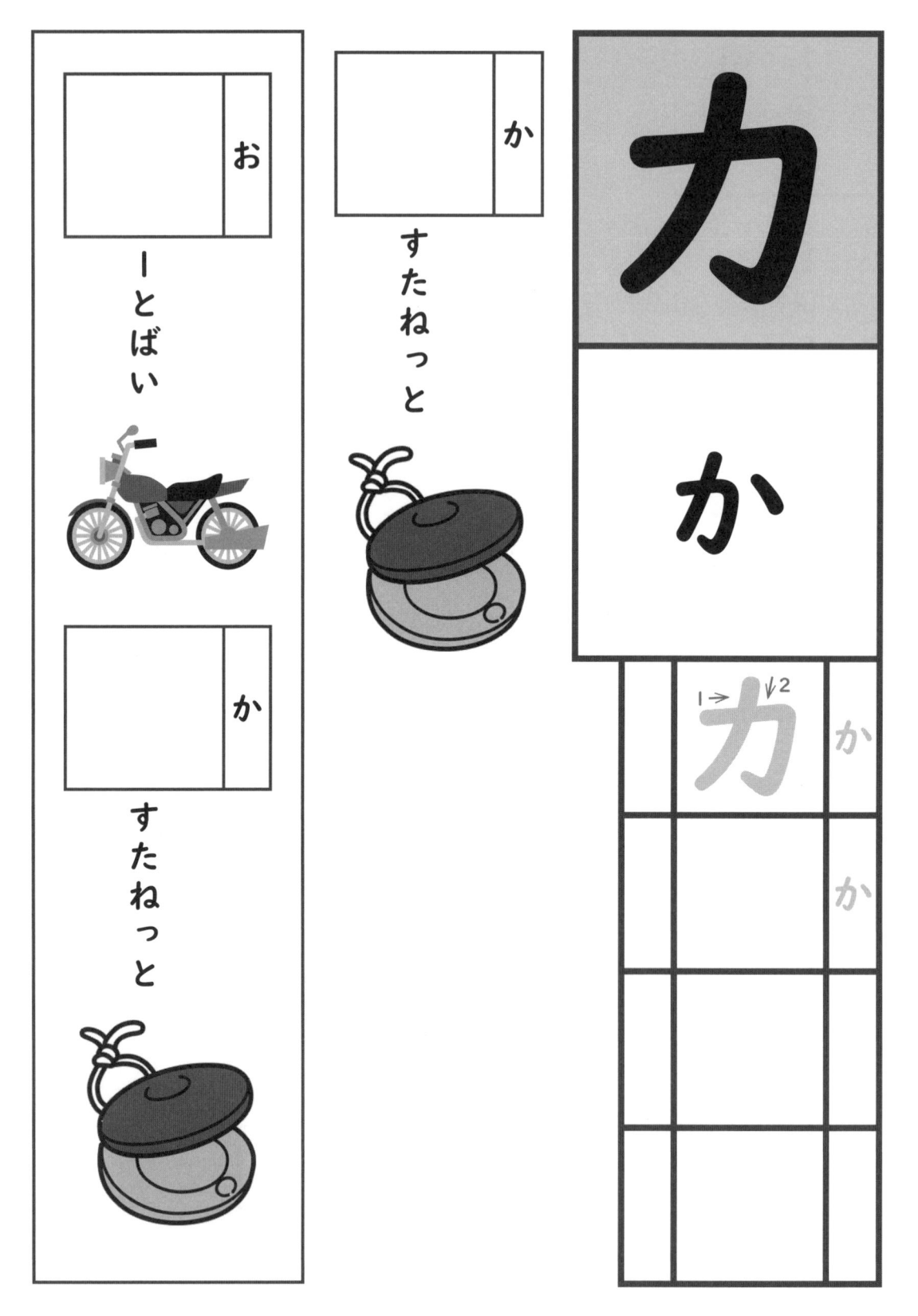

あ

いろん

い

んく

う

いんなー

え

ぷろん

お

ーとばい

か

すたねっと

その4

なまえ

キ　ク

く　き

キ　き

ク　く

オ　カ

お　か

オ　お

カ　か

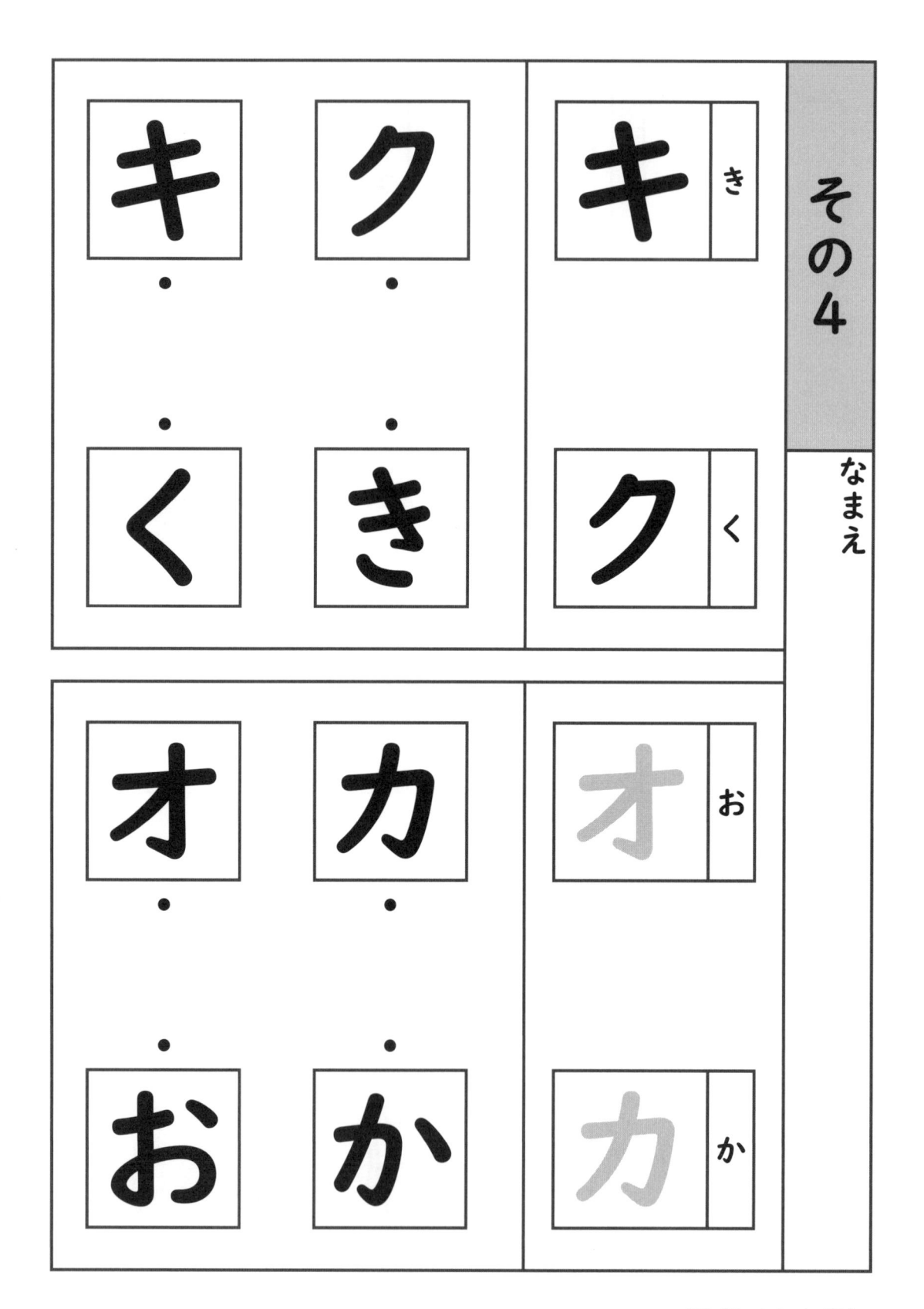

き

やべつ

キ

き

1 2 3

キ き

き

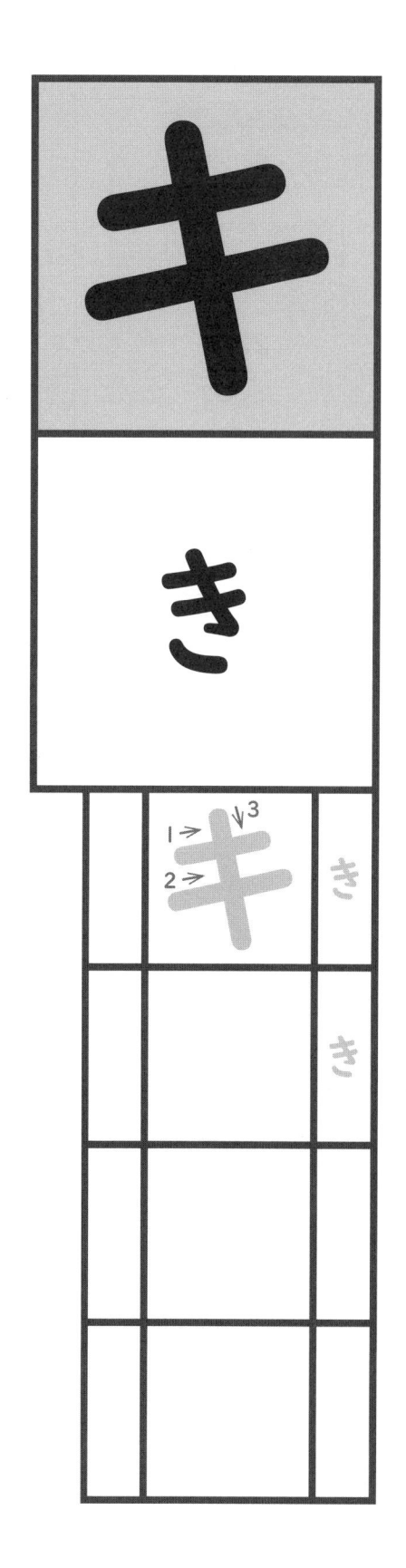

ク

く

1 2

ク

く

く

く

れよん

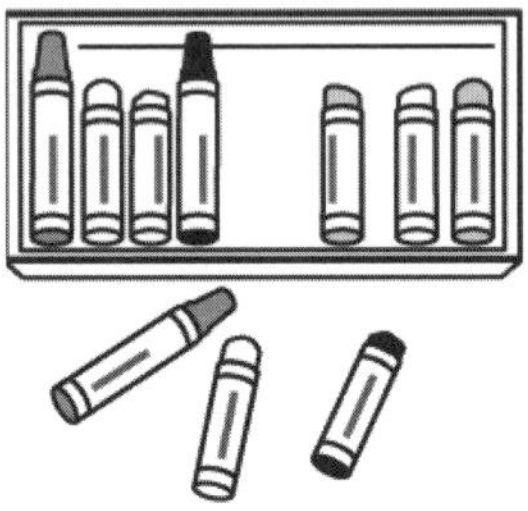

く

れよん

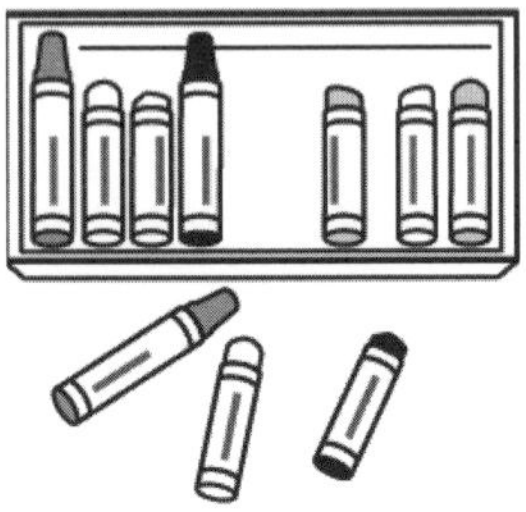

き

やべつ

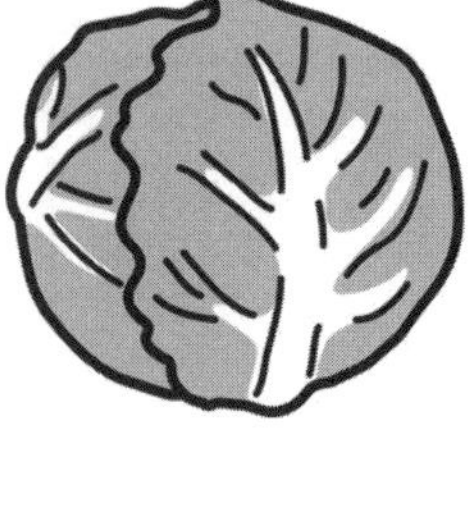

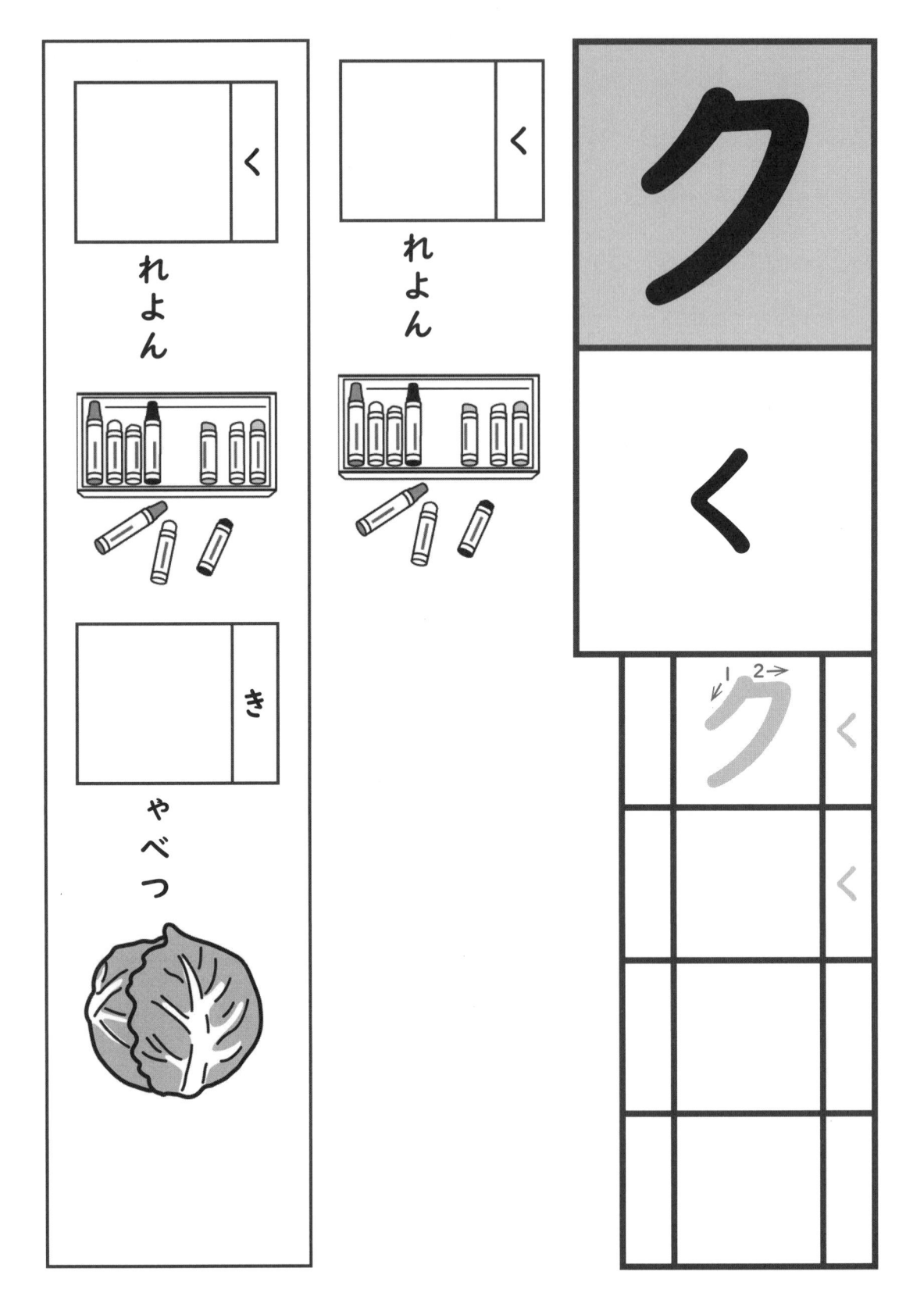

き
やべつ

く
れよん

う
いんなー

え
ぷろん

お
ーとばい

か
すたねっと

その5

なまえ

コ ケ ケ け

こ け コ こ

キ ク キ き

く き ク く

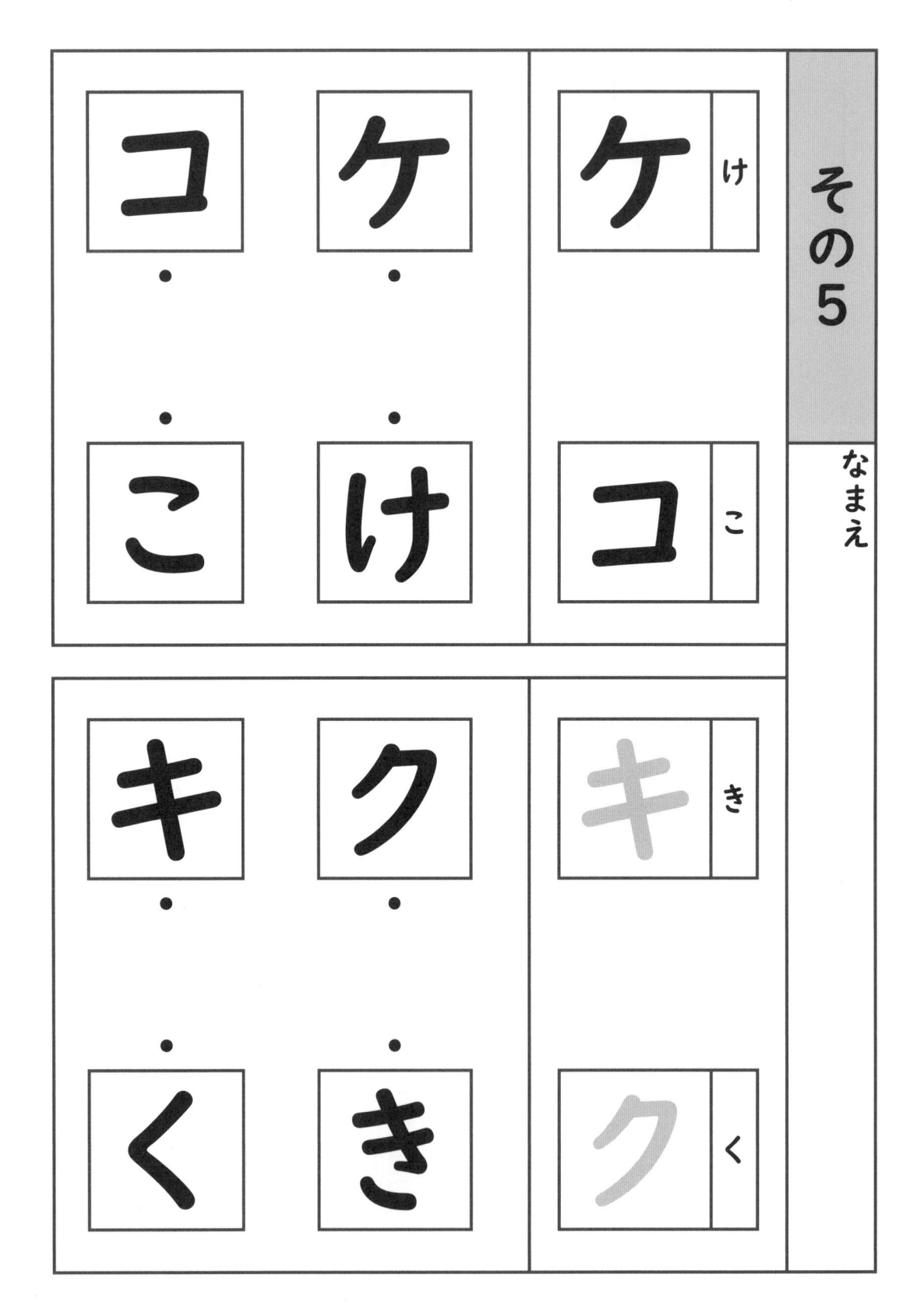

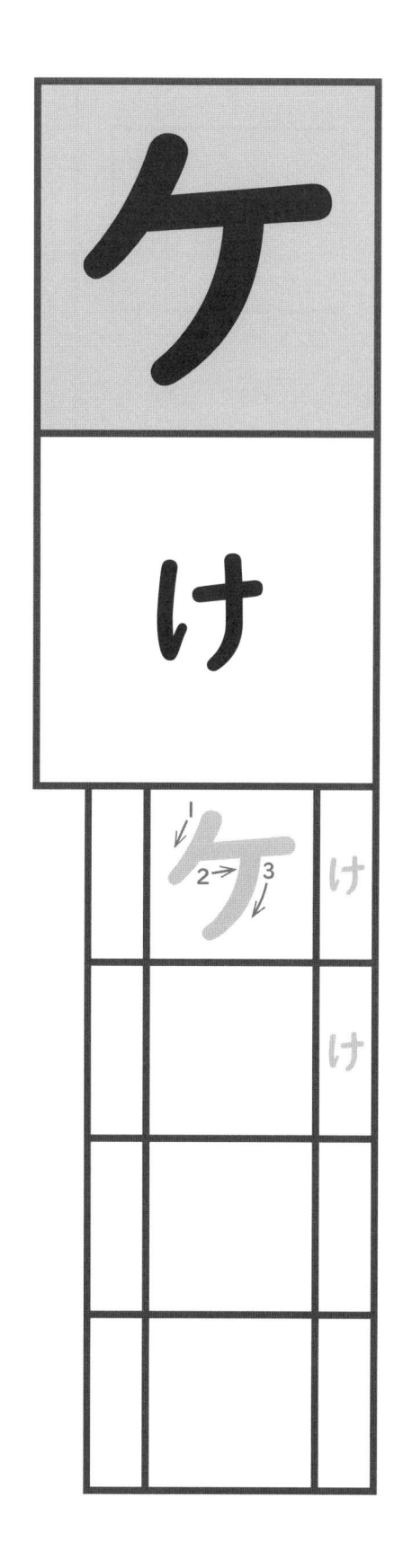

ケ

け

ケ《け》

1 2 3

け

□《け》ーき

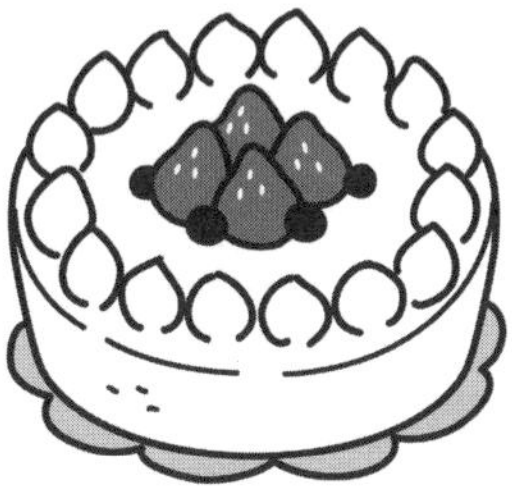

コ

こ

1→
2→
コ

こ

こ

こ
つぷ

こ
つぷ

け
ーき

き
やべつ

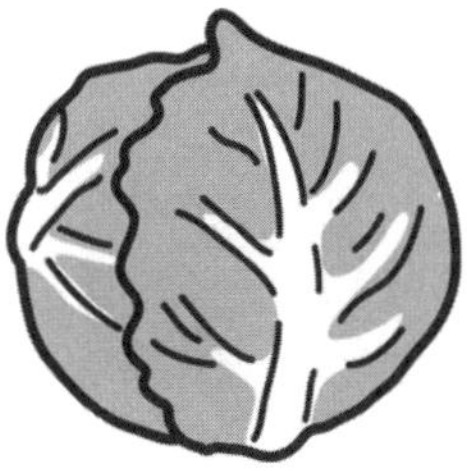

く
れよん

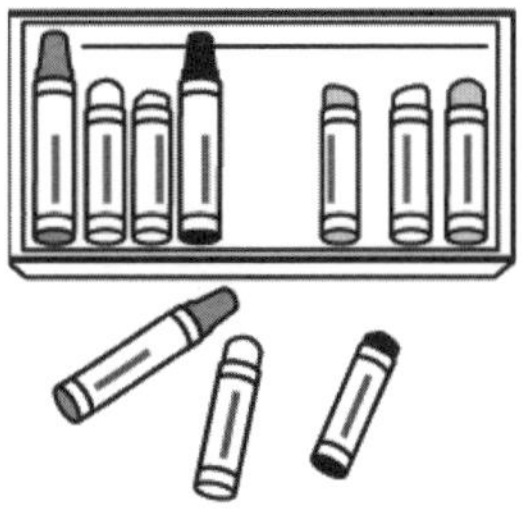

こ
つぷ

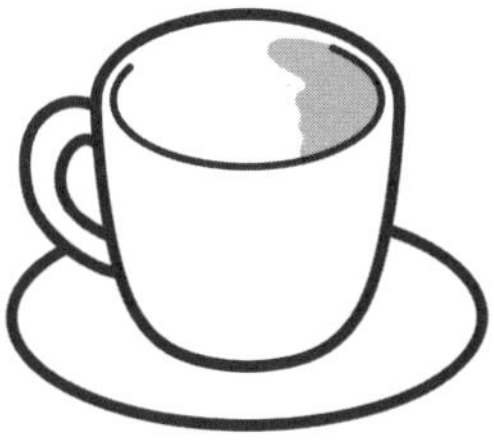

け
ーき

お
ーとばい

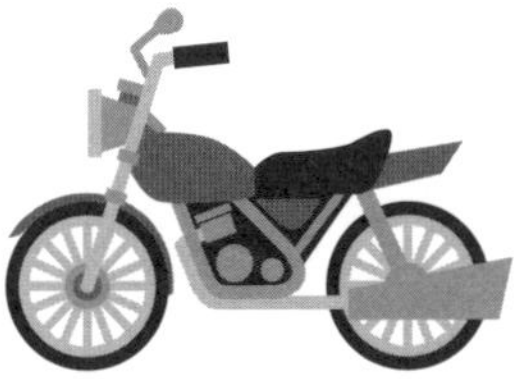

か
すたねっと

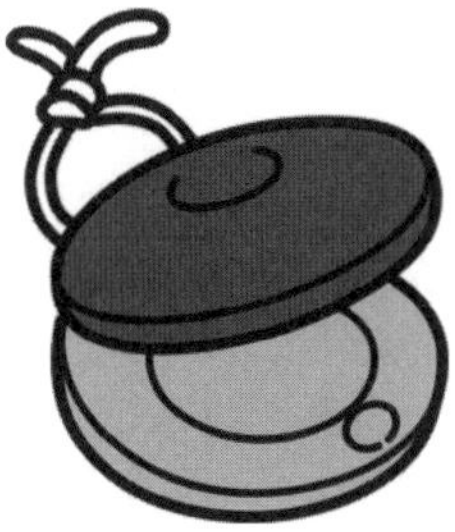

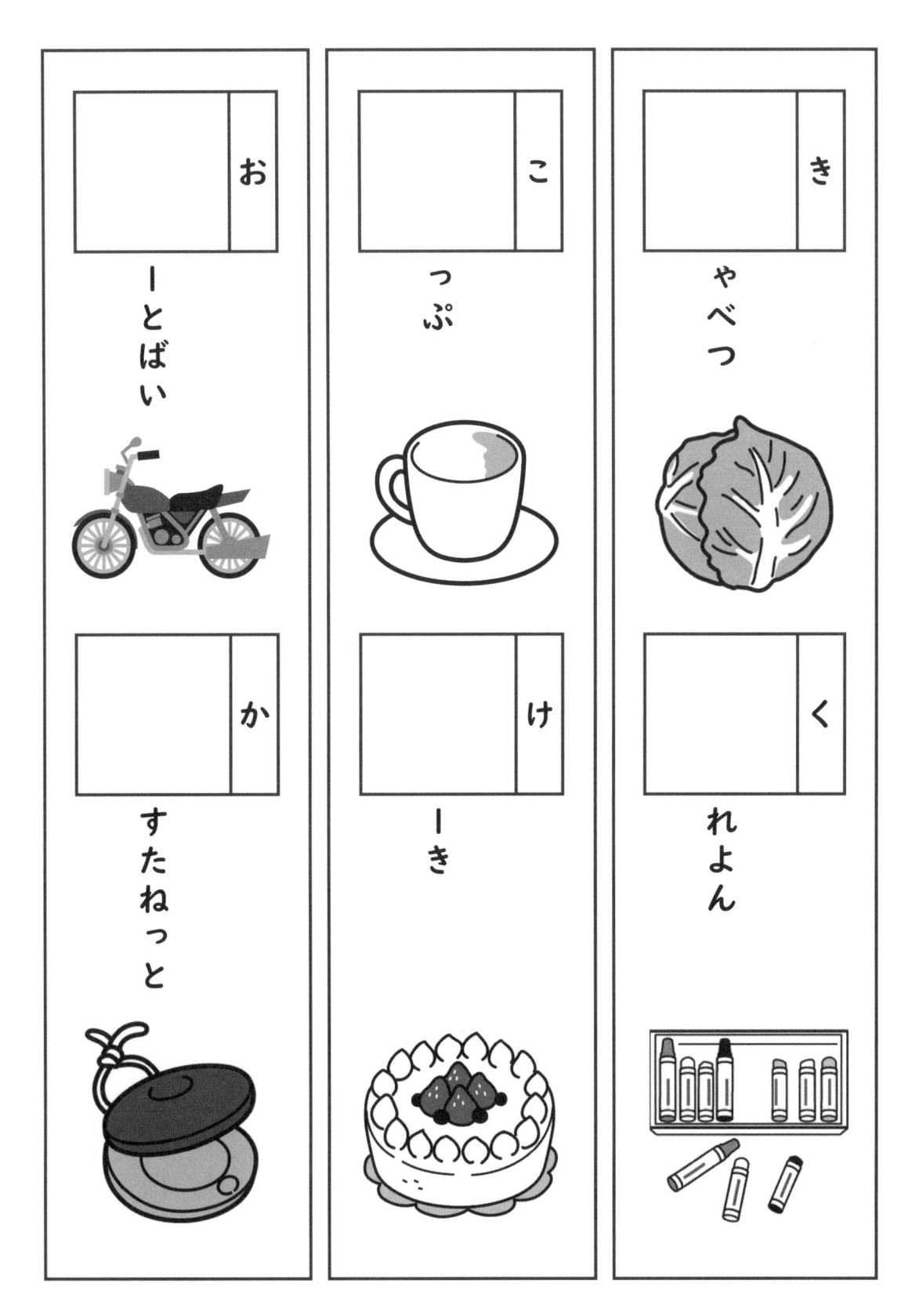

その6

なまえ

サ《さ》

シ《し》

シ	サ
し	さ

ケ《け》

コ《こ》

コ	ケ
こ	け

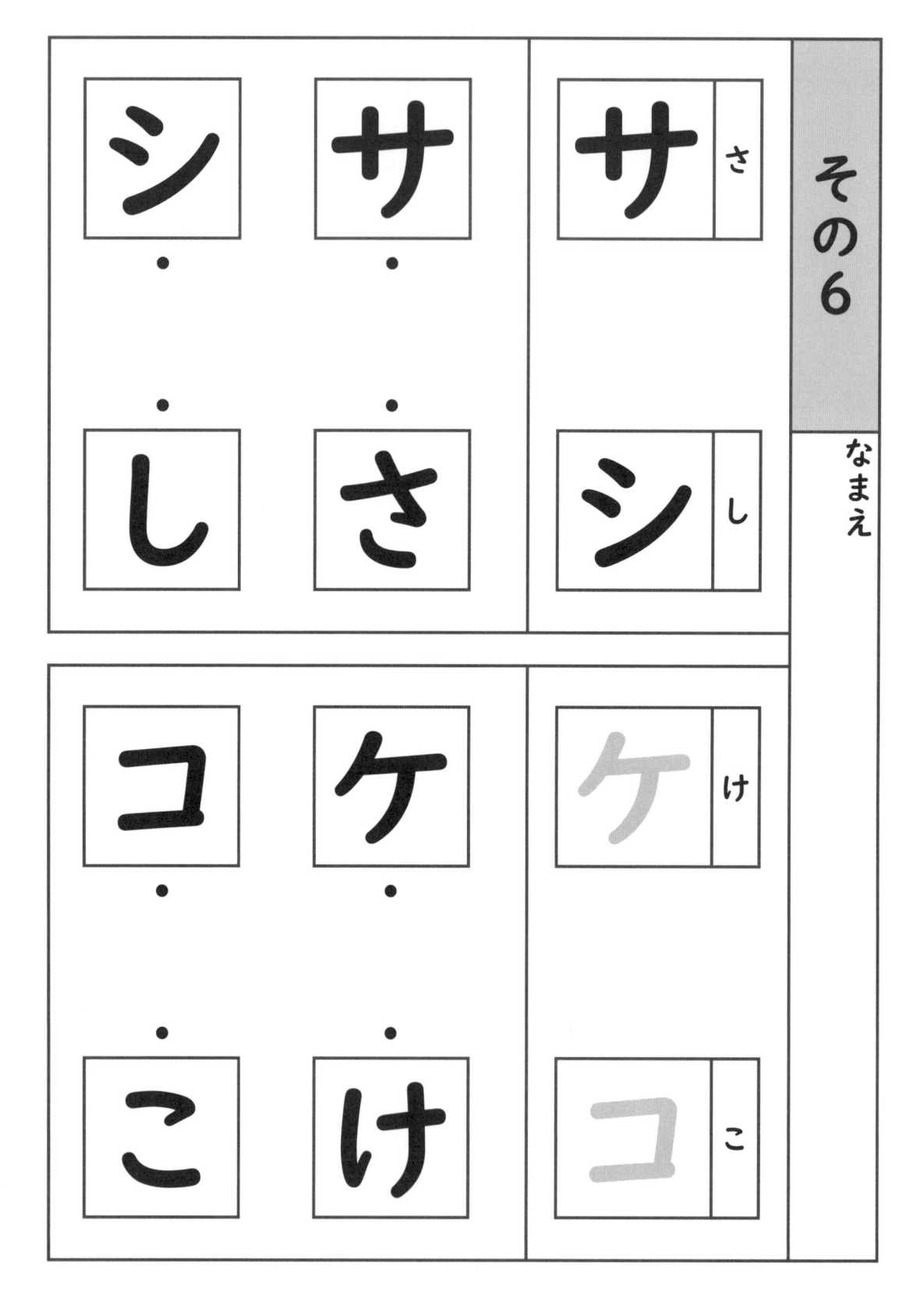

サ

さ

1→ ↓2 ↓3

サ

さ

さ

さ

ぼてん

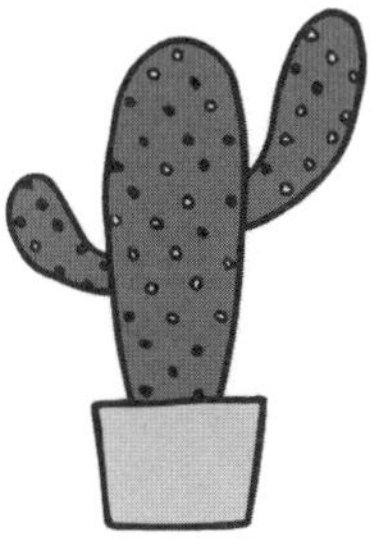

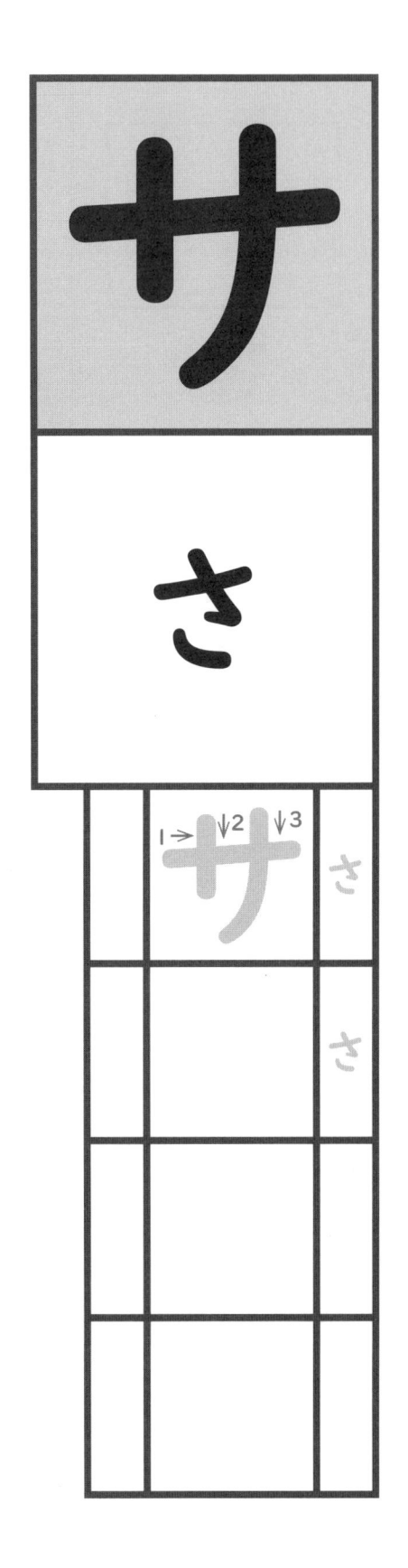

シ

し

1 2 3
シ し

し

し
ーそー

さ
ぼてん

し
ーそー

き

やべつ

く

れよん

こ

つぷ

け

ーき

し

ーそー

さ

ぼてん

その7

なまえ

ス《す》

セ《せ》

ス

セ

せ

す

サ《さ》

シ《し》

シ

サ

し

さ

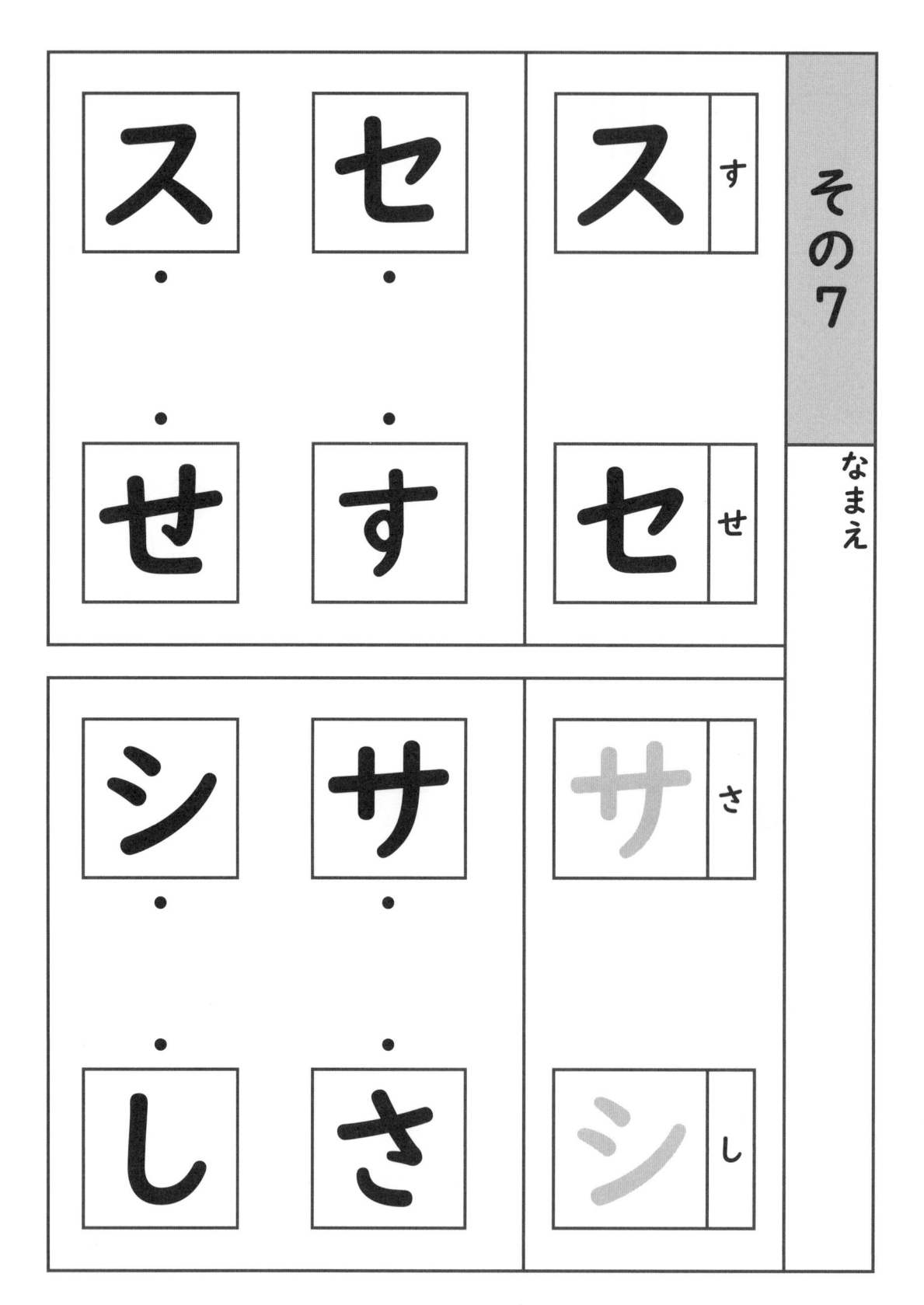

ス

す

ス

1 2

す

す

す

りっぱ

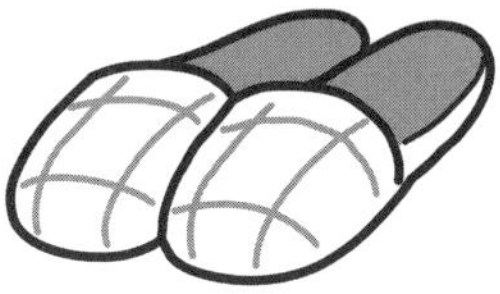

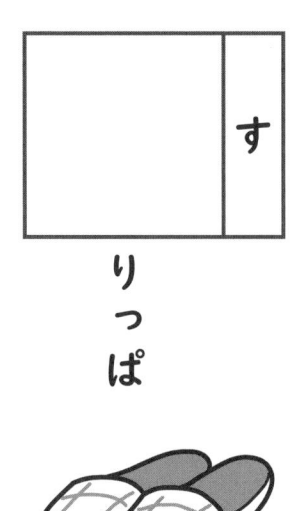

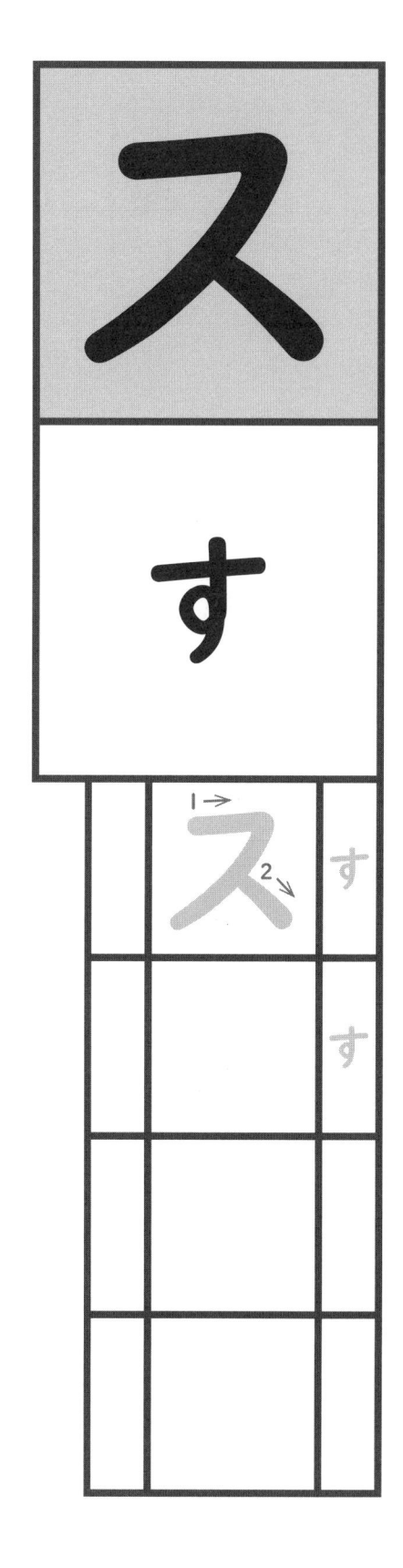

セ

せ

2
1
セ

せ

せ

せ
み

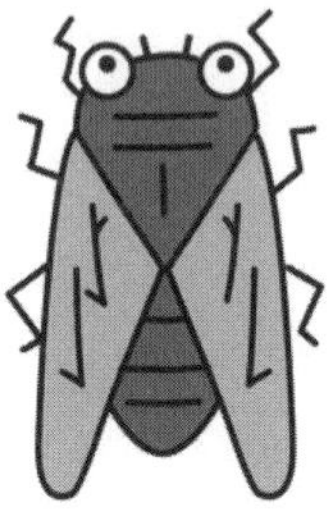

せ
み

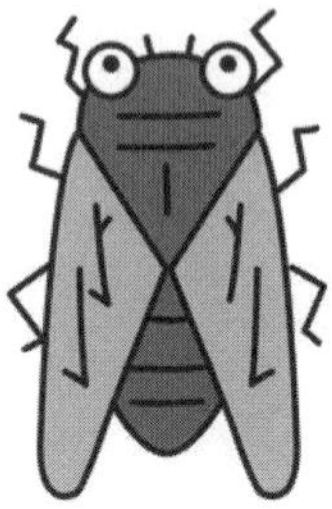

す
りっぱ

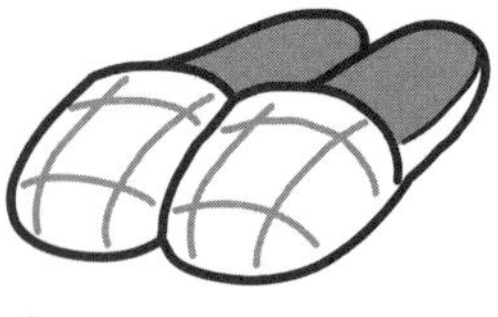

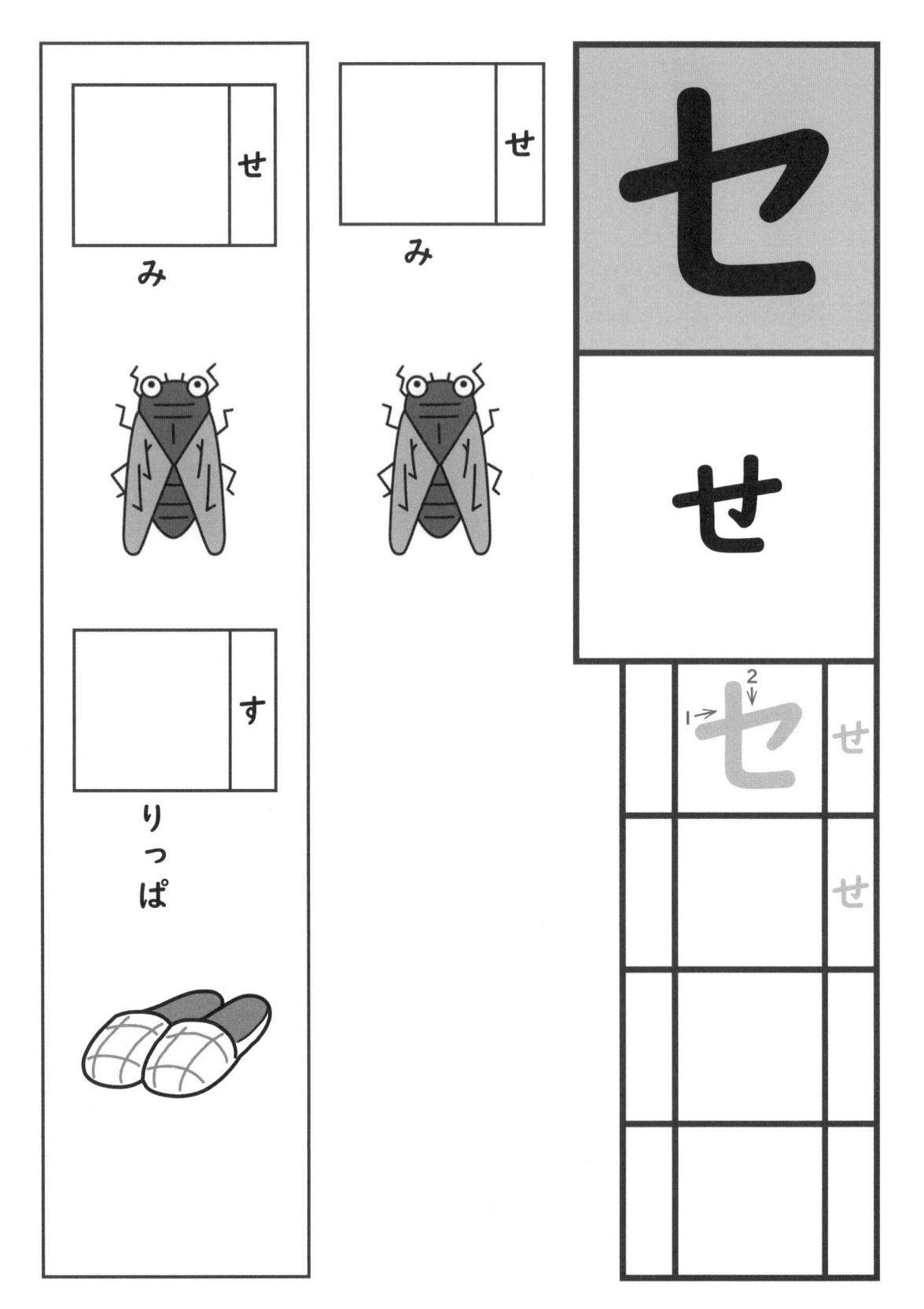

す
りっぱ

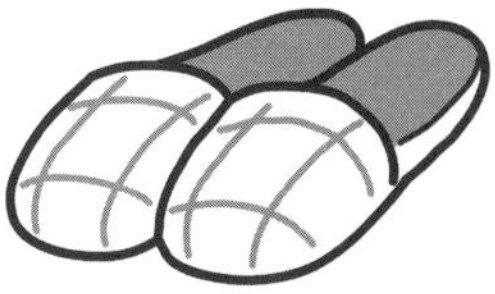

せ
み

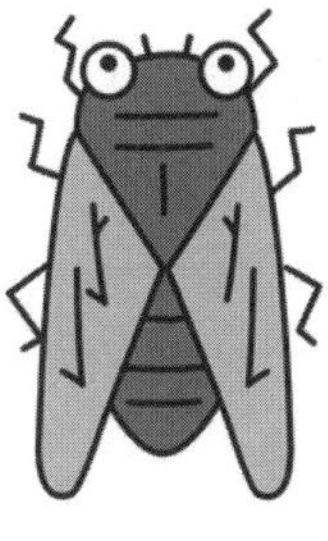

こ
っぷ

け
ーき

し
ーそー

さ
ぼてん

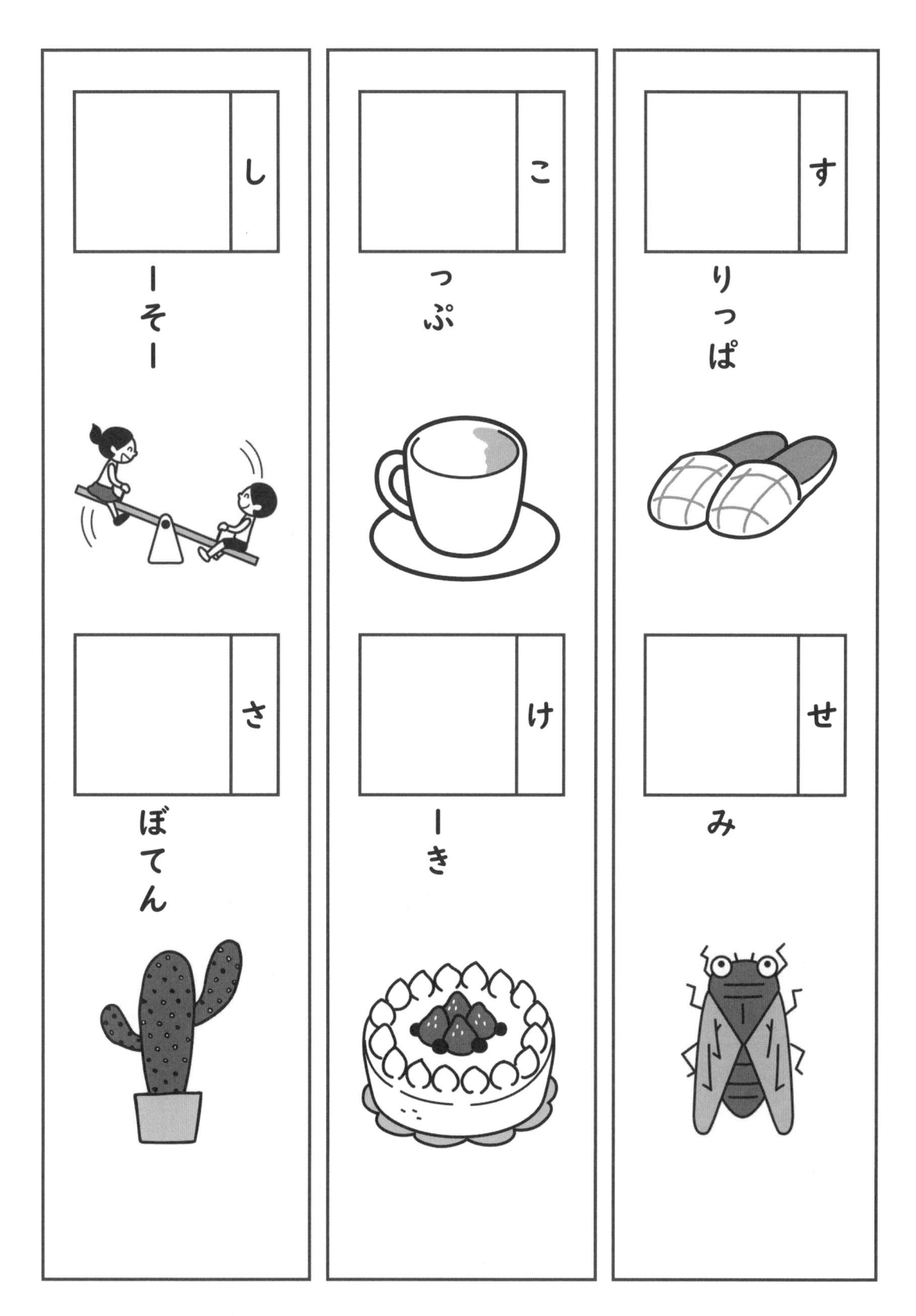

その8

なまえ

タ ソ ソ そ

そ た タ た

ス セ ス す

せ す セ せ

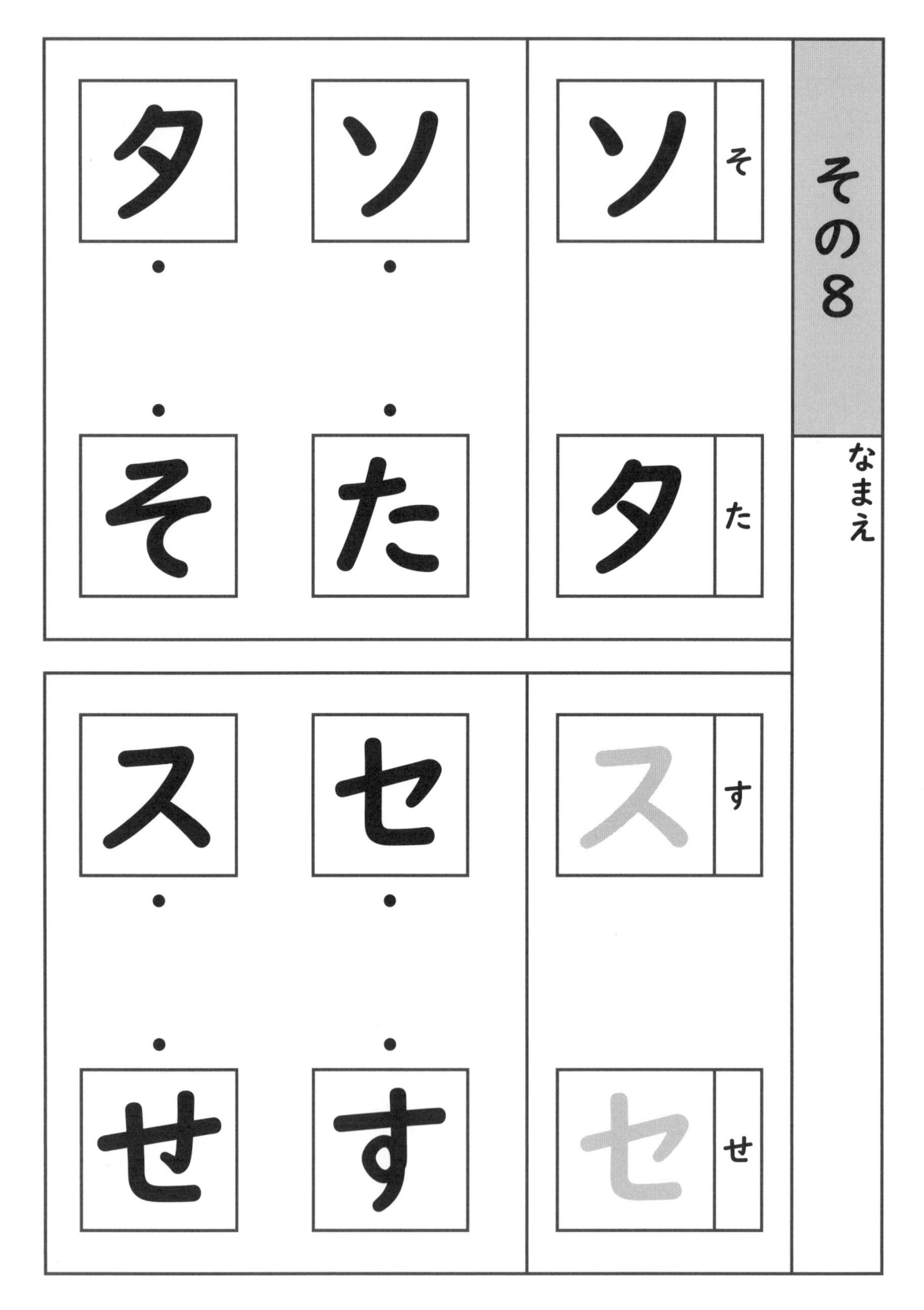

ソ

そ

ソ

1

2

そ

そ

そ

ふぁー

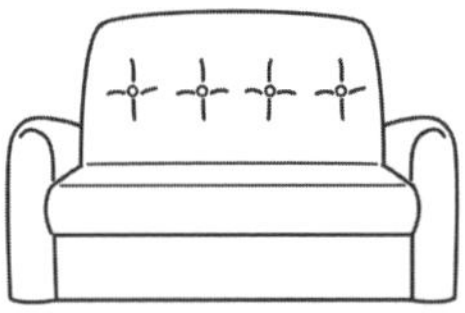

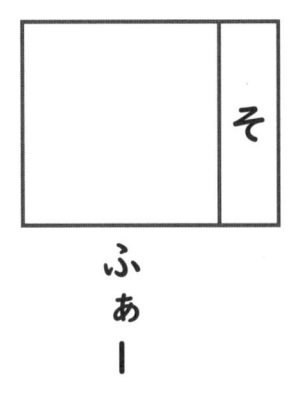

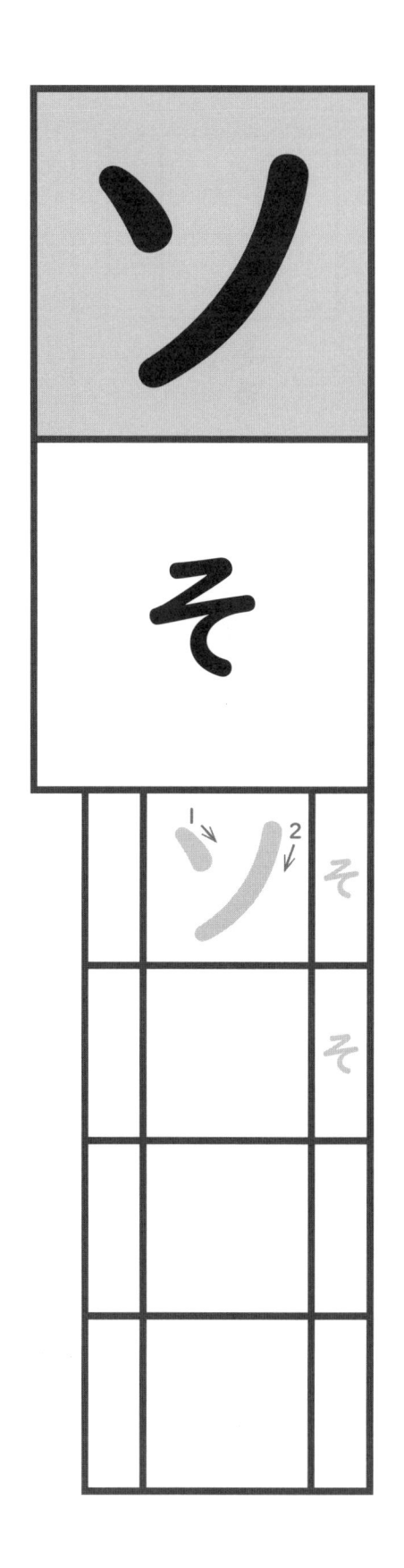

タ

た

1 2 3

タ

た

た

た

おる

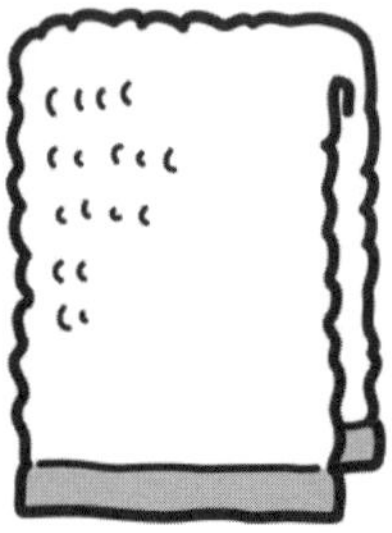

そ

ふぁー

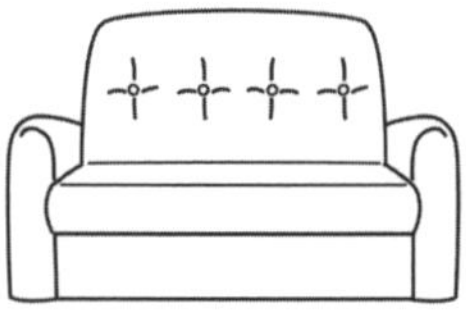

た

おる

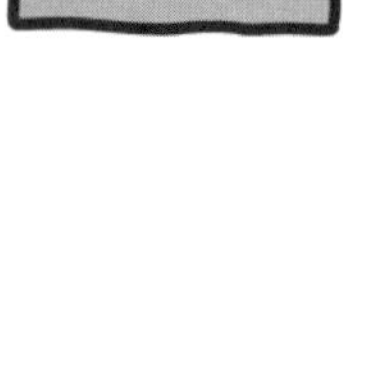

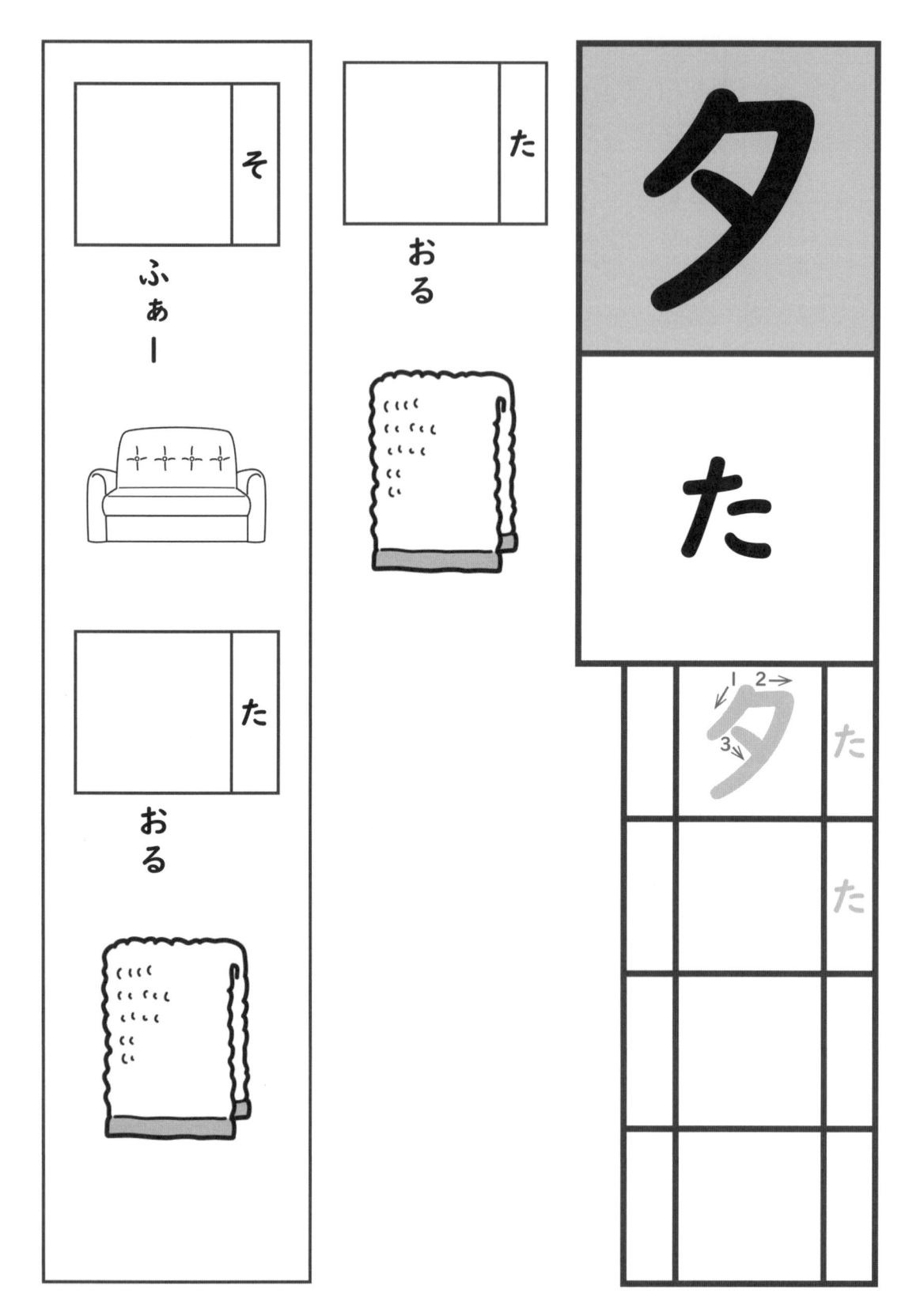

す

りっぱ

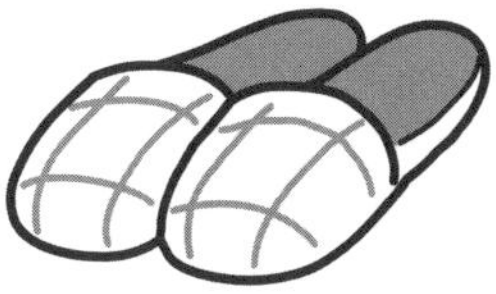

せ

み

そ

ふぁー

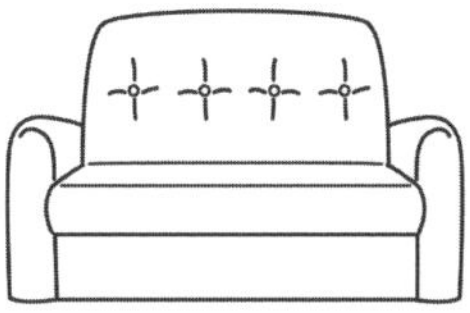

た

おる

し

ーそー

さ

ぼてん

その9

なまえ

ツ	チ	チ ち
つ	ち	ツ つ

タ	ソ	ソ そ
そ	た	タ た

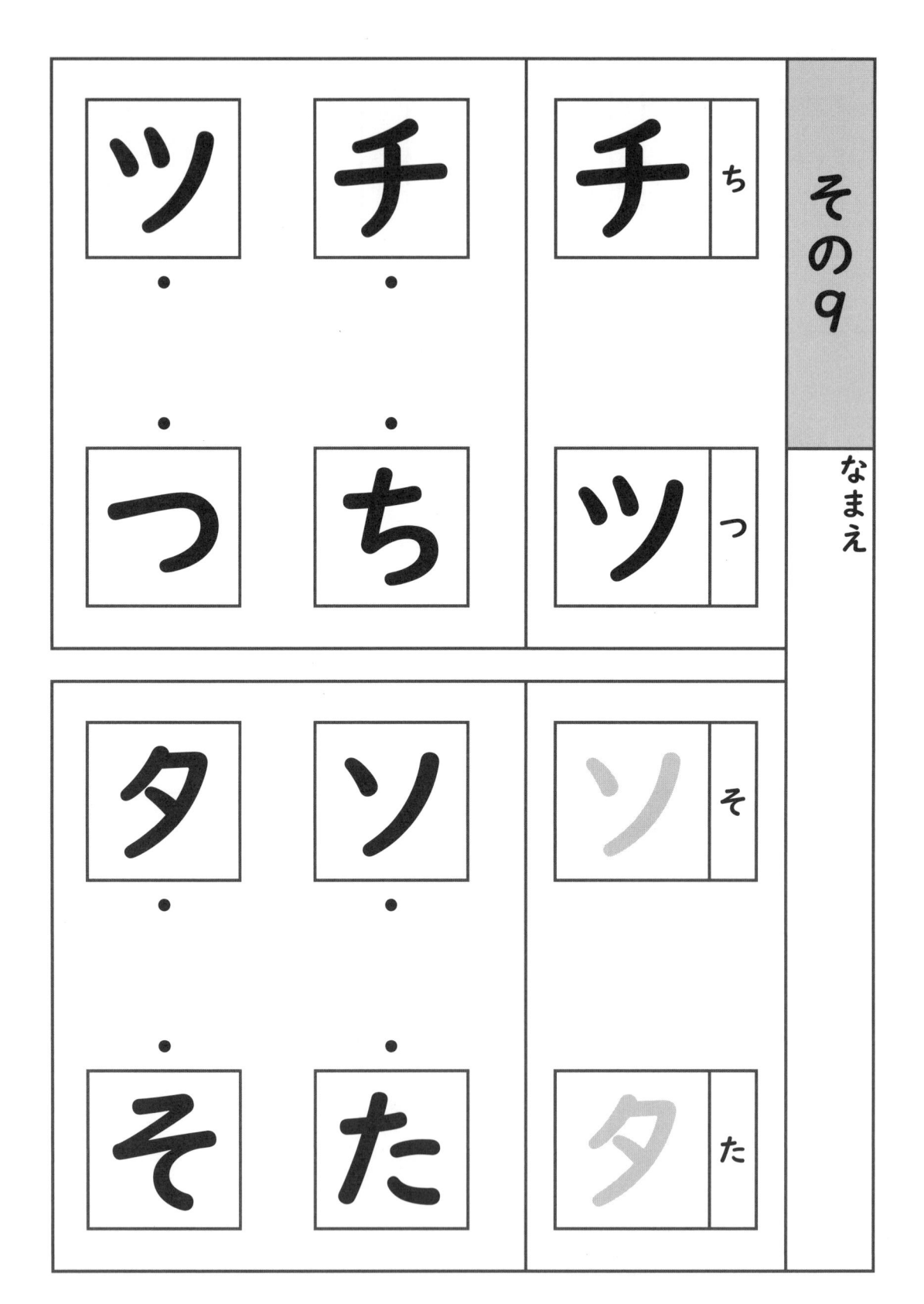

ち

ーず

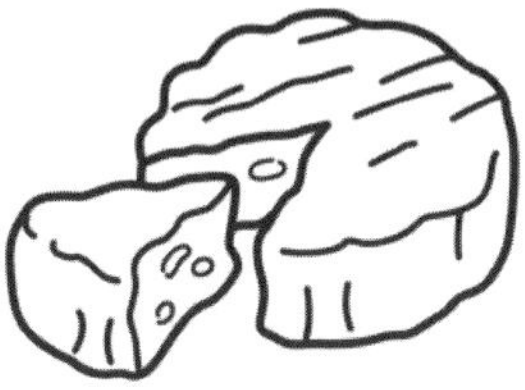

チ

ち

1 2 3
チ ち

ち

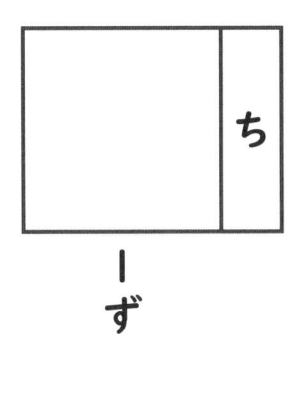

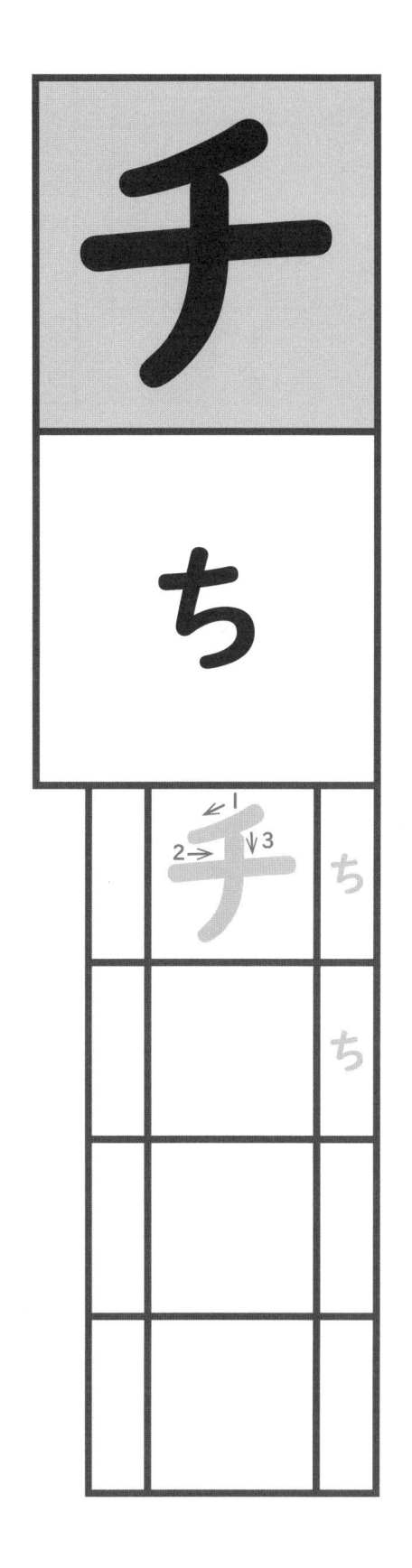

ツ

つ

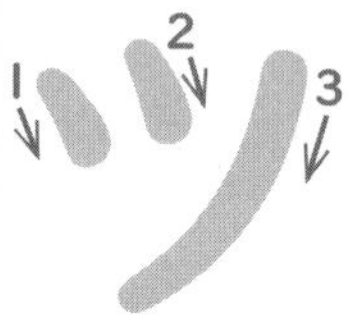

つ

つ

つ

ばめ

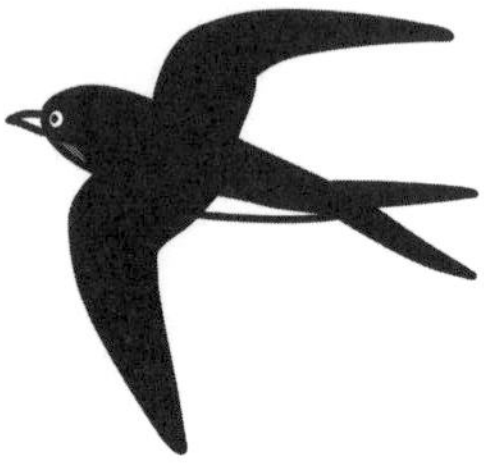

ち

ーず

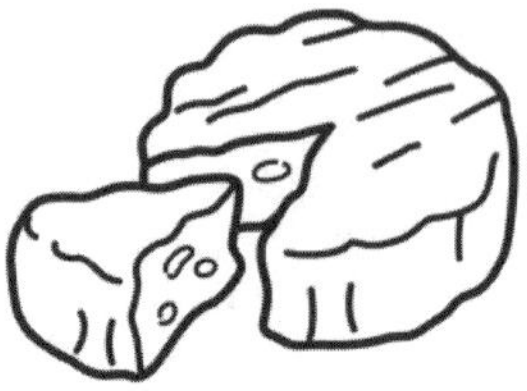

つ

ばめ

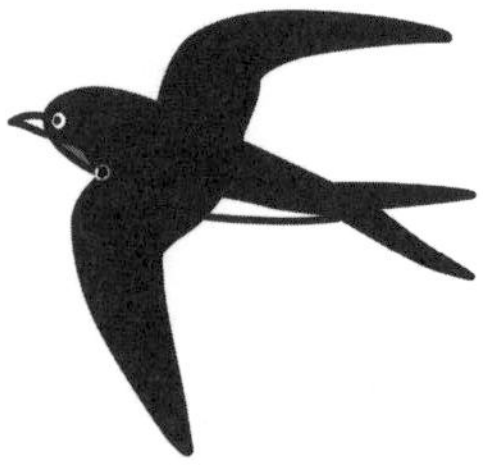

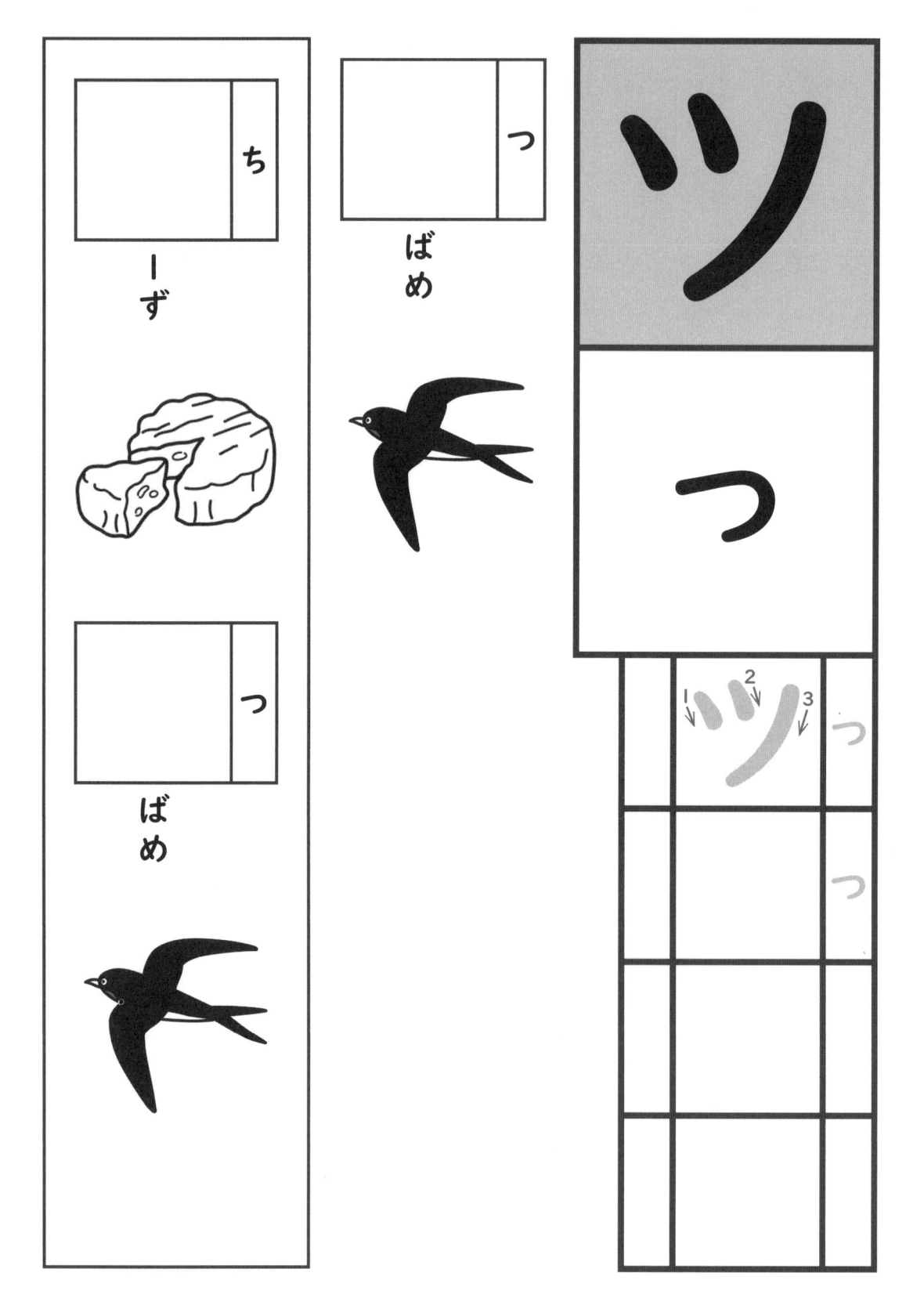

す
りっぱ

せ
み

そ
ふぁー

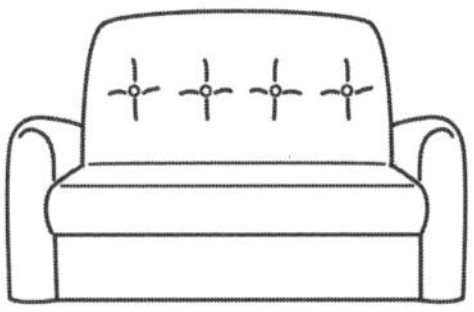

た
おる

つ
ばめ

ち
ーず

その10

なまえ

ト　テ

・　・

・　・

と　て

テ　て

ト　と

ツ　チ

・　・

・　・

つ　ち

チ　ち

ツ　っ

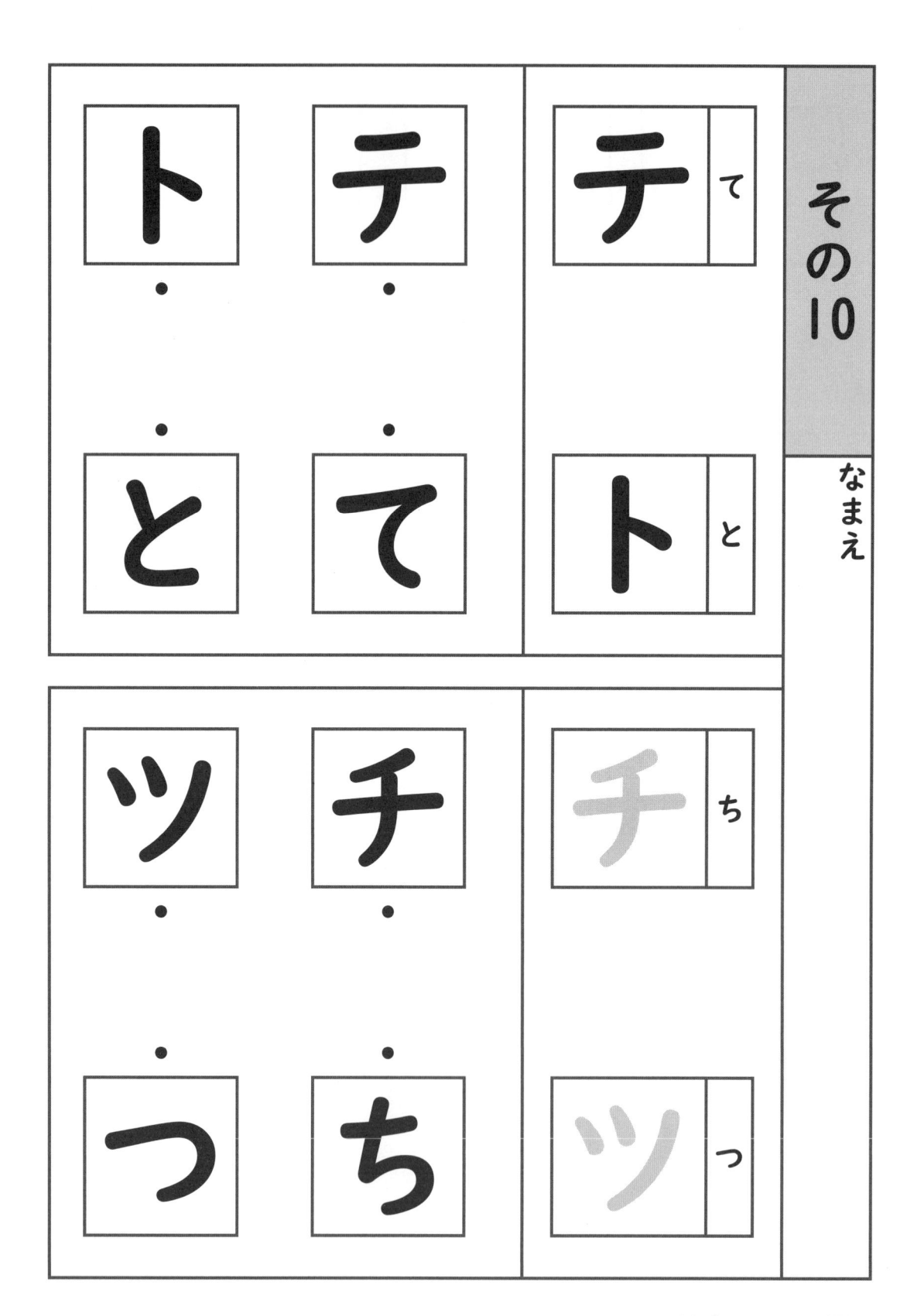

テ

て

1→ 2→ 3↙ テ て

て

て
んと

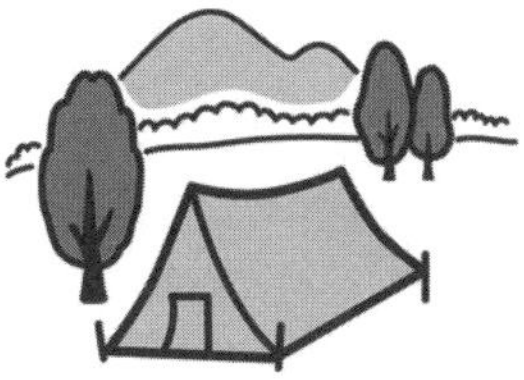

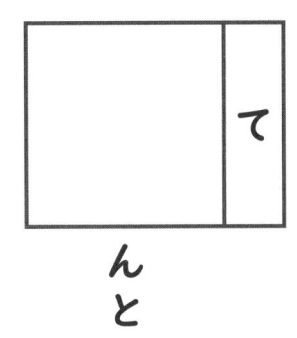

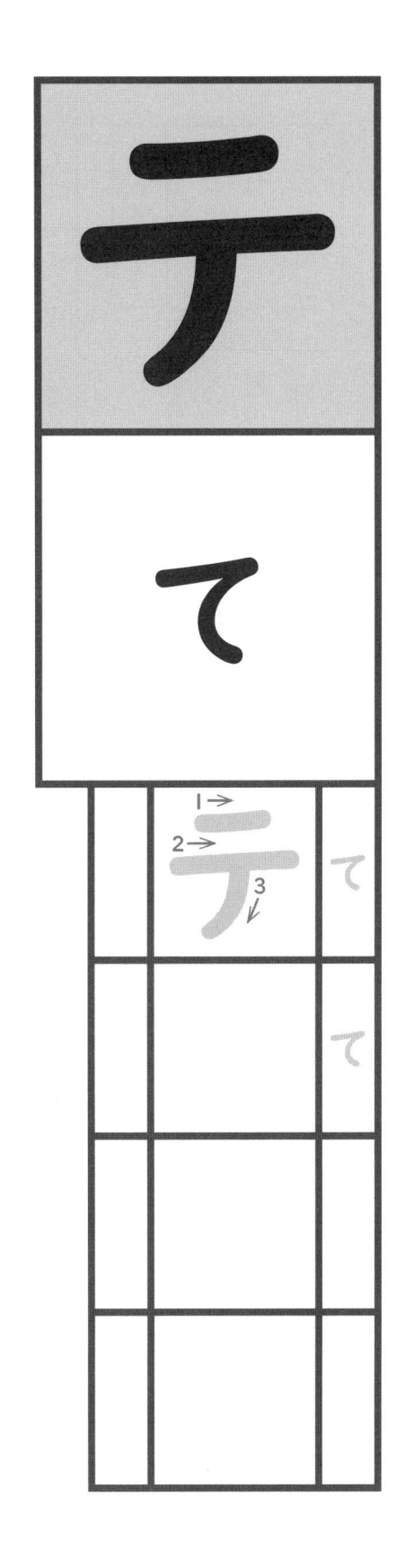

ト

と

1 2 ト と

と

と

らんぷ

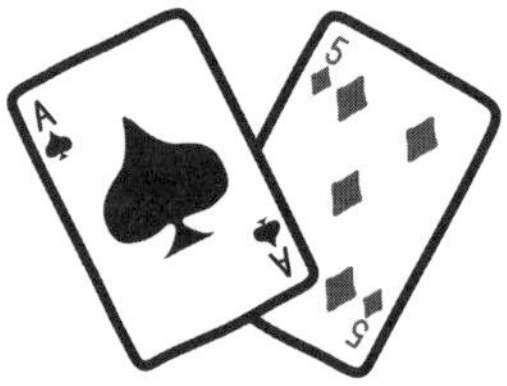

て

んと

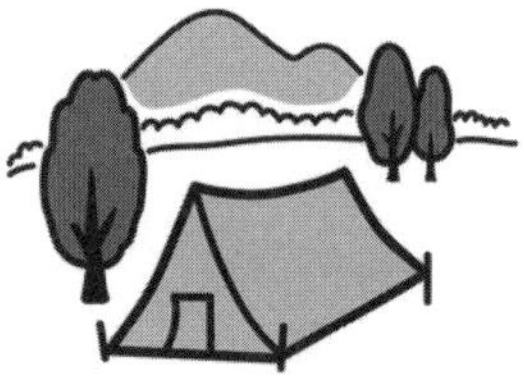

と

らんぷ

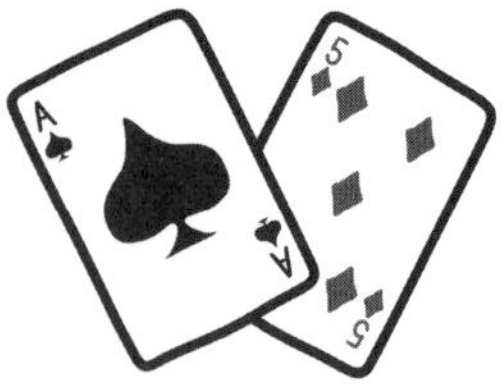

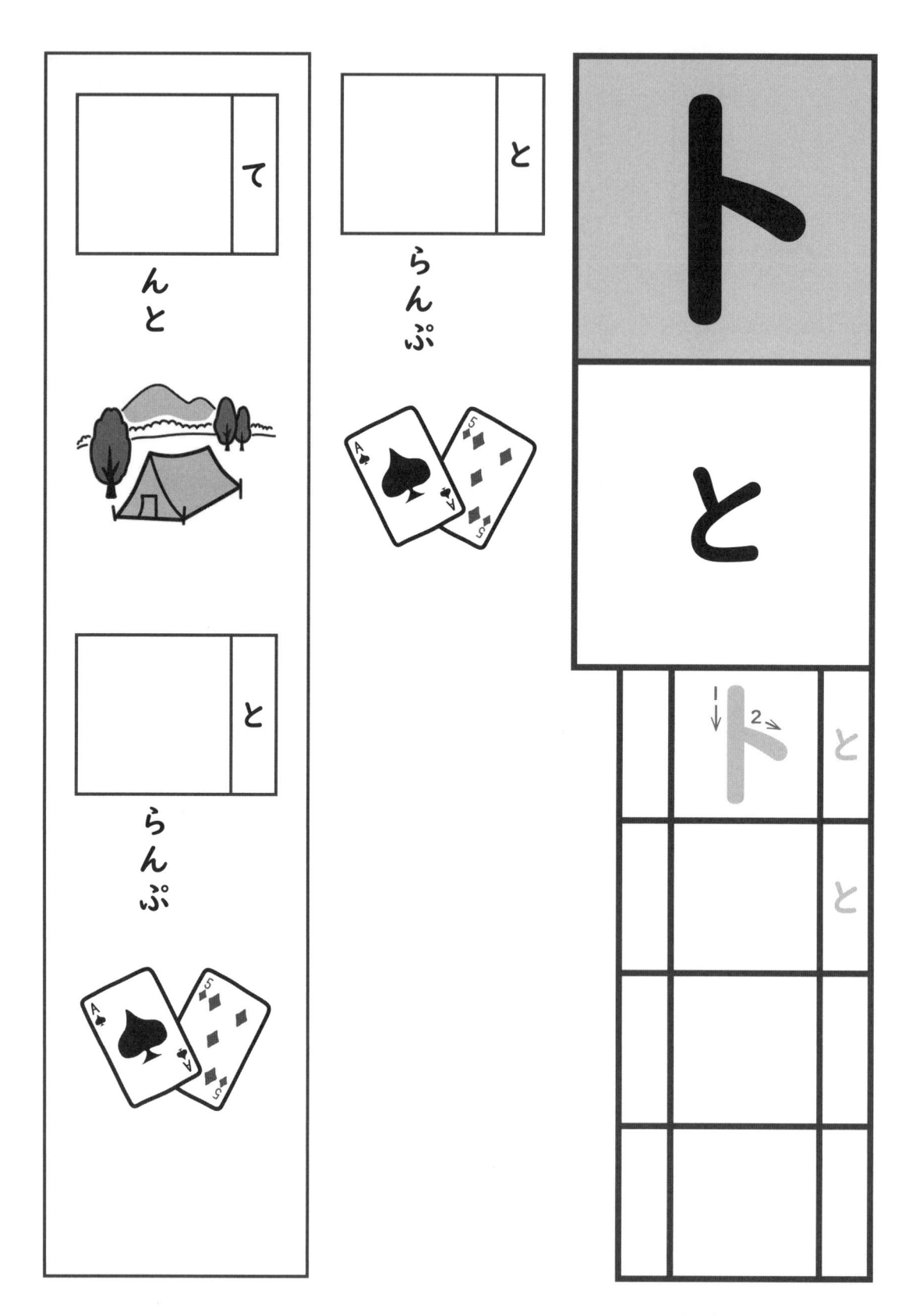

と

らんぷ

て

んと

そ

ふぁー

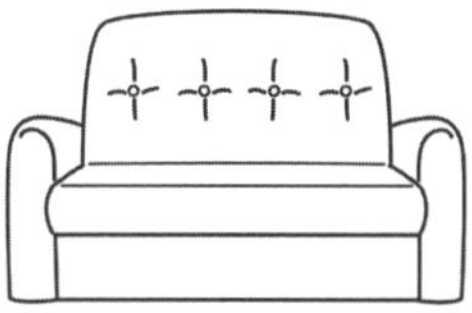

た

おる

つ

ばめ

ち

ーず

その11

なまえ

ナ な

ニ に

ナ ニ

な に

テ て

ト と

テ ト

て と

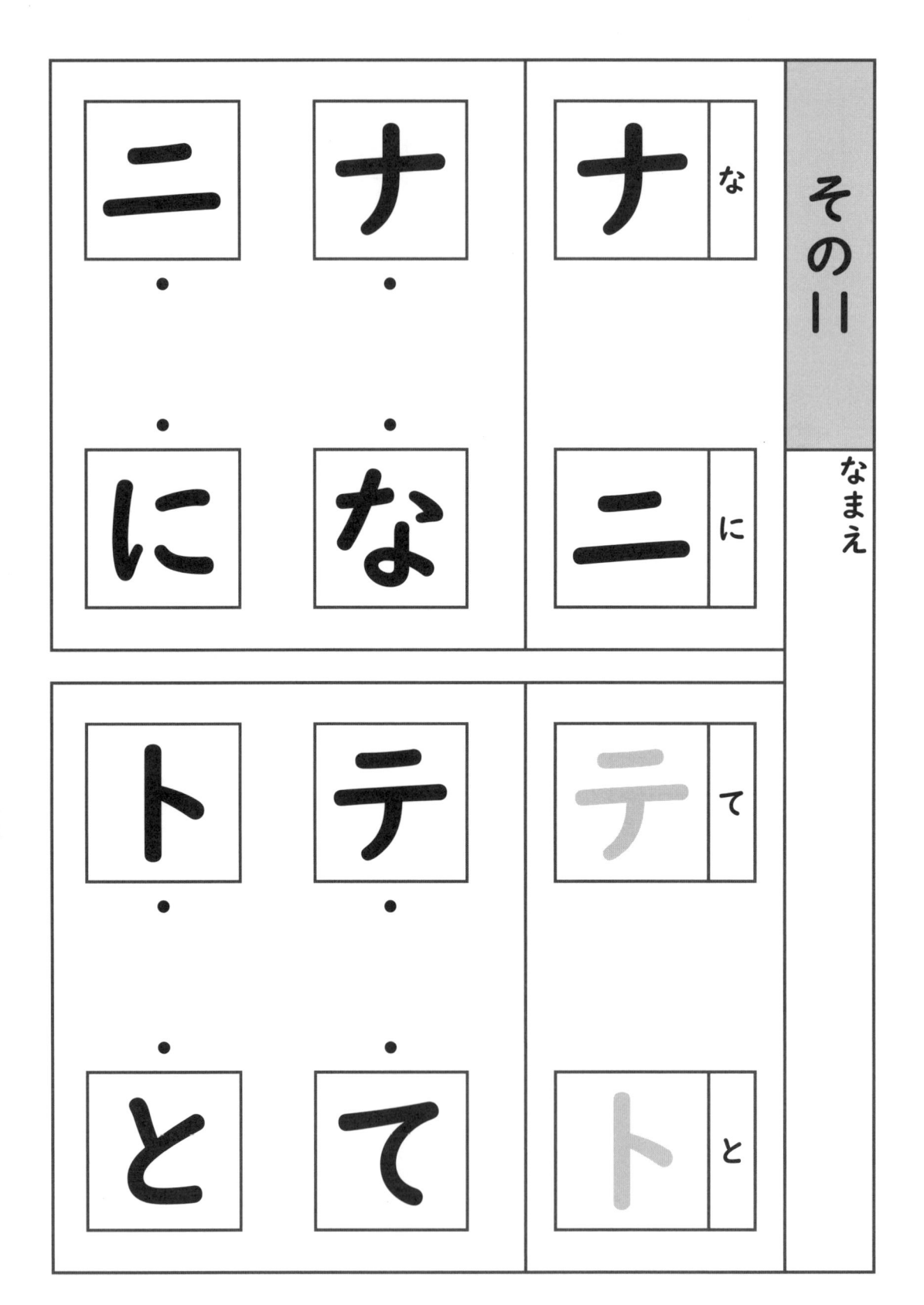

ナ

な

1→ ↓2
ナ

な

な

な

いふ

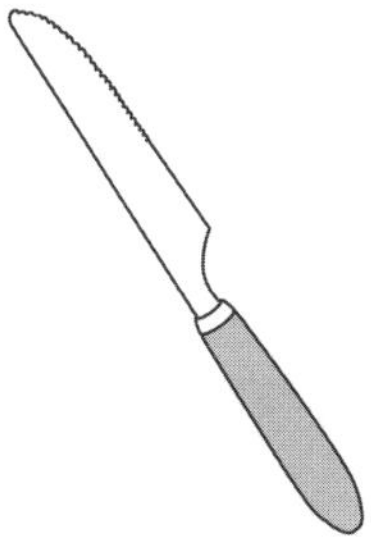

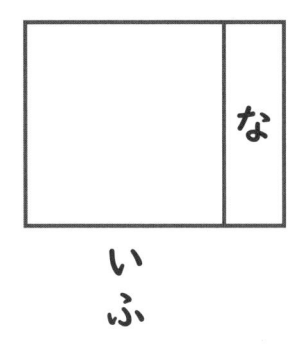

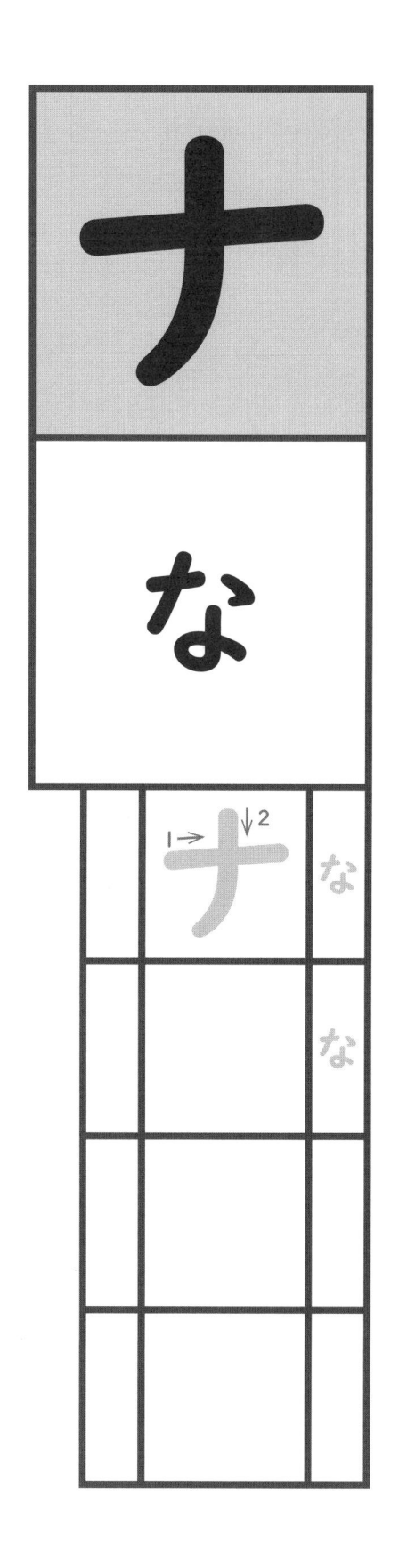

ニ

に

1
2

に

に

に

んじん

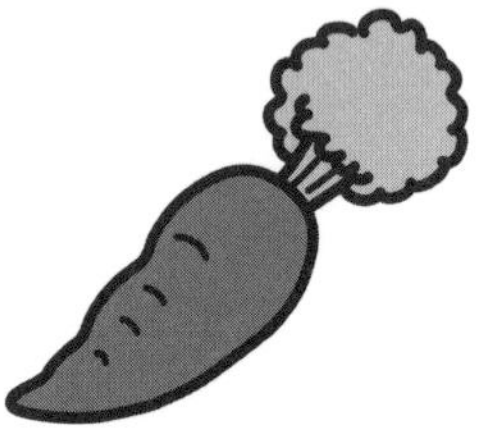

に

んじん

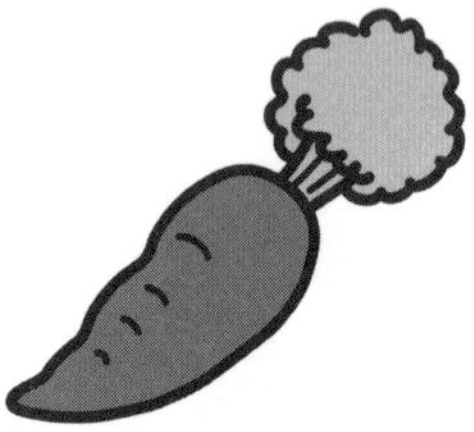

な

いふ

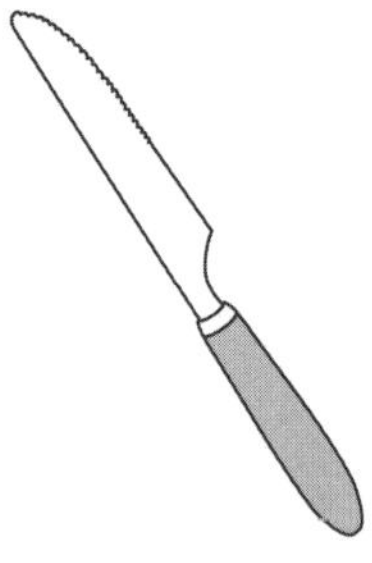

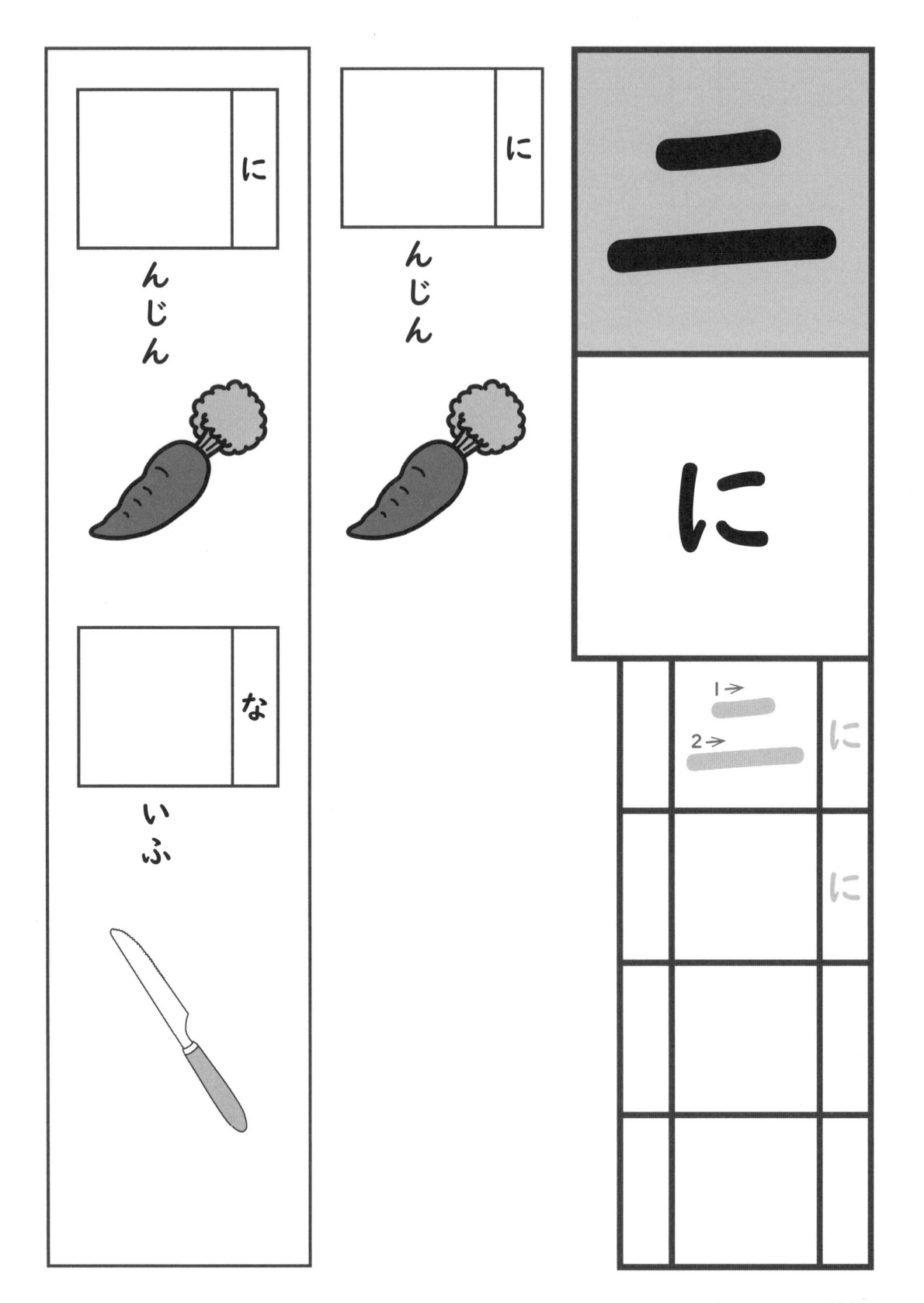

と

らんぷ

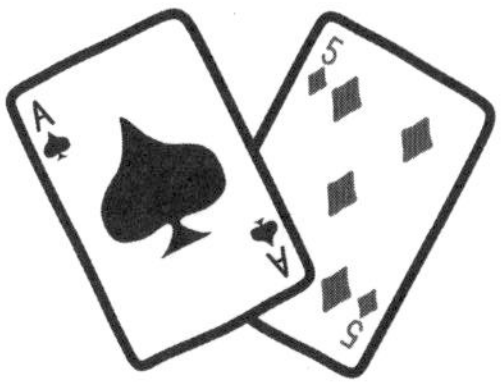

て

んと

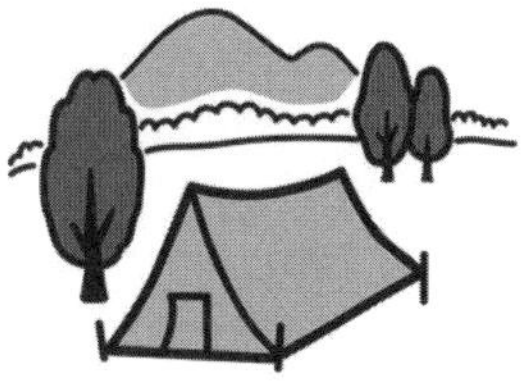

に

んじん

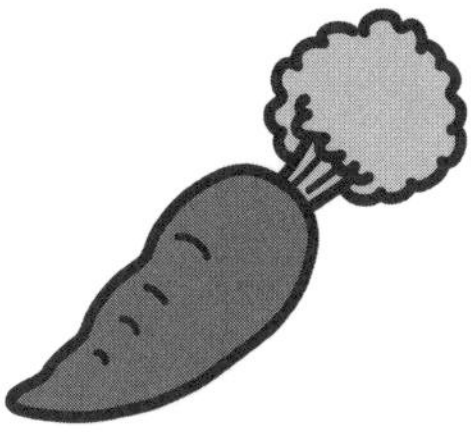

な

いふ

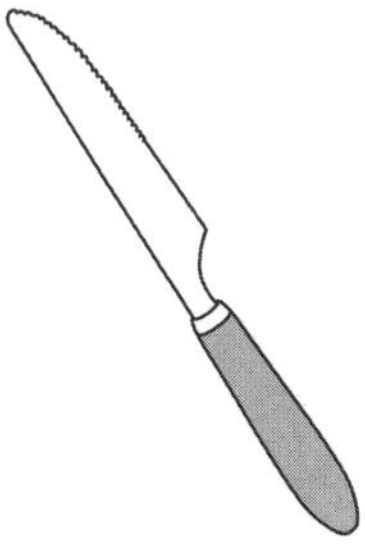

つ

ばめ

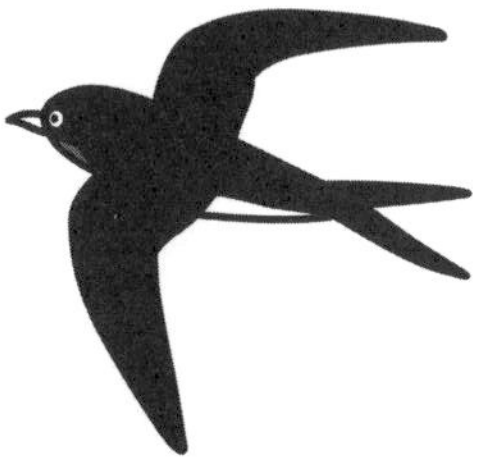

ち

ーず

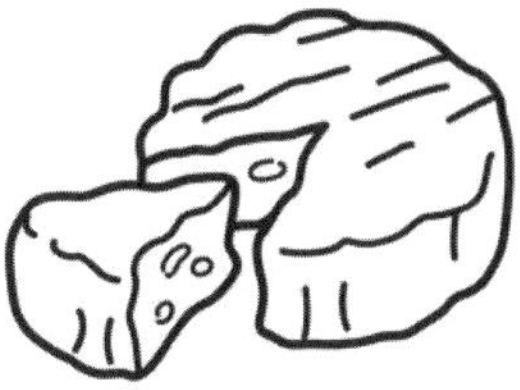

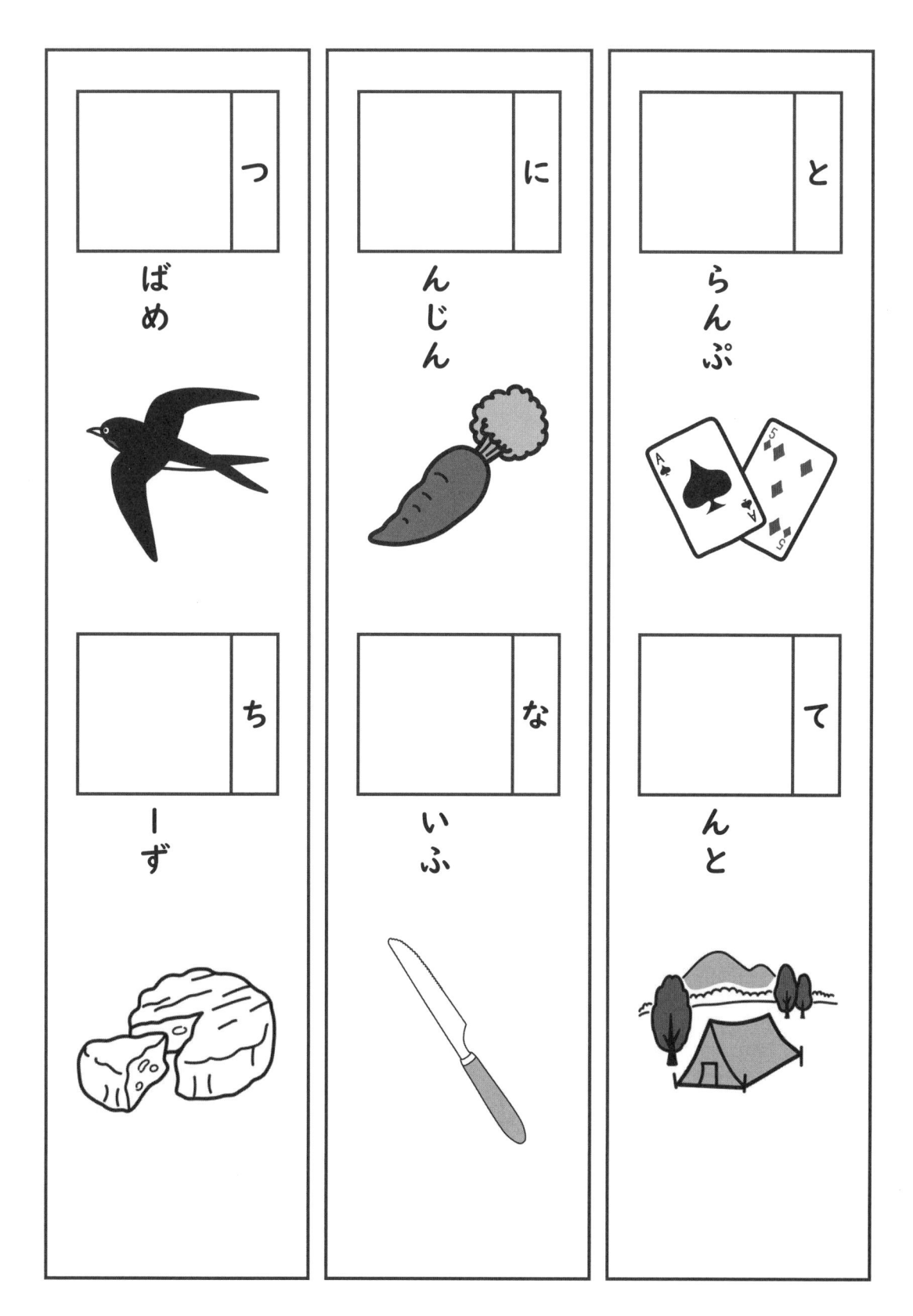

その12

なまえ

ヌ　ぬ

ネ　ね

ネ	ヌ
ね	ぬ

ナ　な

ニ　に

ナ	ニ
に	な

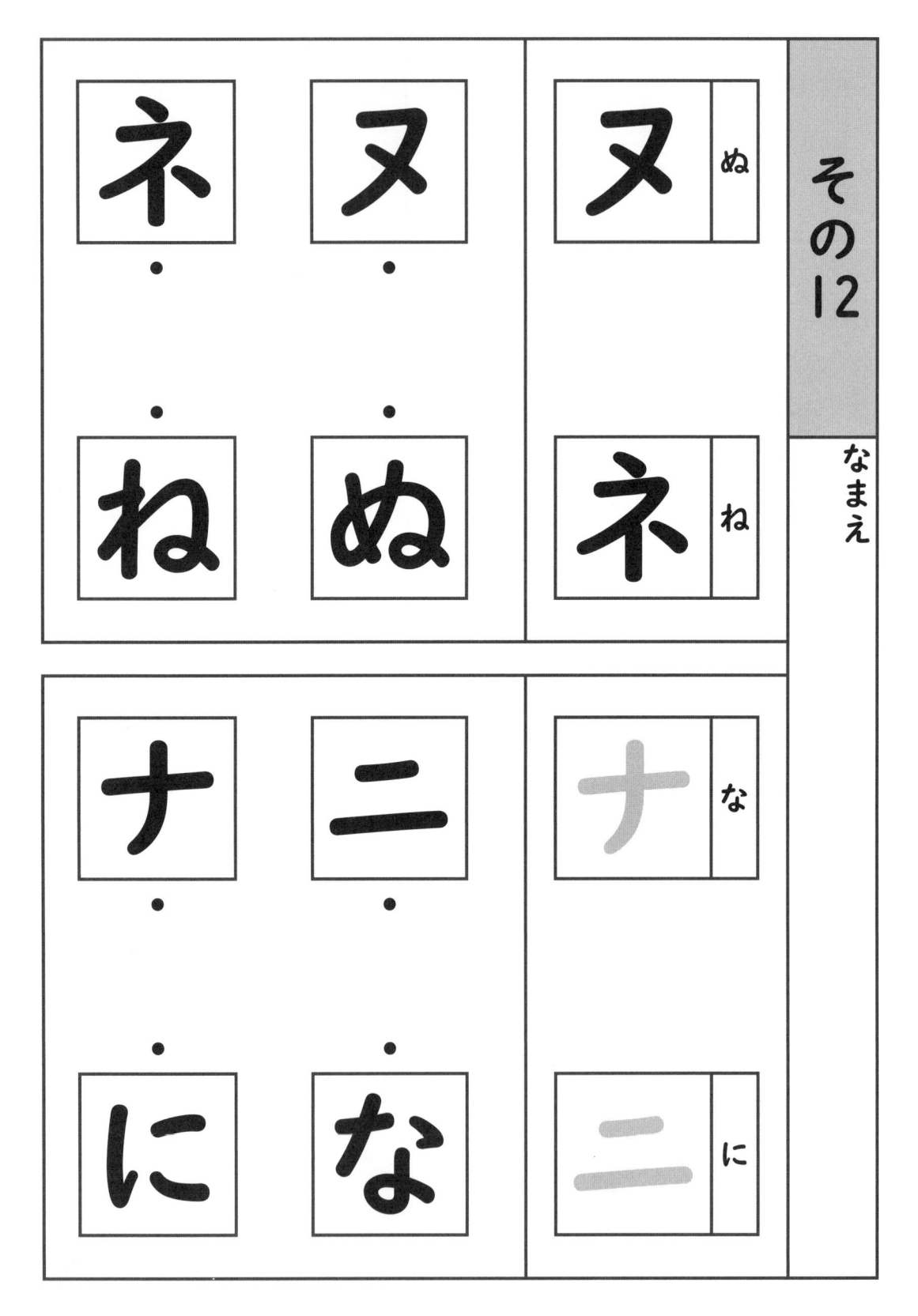

ぬ

1

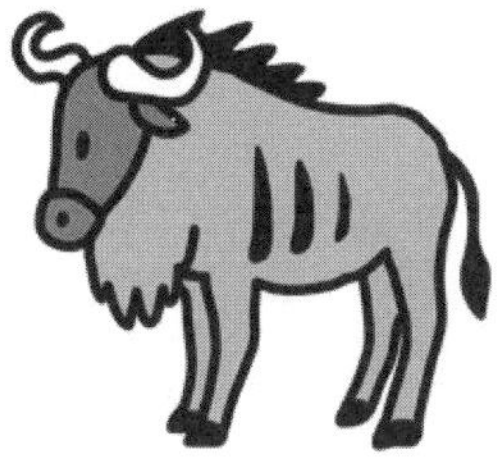

ヌ

ぬ

1→
2↘
ヌ ぬ

ぬ

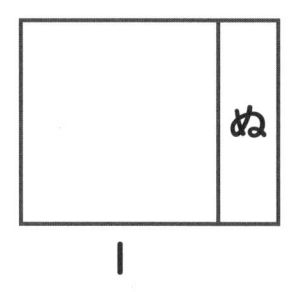

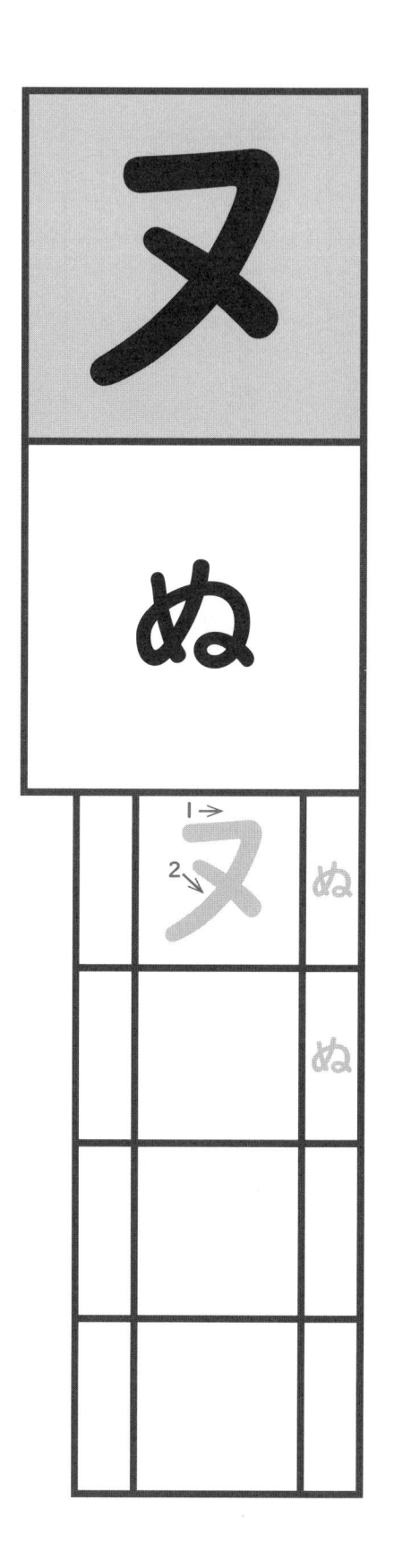

ネ

ね

ネ

ね

ね

ねくたい

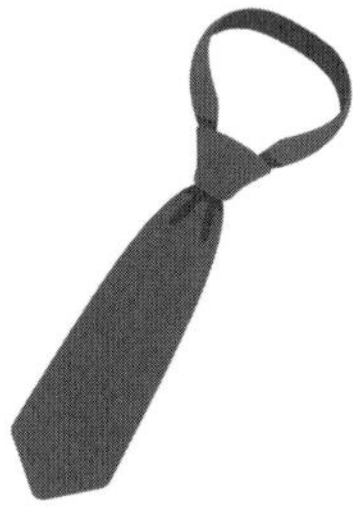

ねくたい

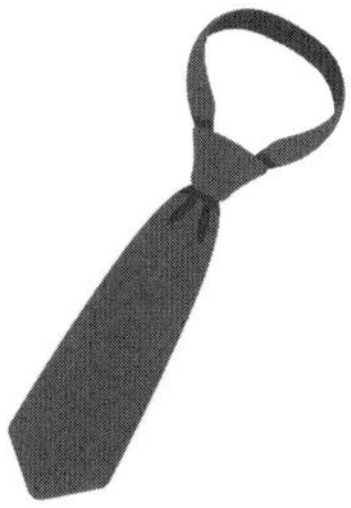

ぬー

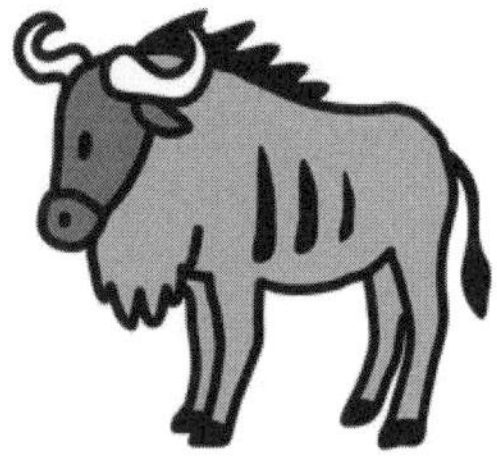

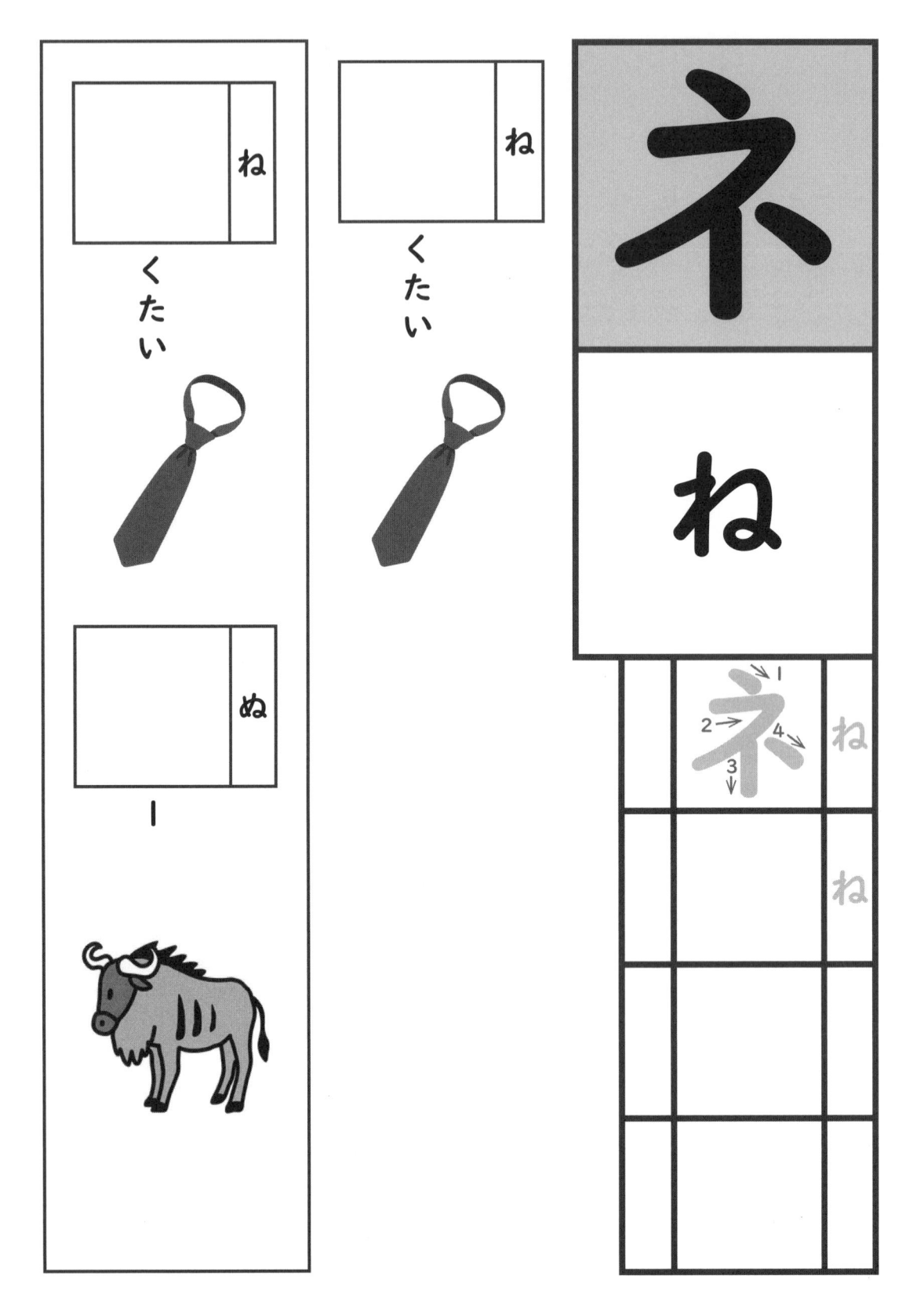

と
らんぷ

て
んと

に
んじん

な
いふ

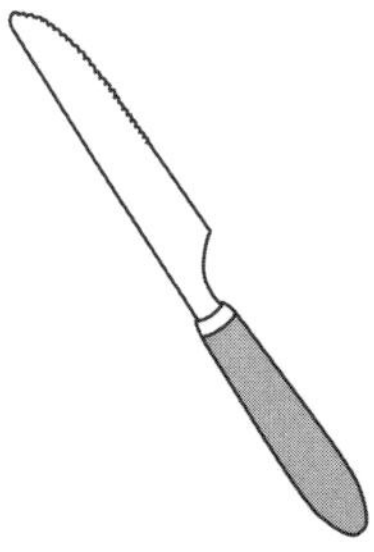

ね
くたい

ぬ
ー

その13

なまえ

ノ

ハ

は

の

ノ の

ハ は

ネ

ヌ

ね

ぬ

ヌ ぬ

ネ ね

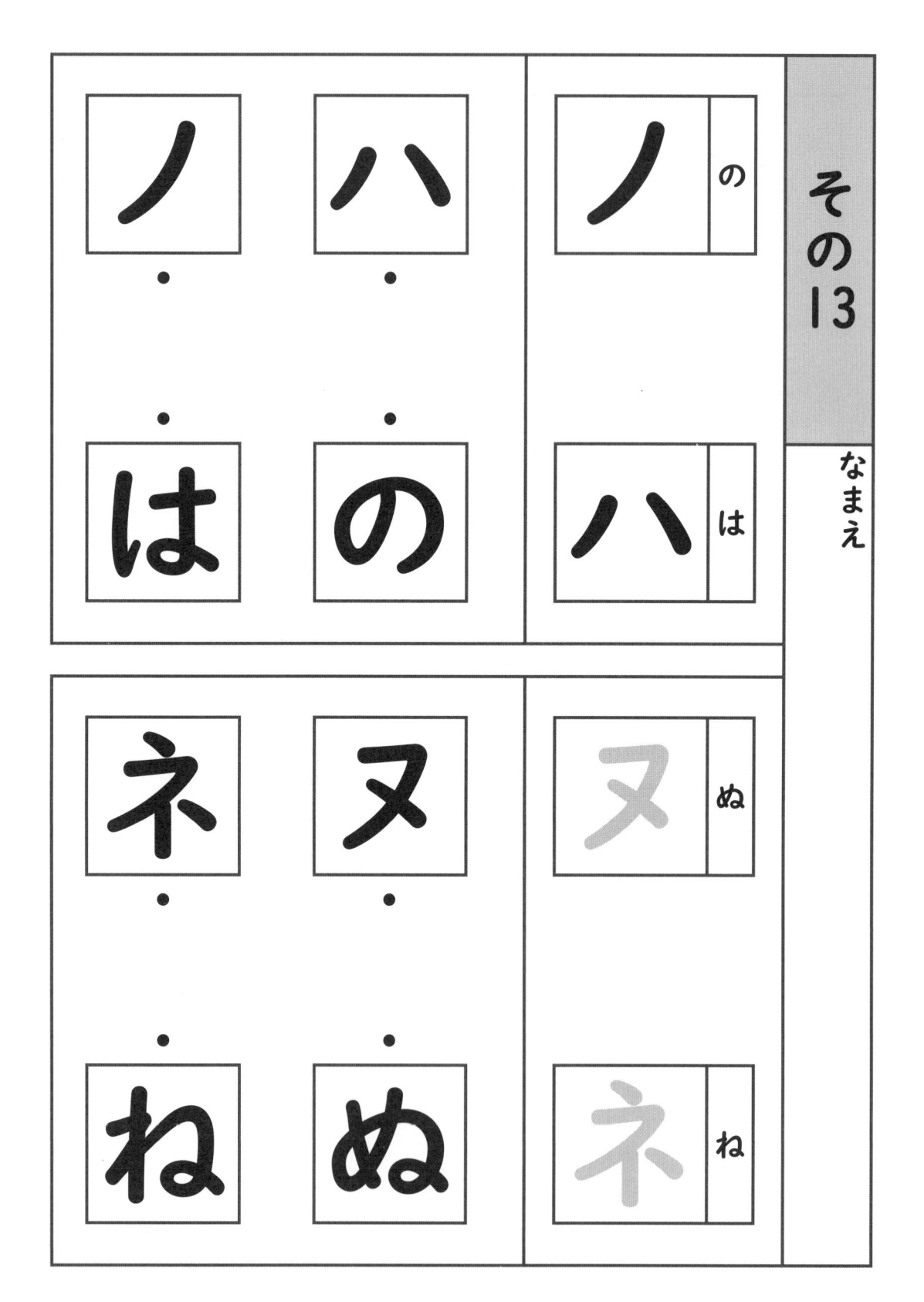

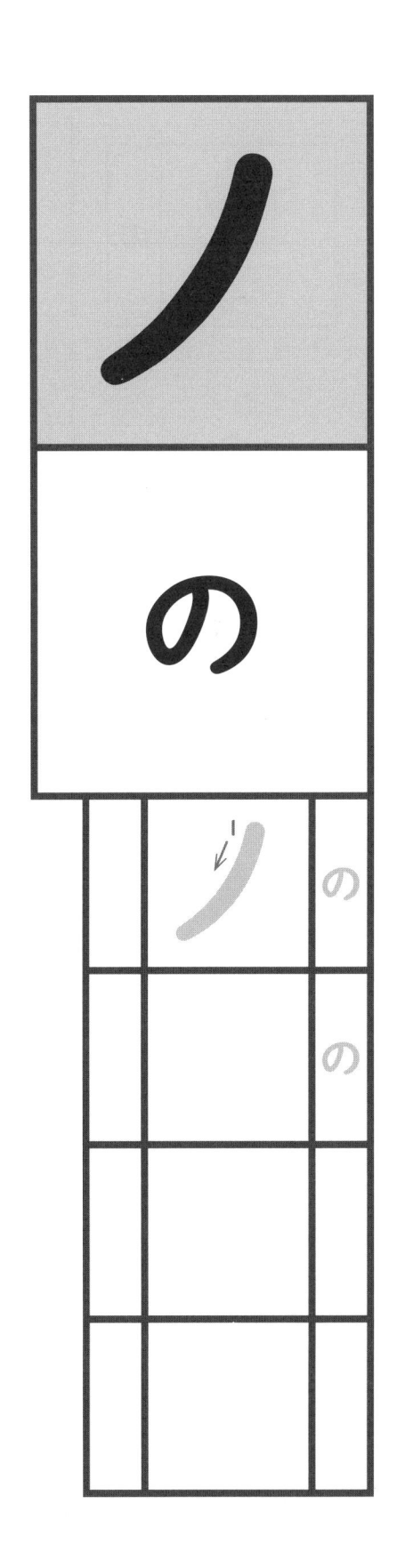

の

の

の

の ー と

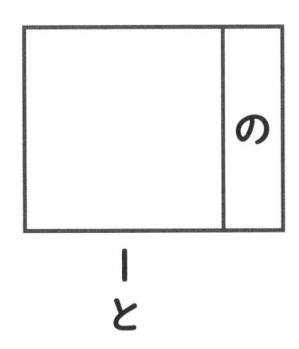

ハ

は

ハ は

は

は

んがー

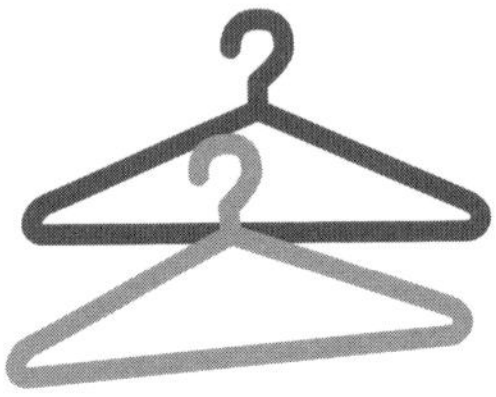

の

ーと

は

んがー

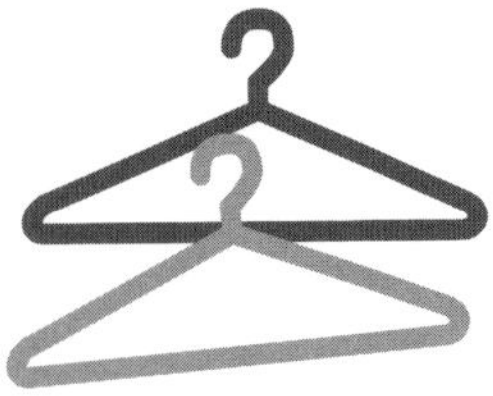

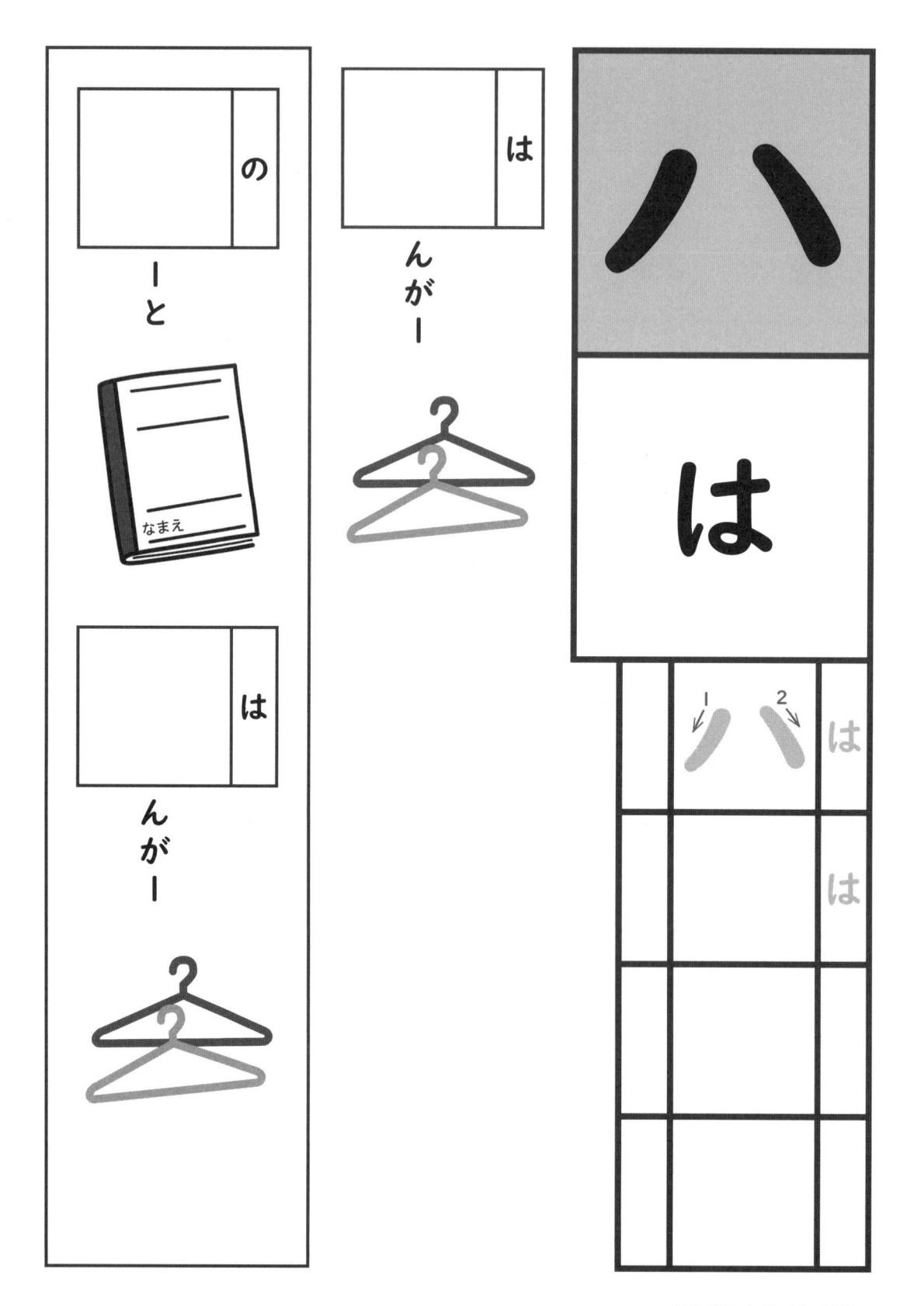

の

ーと

は

んがー

に

んじん

な

いふ

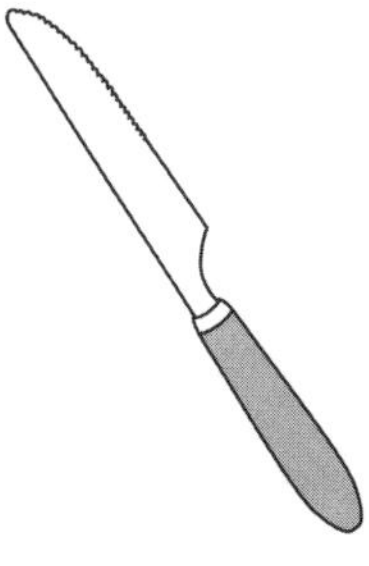

ね

くたい

ぬ

ー

その14

なまえ

フ	ヒ	ヒ ひ
ひ	ふ	フ ふ

ノ	ハ	ノ の
は	の	ハ は

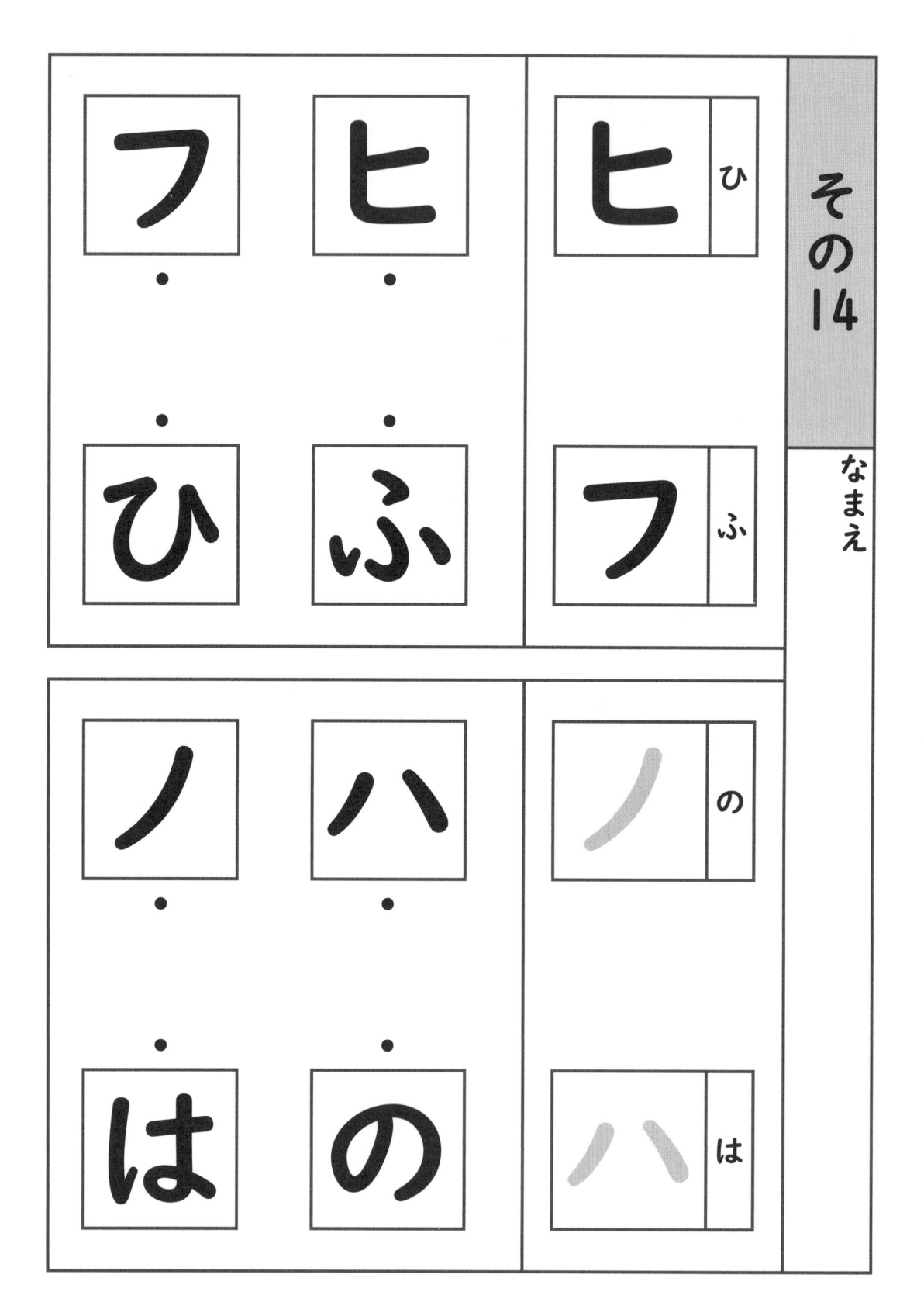

ヒ

ひ

ヒ

ひ

ひ

ひ

ーたー

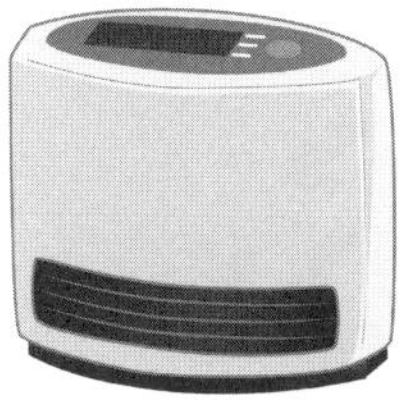

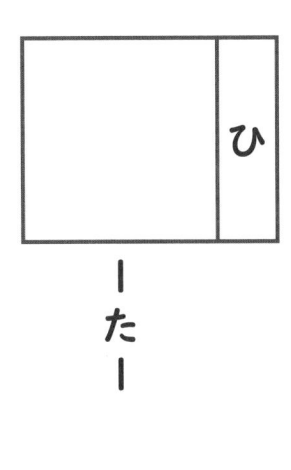

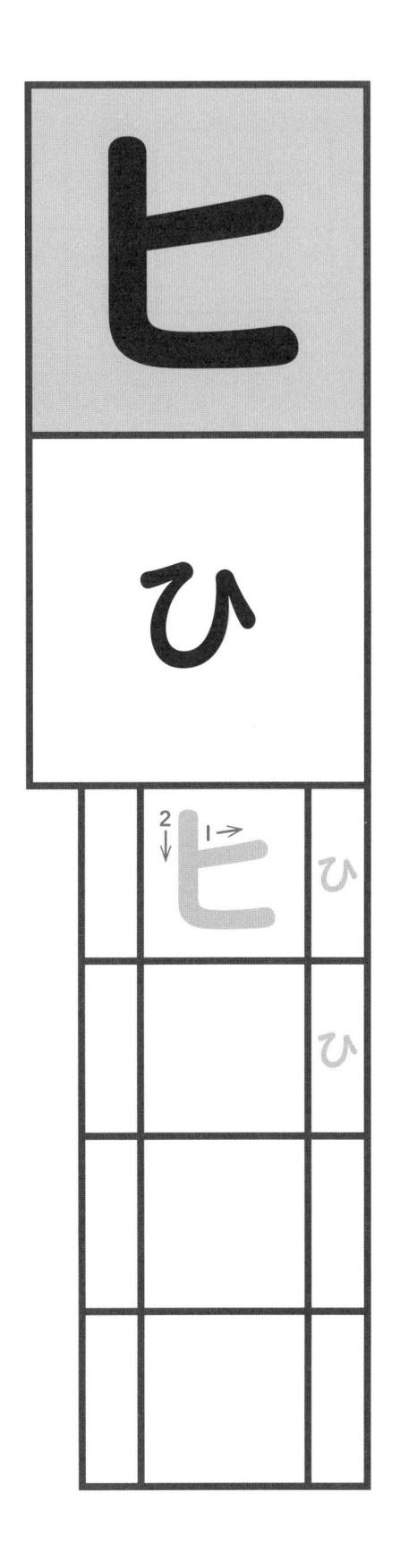

フ

ふ

ふ

ふ

ふ

らいぱん

ふ

らいぱん

ひ

ーたー

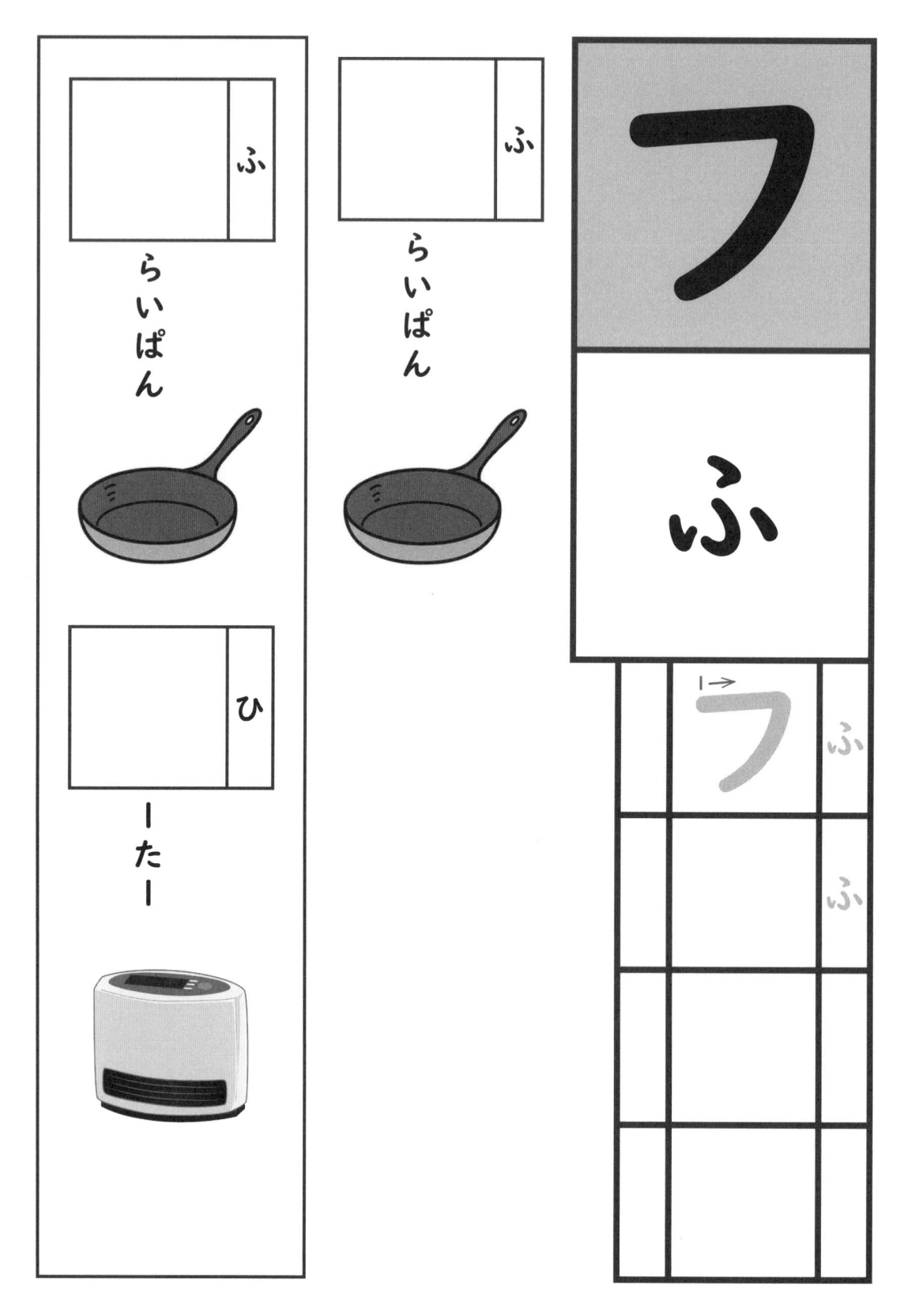

の

ーと

は

んがー

ふ

らいぱん

ひ

ーたー

ね

くたい

ぬ

ー

その15

なまえ

ヘ へ

ホ ほ

ヘ	ホ
へ	ほ

ヒ ひ

フ ふ

フ	ヒ
ひ	ふ

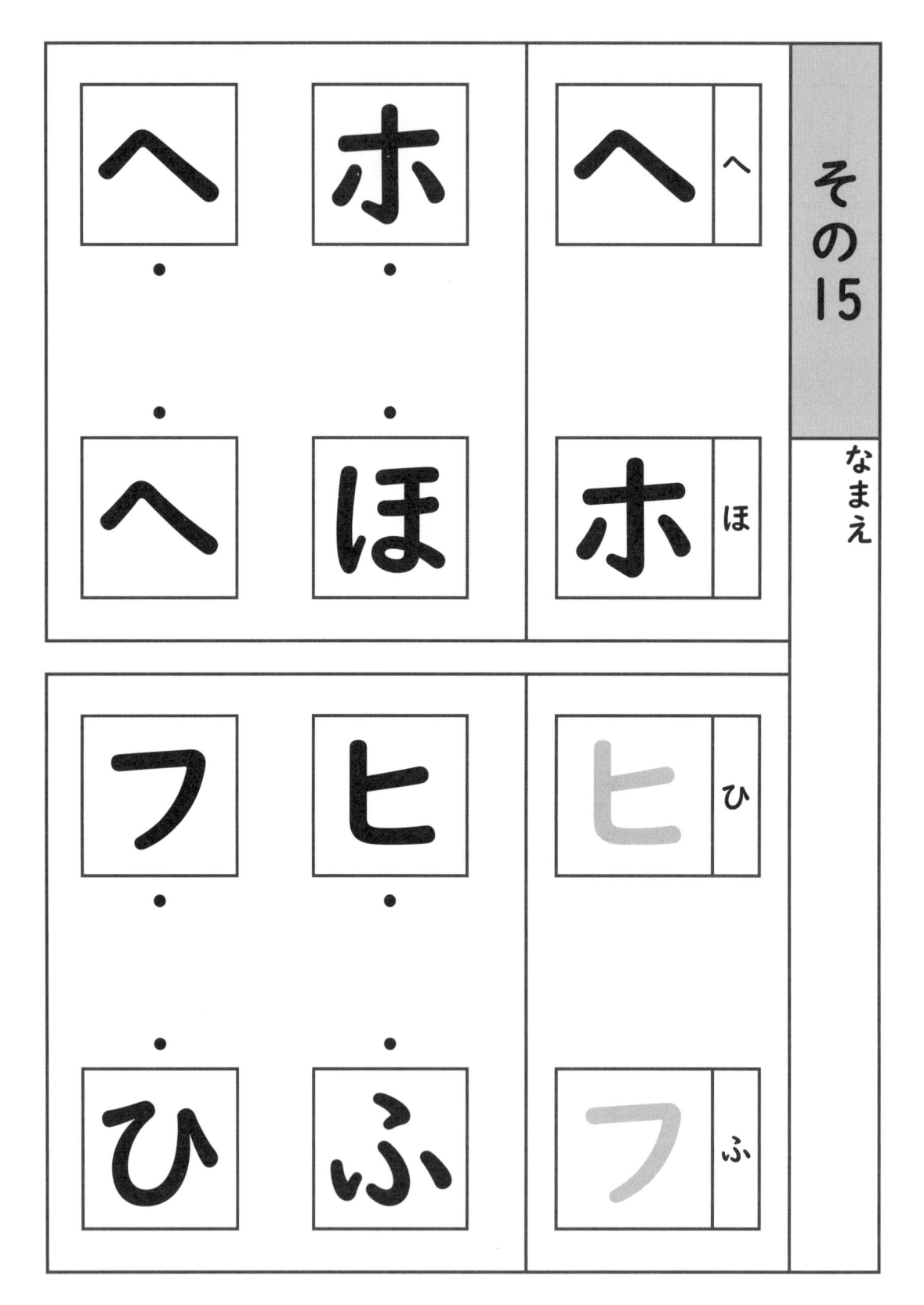

へ

へ

へ

へ

へ

へるめっと

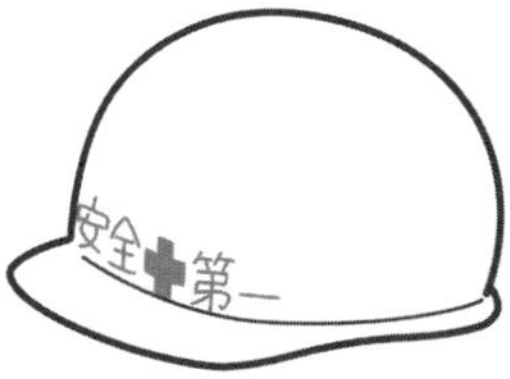

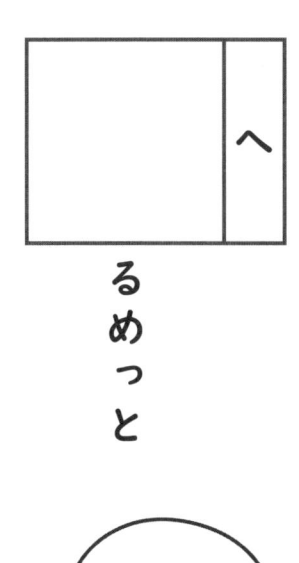

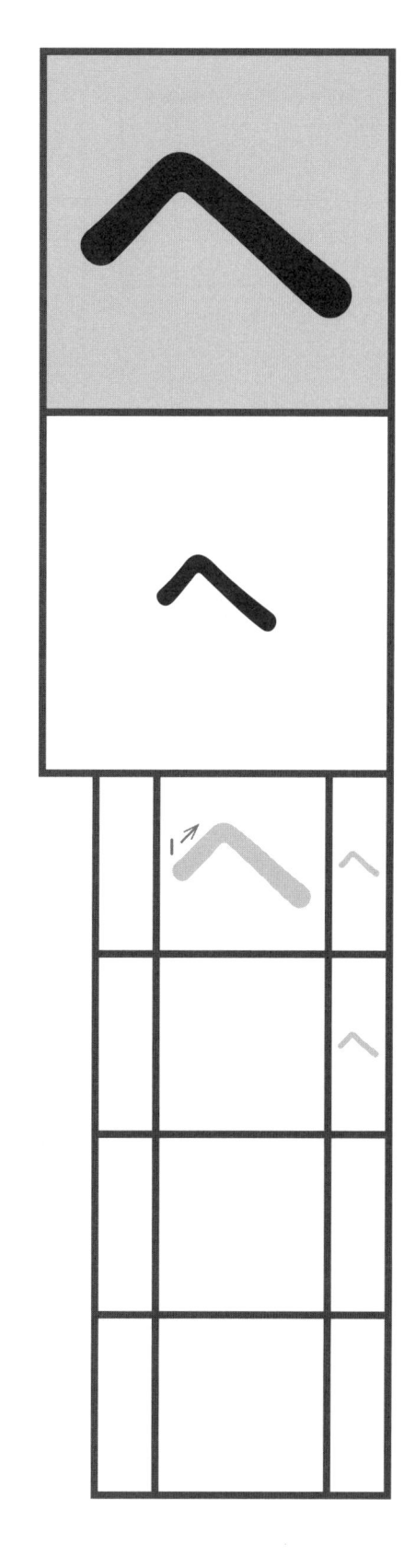

ホ

ほ

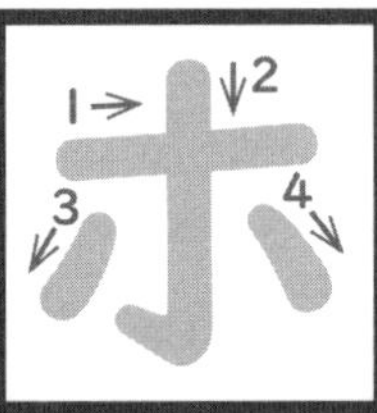

ほ

ほ

ほっとけーき

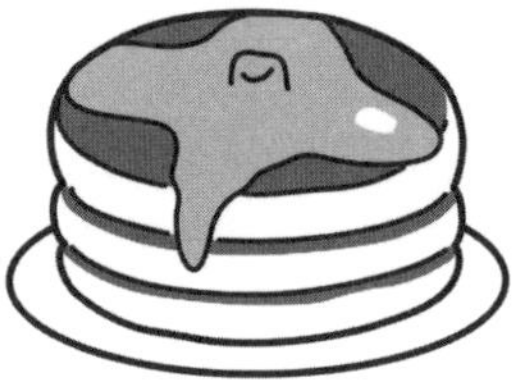

ほっとけーき

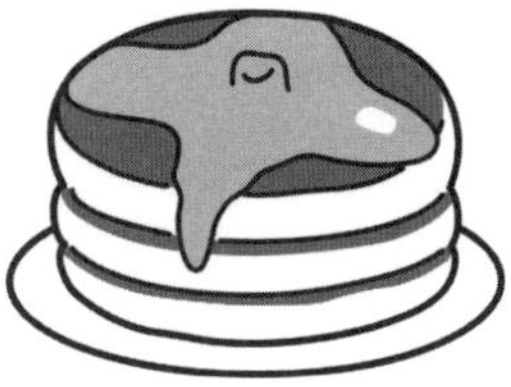

へるめっと

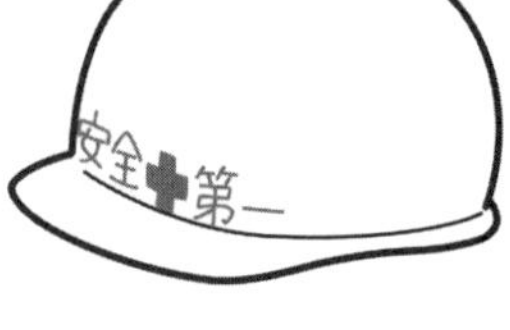

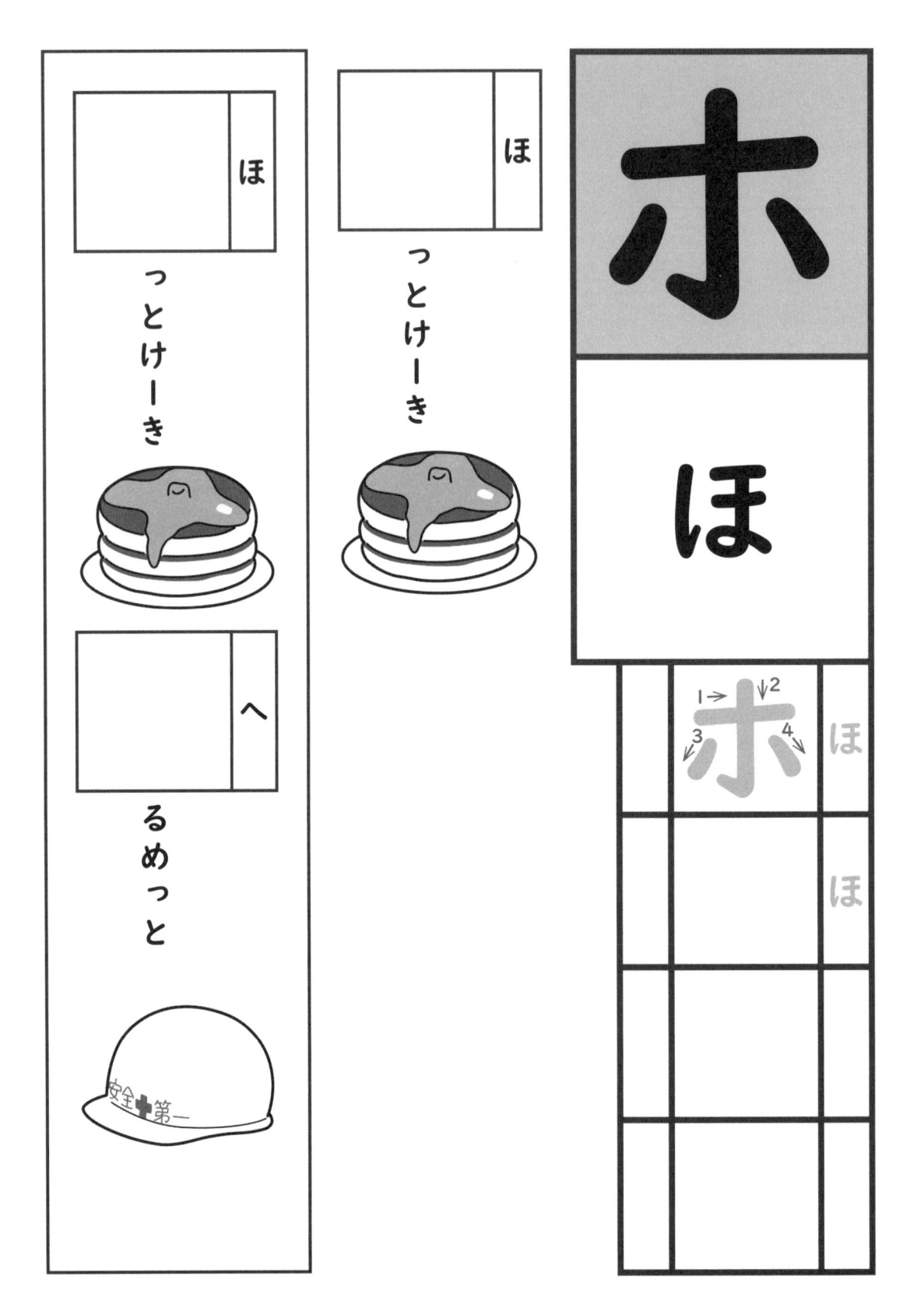

の
ーと

は
んがー

ふ
らいぱん

ひ
ーたー

へ
るめっと

ほ
っとけーき

その16

なまえ

マ	ま
ミ	み

ミ　マ

・　・

・　・

ま　み

ヘ	へ
ホ	ほ

ヘ　ホ

・　・

・　・

へ　ほ

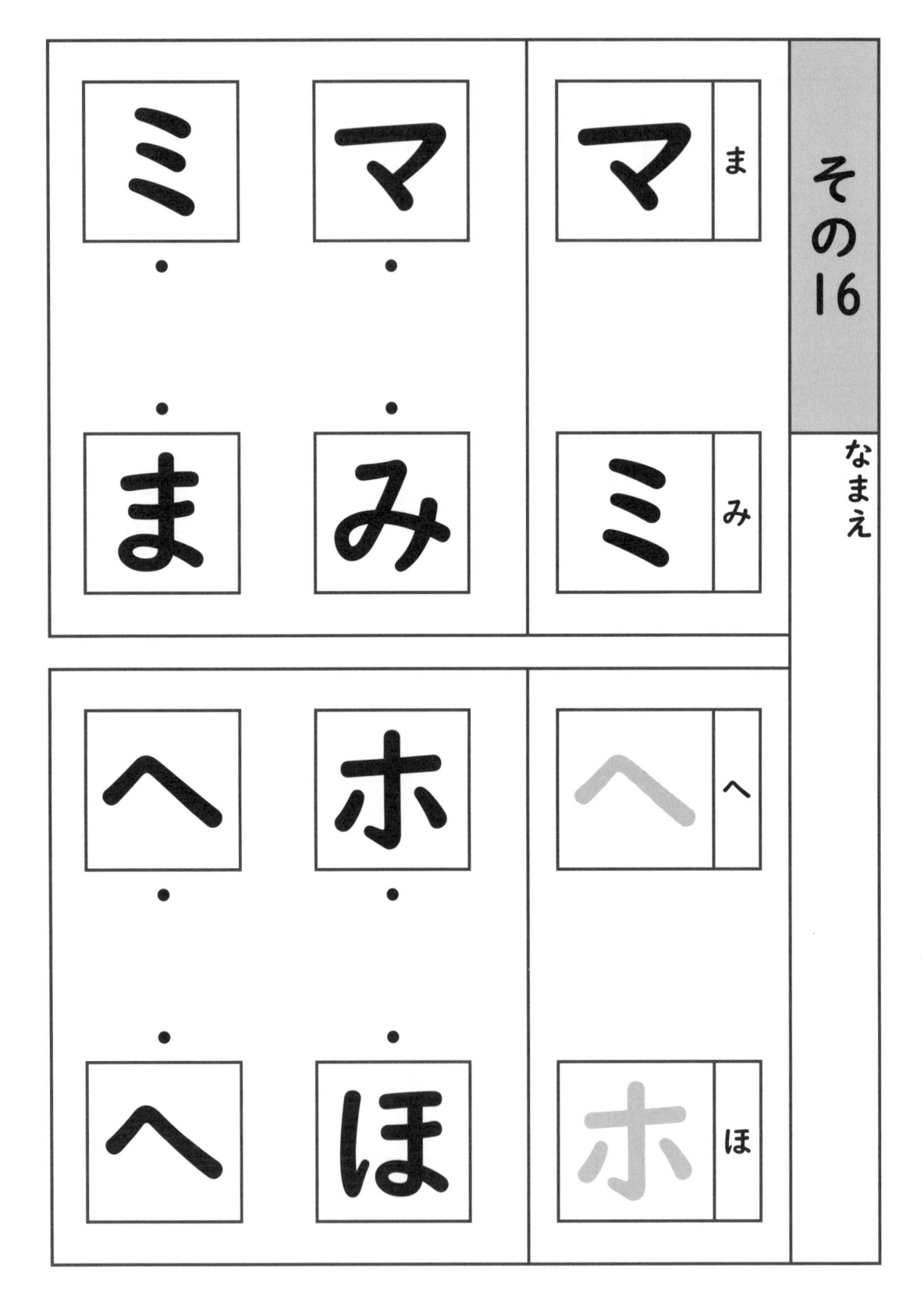

マ

ま

マ ま

ま

ま

ふらー

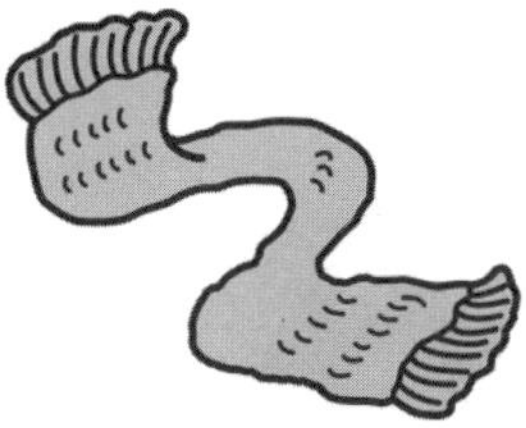

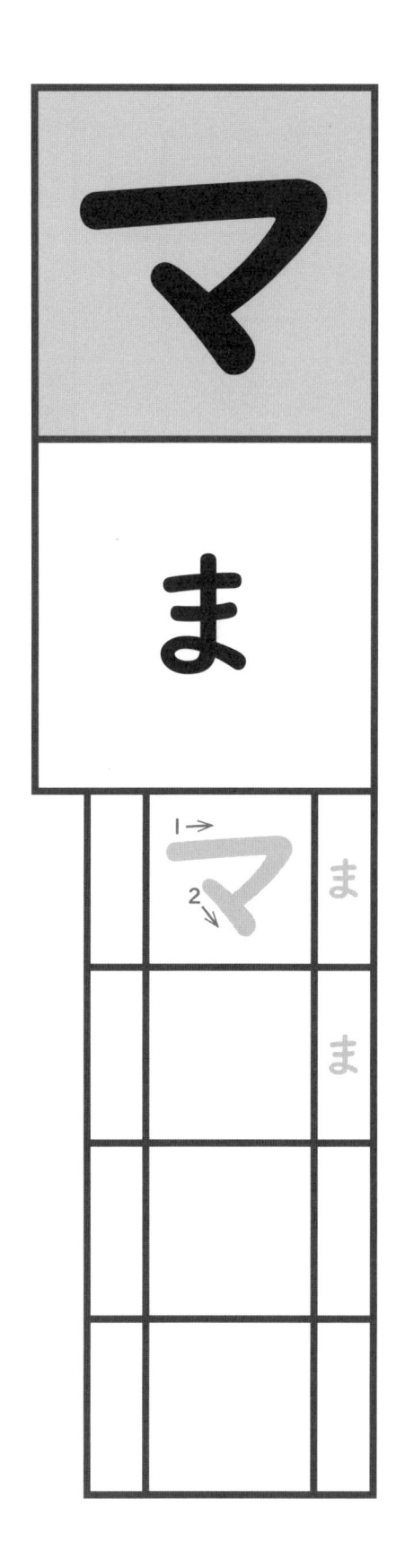

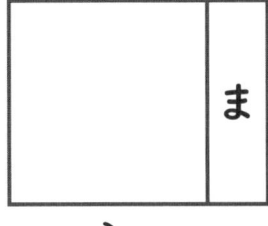

ミ

み

1 2 3 ミ

み

み

み

にかー

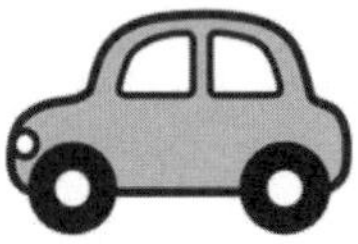

ま

ふらー

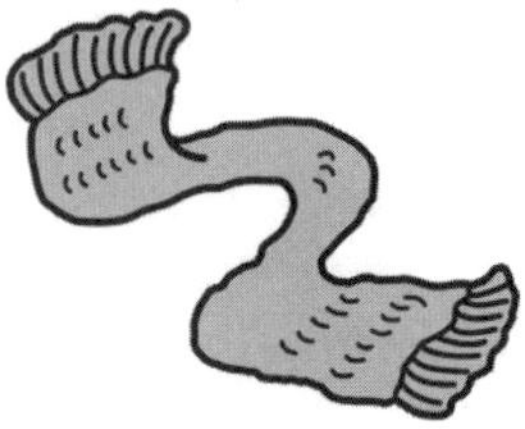

み

にかー

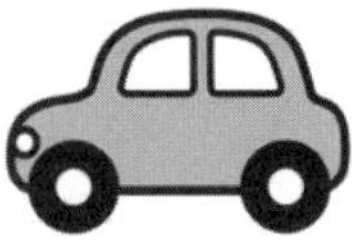

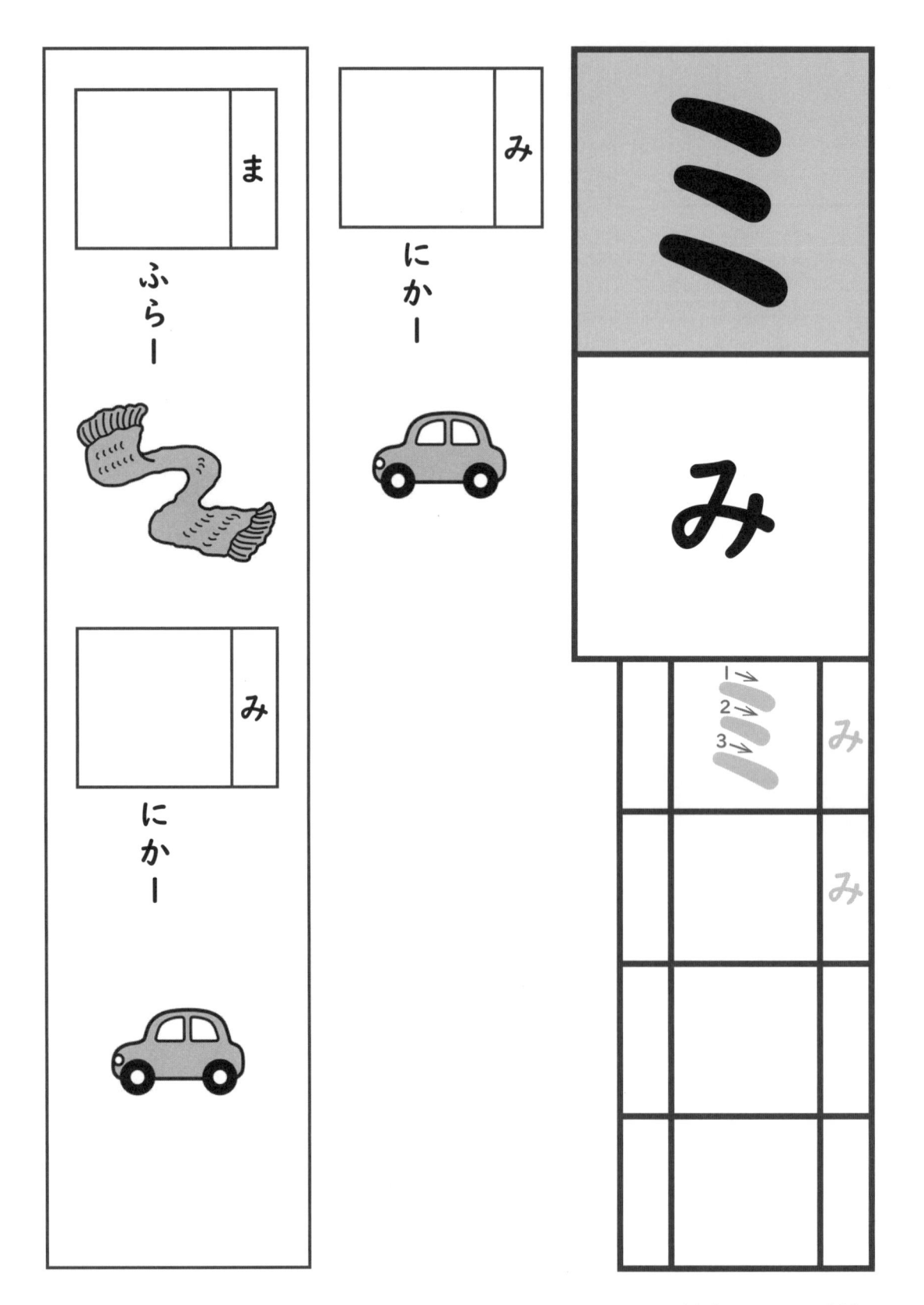

ま
ふらー

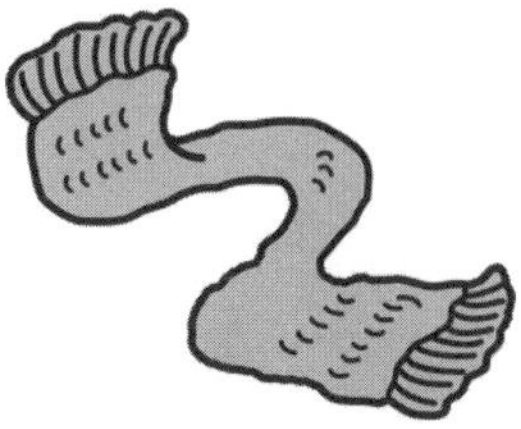

み
にかー

ふ
らいぱん

ひ
ーたー

へ
るめっと

ほ
っとけーき

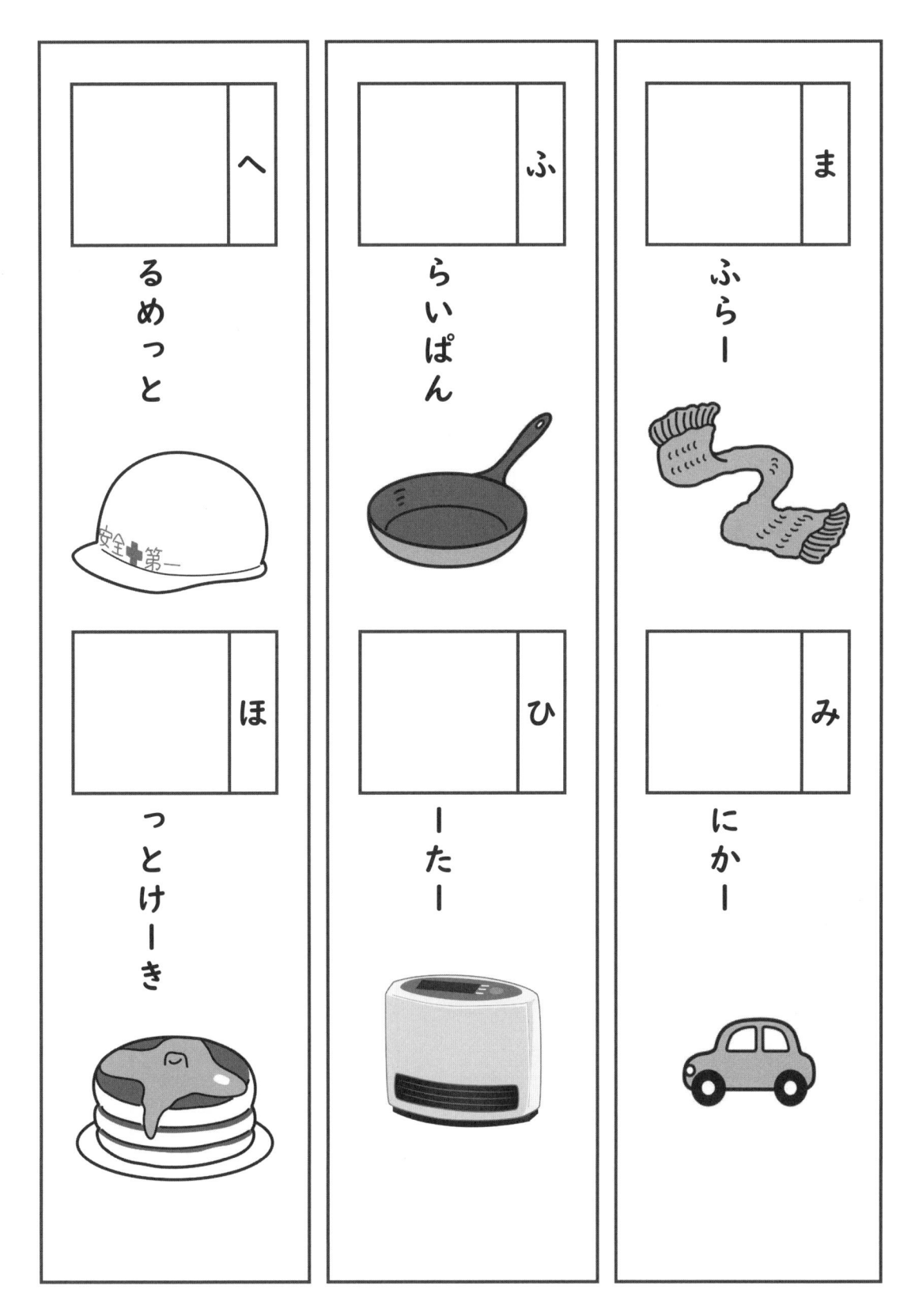

その17

なまえ

ム　メ

・　・

・　・

む　め

ム　む

メ　め

ミ　マ

・　・

・　・

ま　み

マ　ま

ミ　み

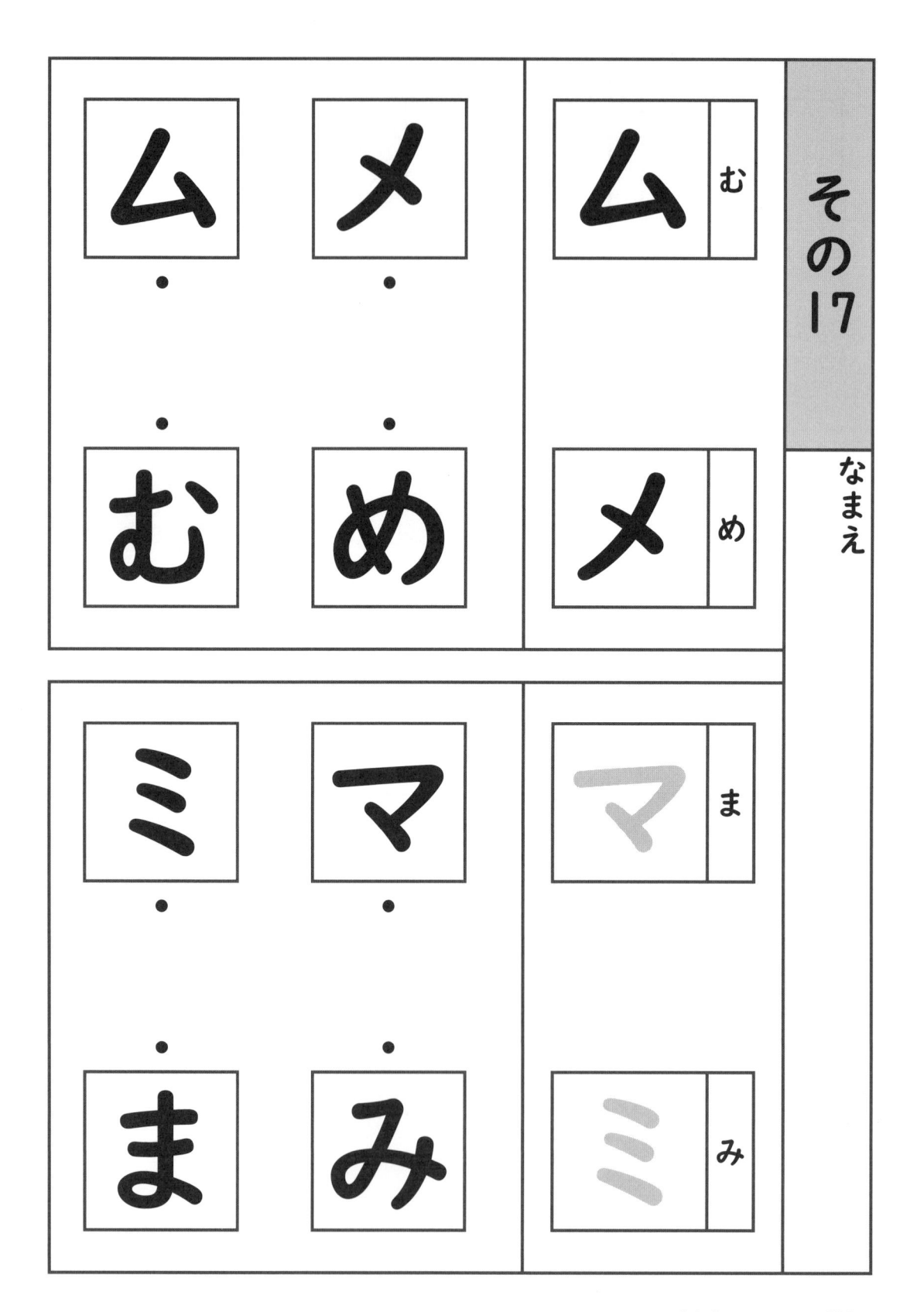

ム

む

ム《む》

む

む

かで

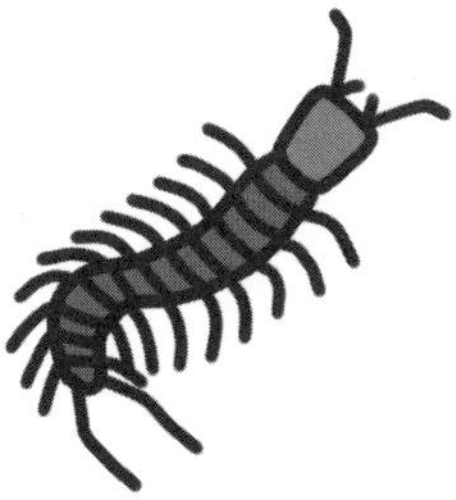

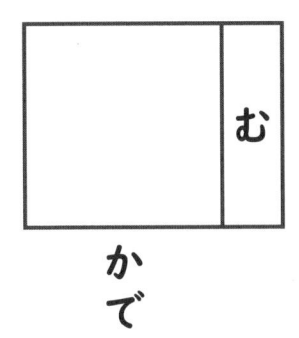

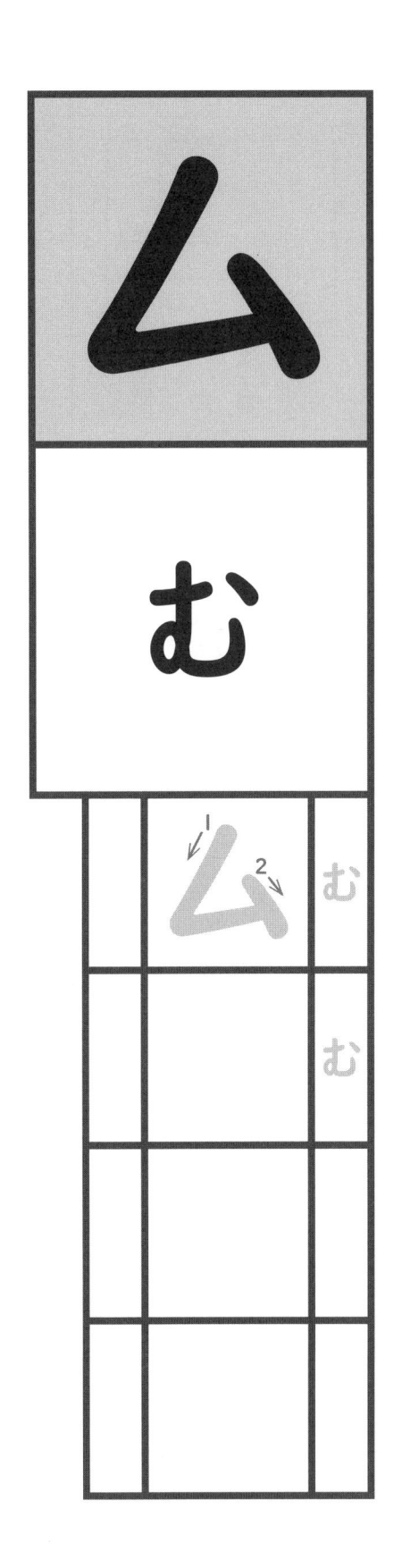

メ

め

め

め

め

だる

め

だる

む

かで

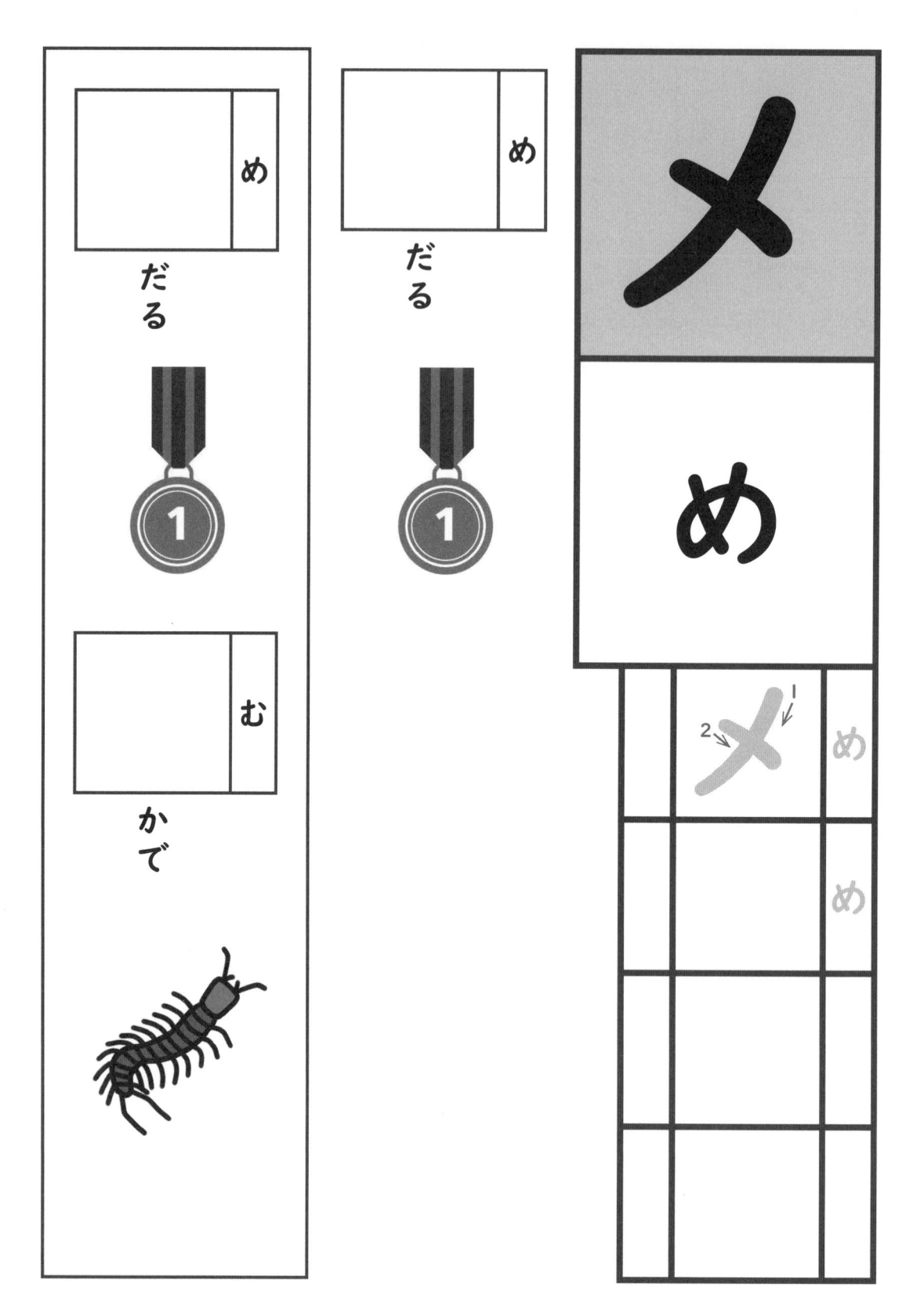

ま

ふらー

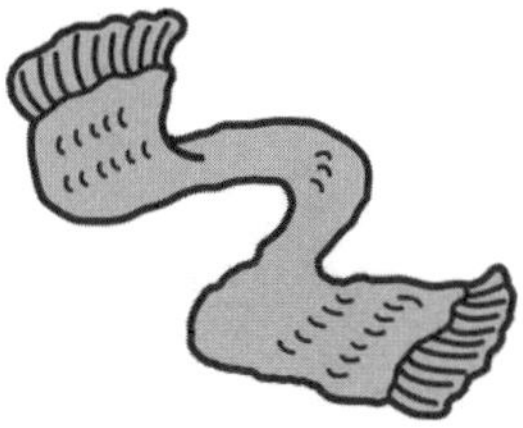

み

にかー

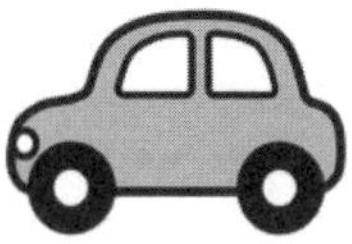

む

かで

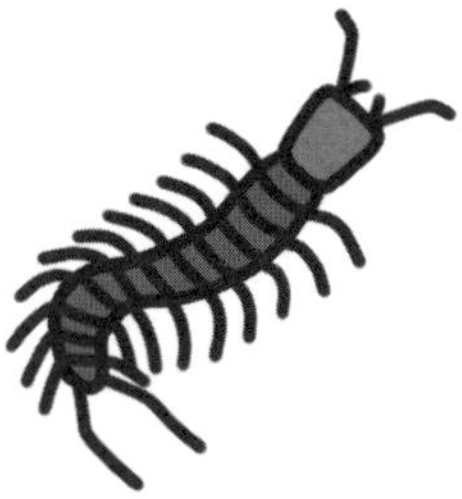

め

だる

へ

るめっと

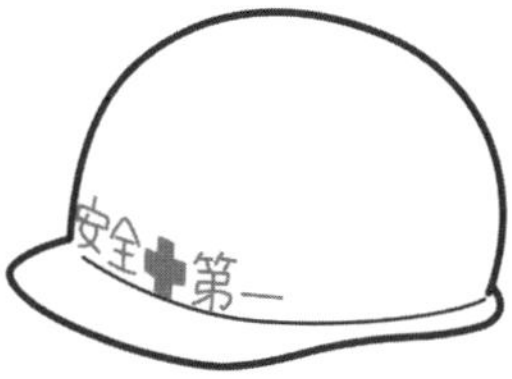

ほ

っとけーき

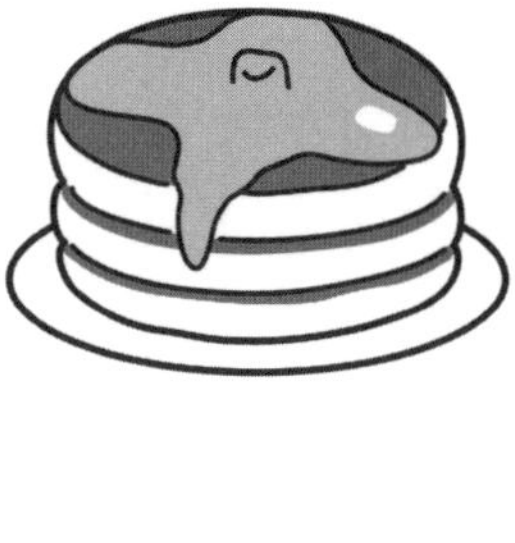

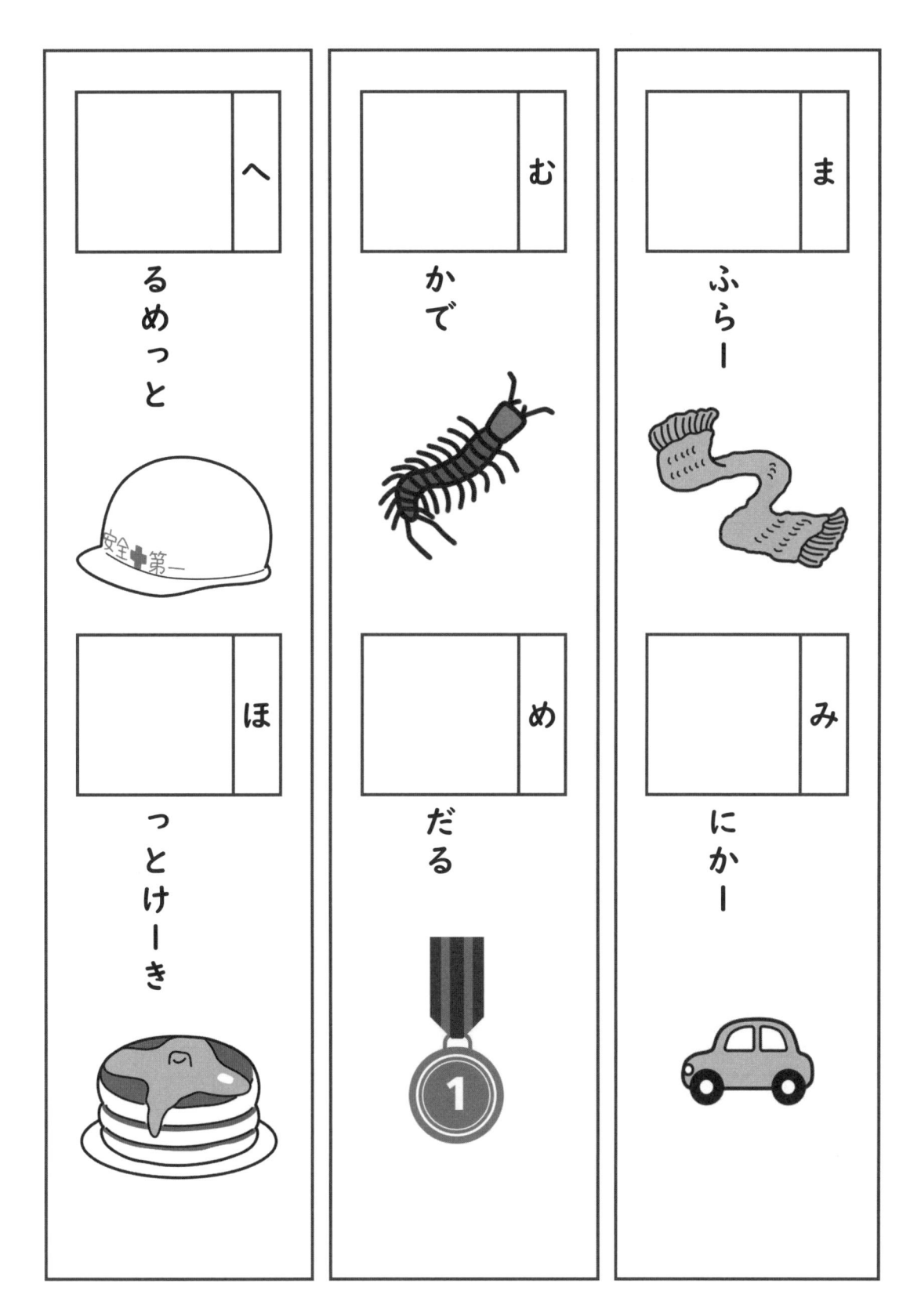

その18

なまえ

モ ヤ

やも

モ も

ヤ や

ム メ

む め

ム む

メ め

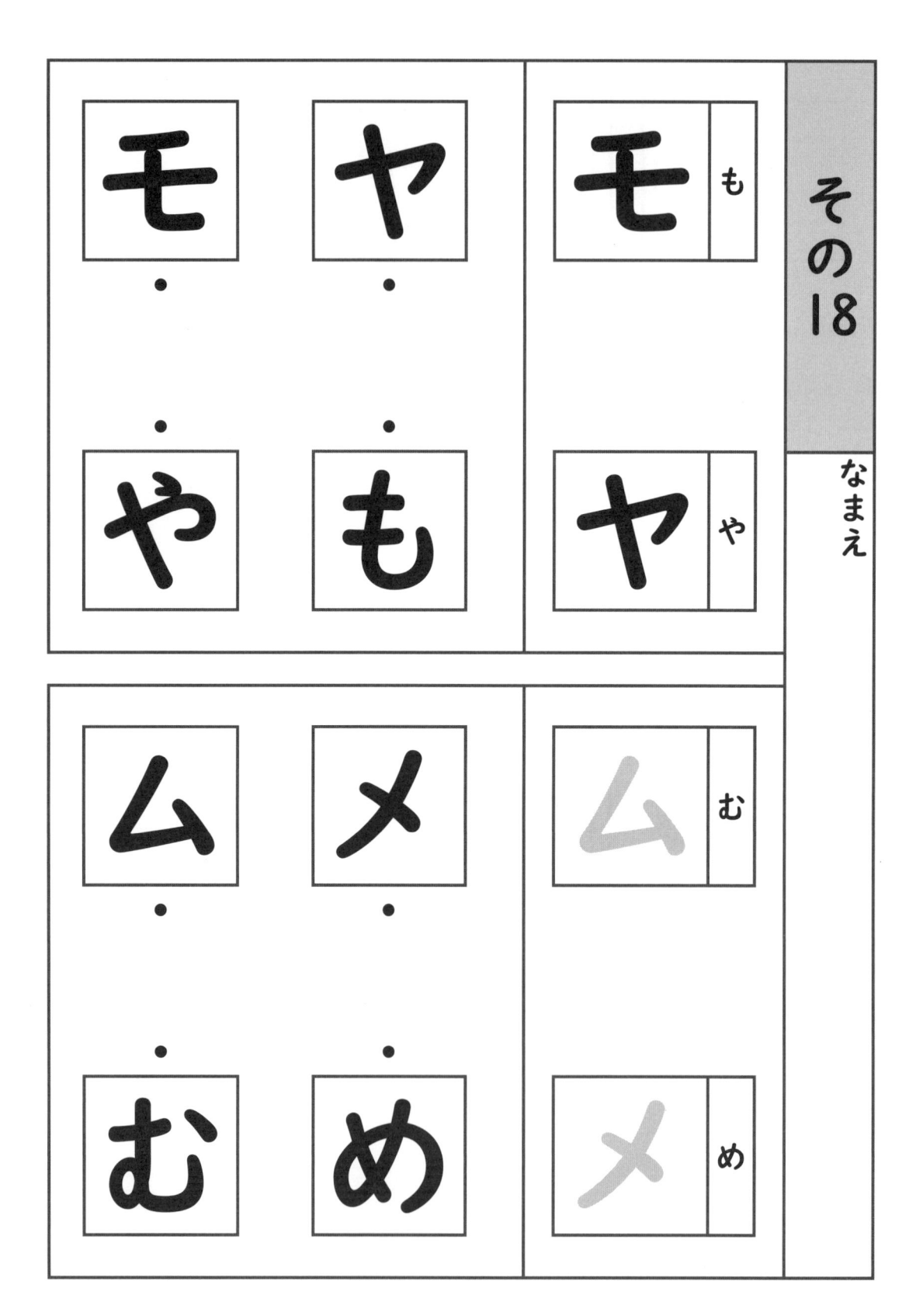

モ

も

1 2 3

モ

も

も

も

ぐら

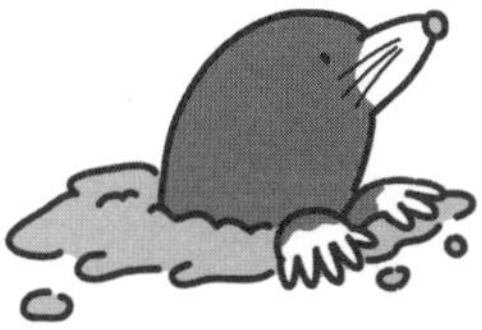

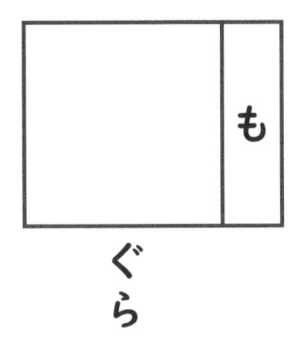

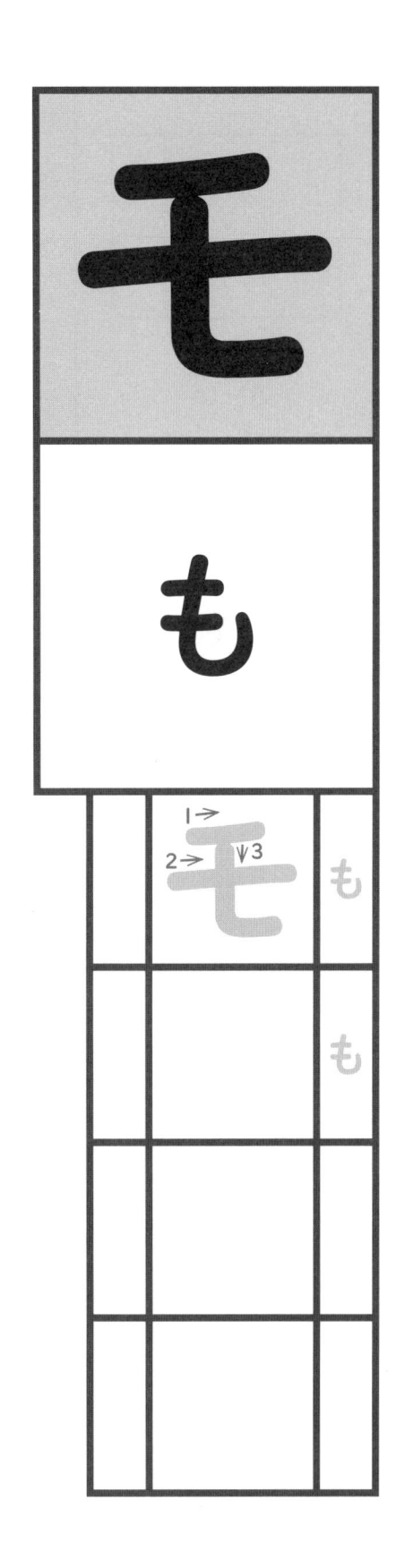

ヤ

や

ヤ

や

や

や
どかり

や
どかり

も
ぐら

ま

ふらー

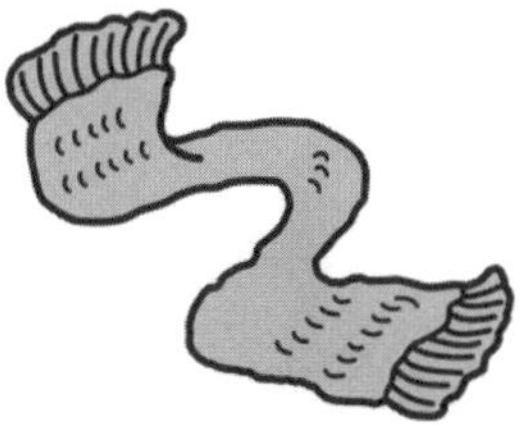

み

にかー

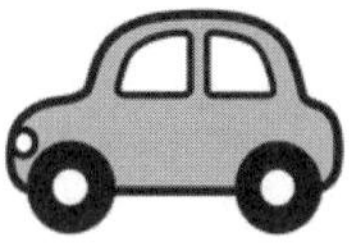

む

かで

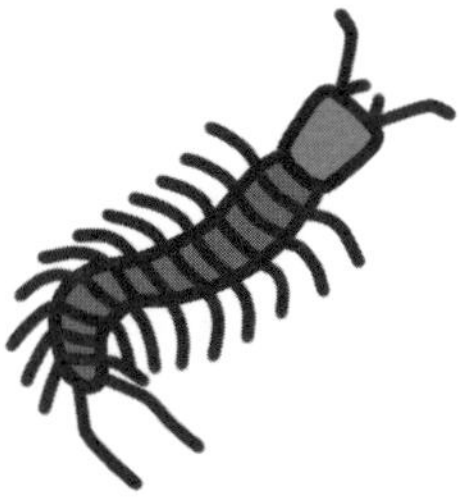

め

だる

や

どかり

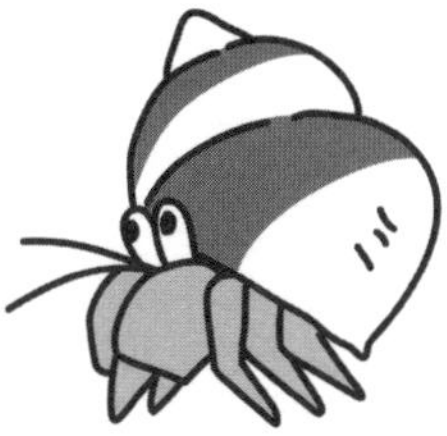

も

ぐら

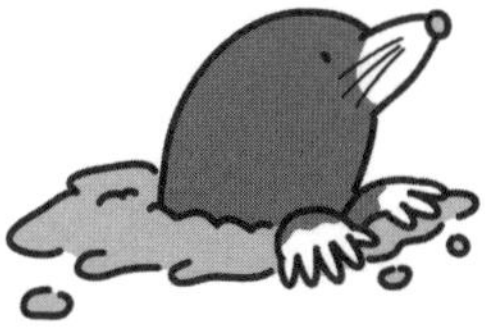

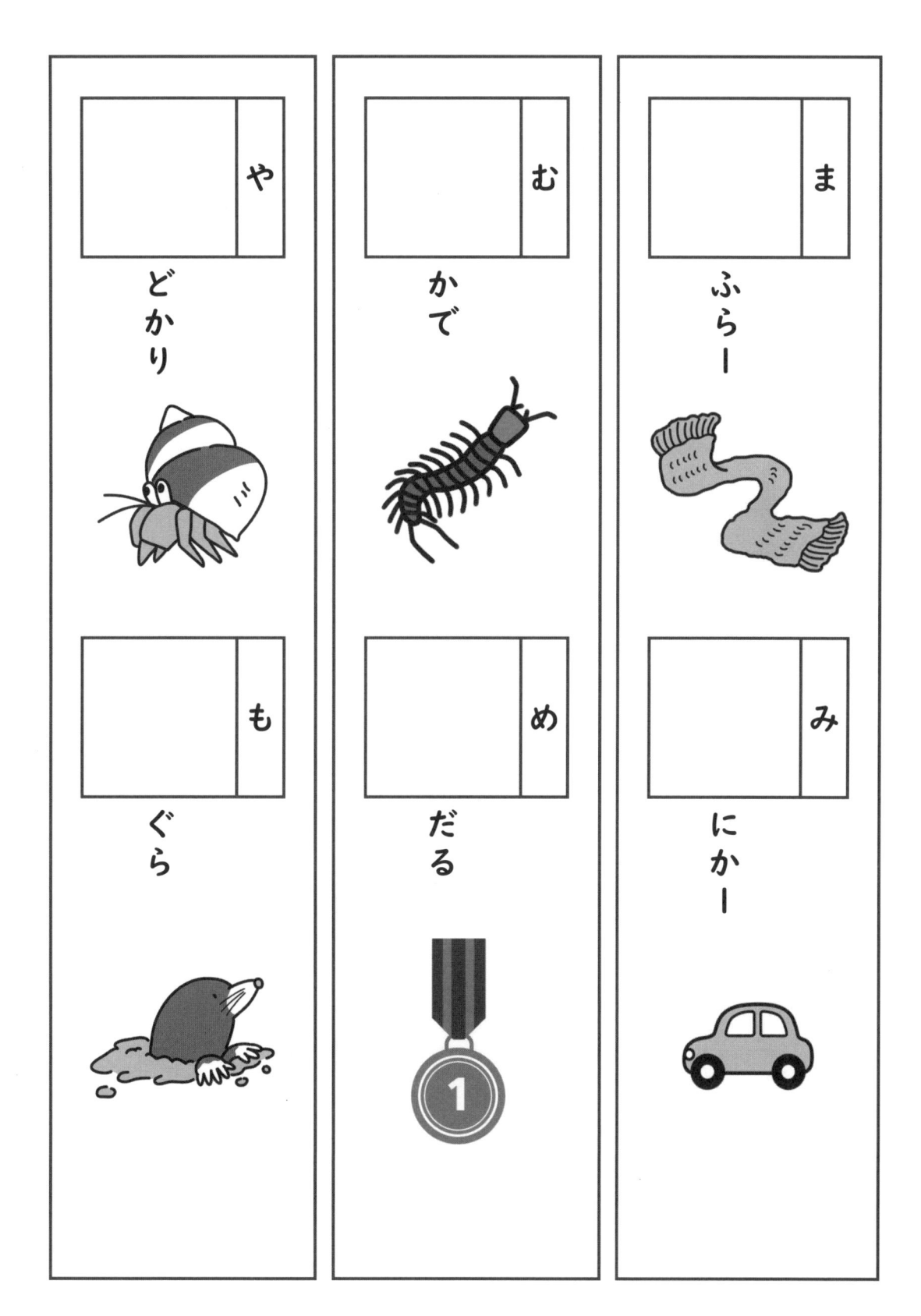

その19

なまえ

ユ ゆ

ヨ よ

ユ ヨ

よ ゆ

モ も

ヤ や

モ ヤ

や も

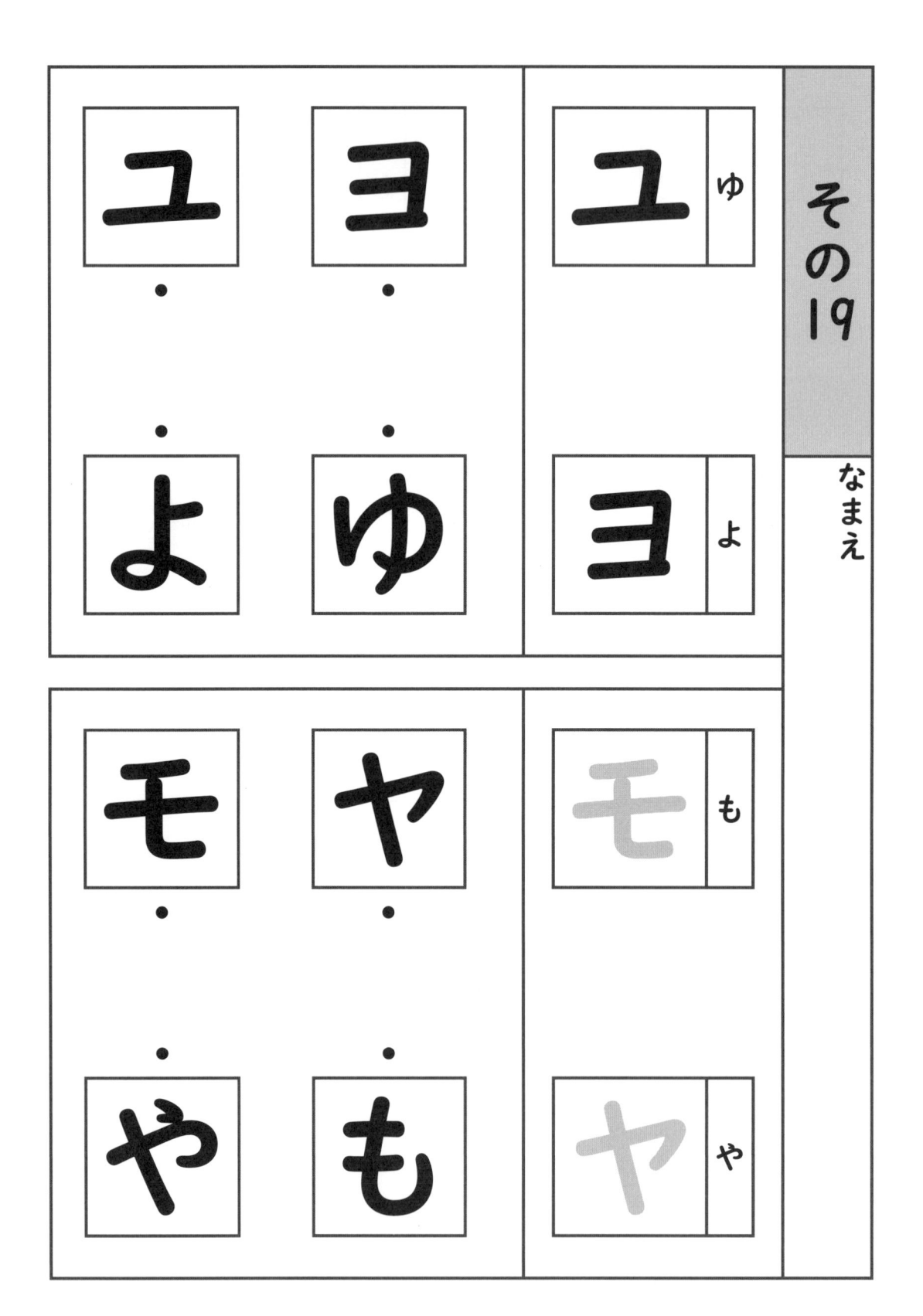

ゆ

ユーフォー

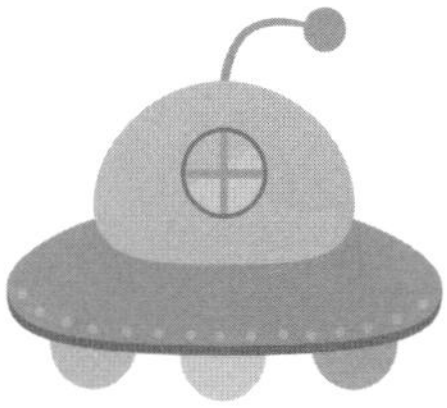

ユ

ゆ

1 2

ユ

ゆ

ゆ

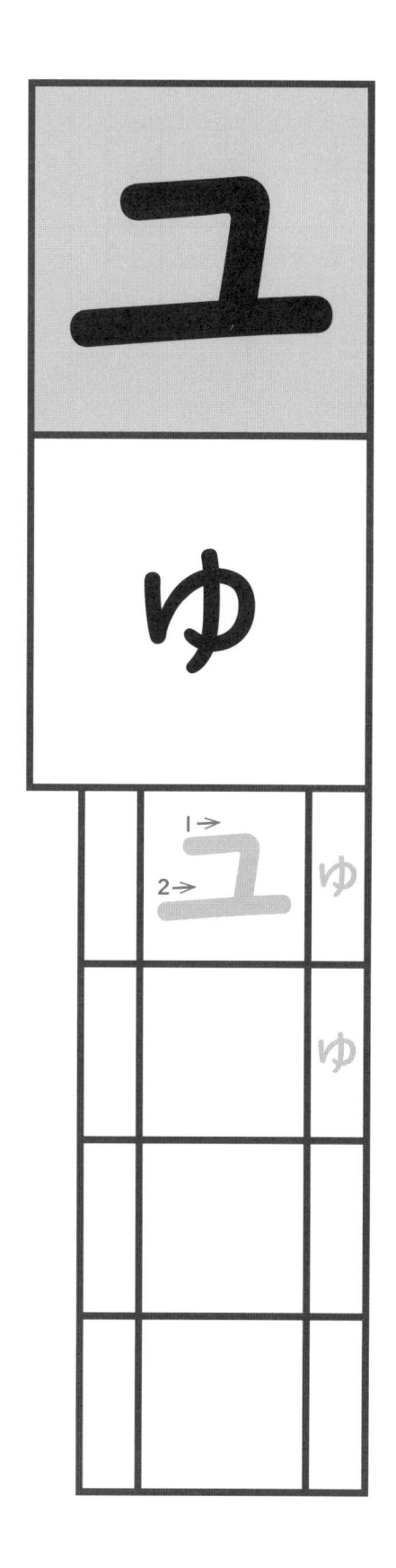

ヨ

よ

1
2
3
ヨ

よ

よ

よ
ーよー

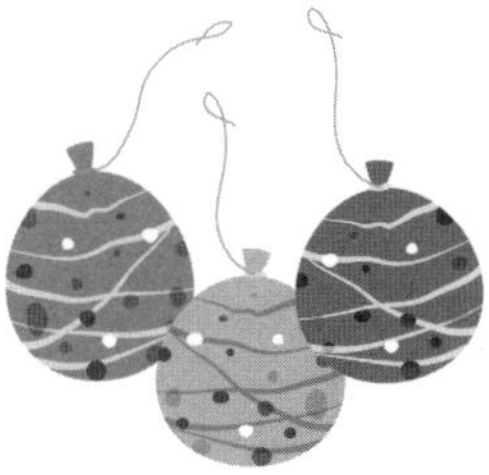

ゆ
ーふぉー

よ
ーよー

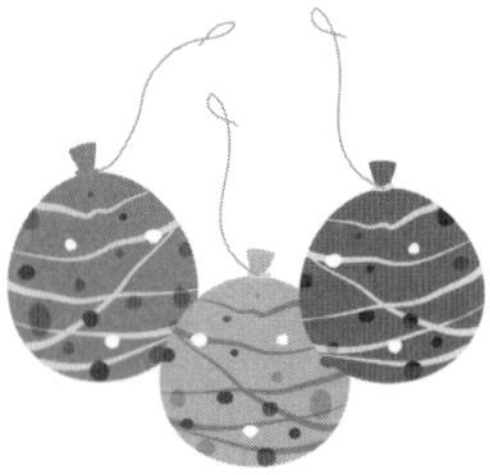

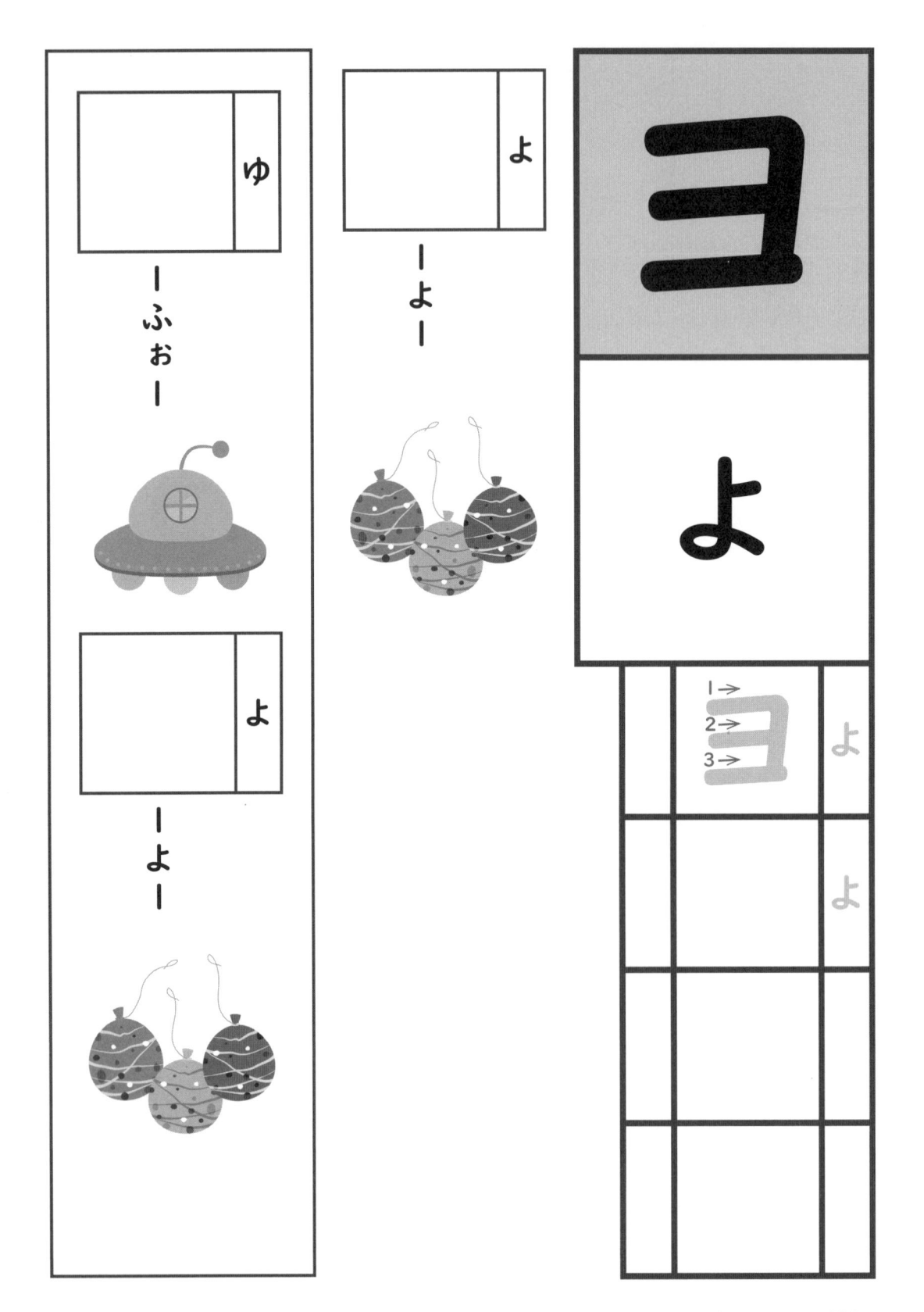

ゆ

ーふぉー

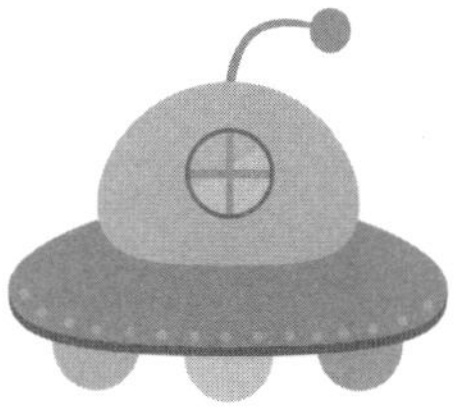

よ

ーよー

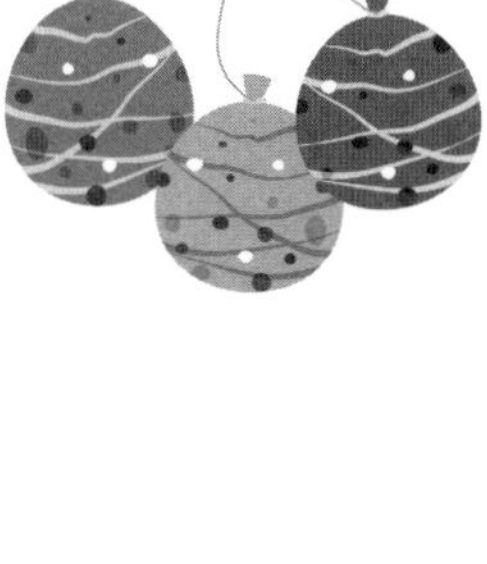

む

かで

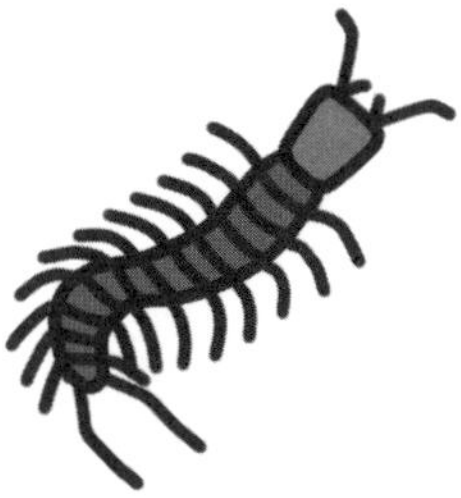

め

だる

や

どかり

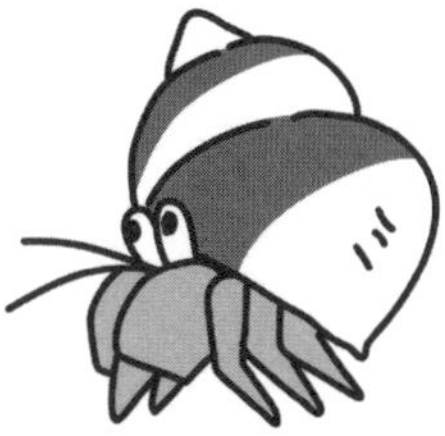

も

ぐら

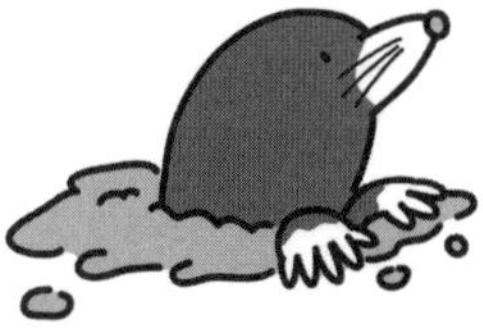

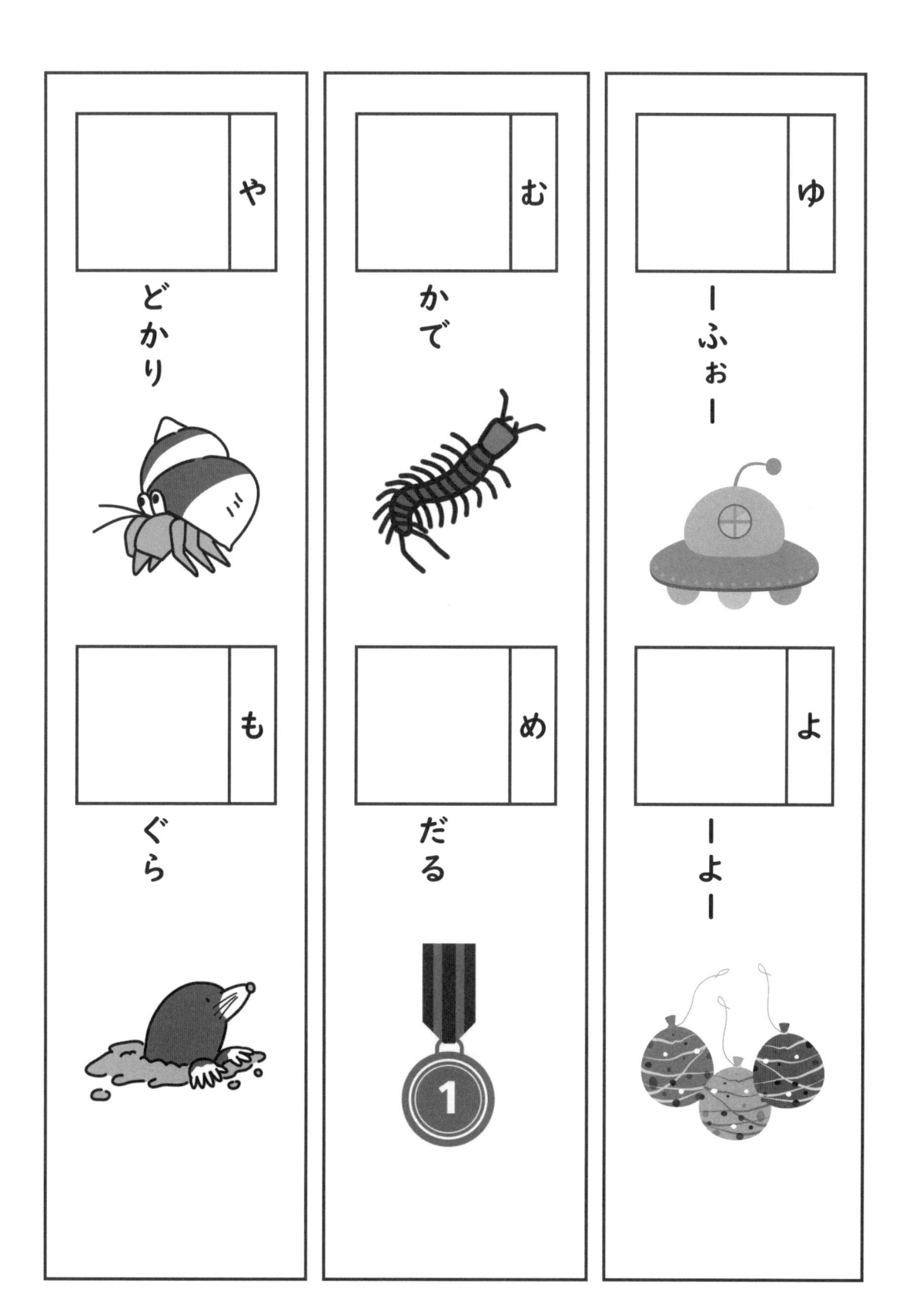

その20

なまえ

ラ　リ

ら　り

ラ《ら》

リ《り》

ユ　ヨ

よ　ゆ

ユ《ゆ》

ヨ《よ》

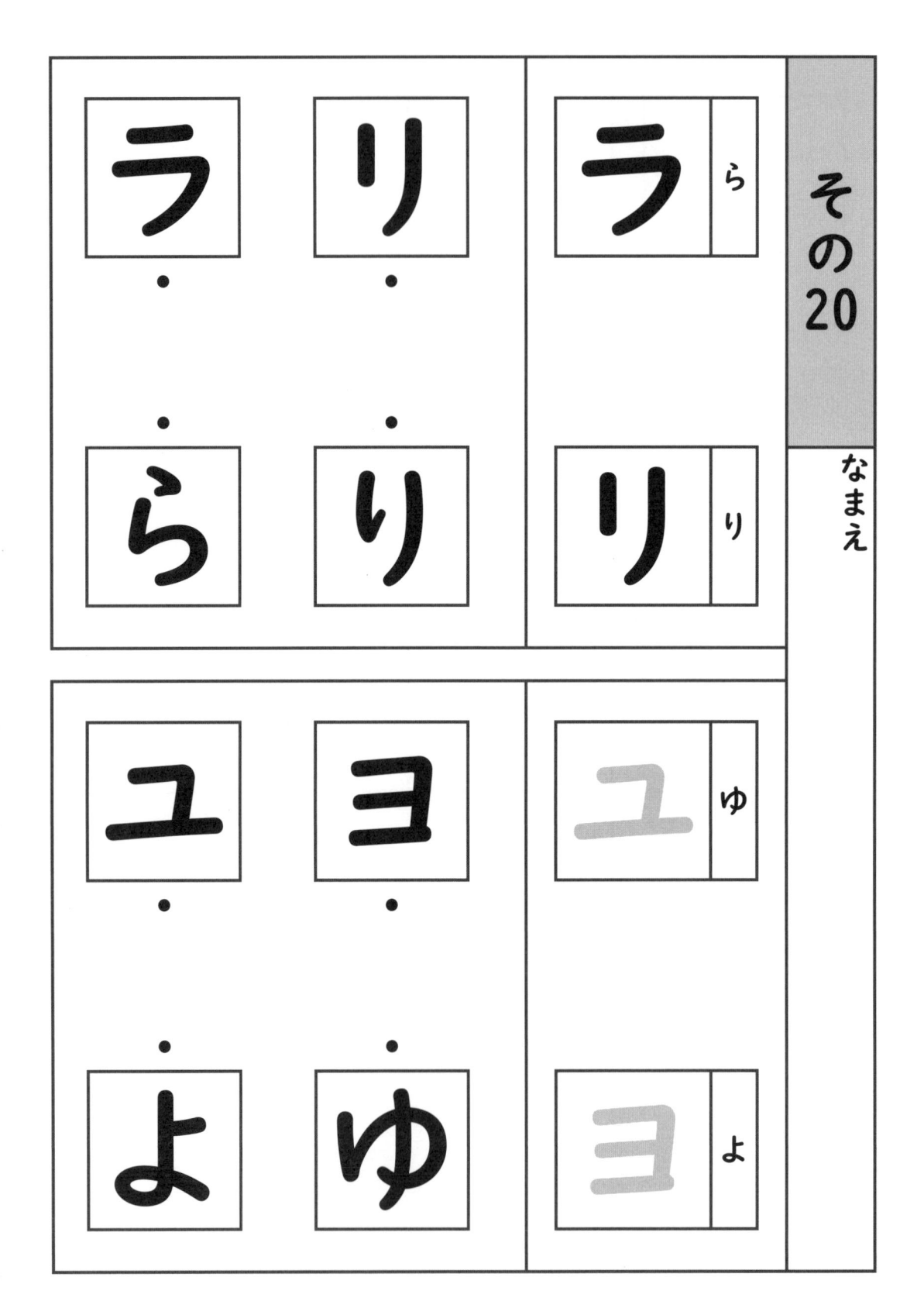

ラ

ら

1→
2→
ラ ら

ら

ら

ー
め
ん

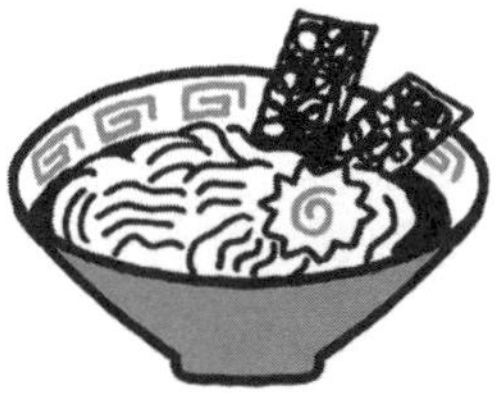

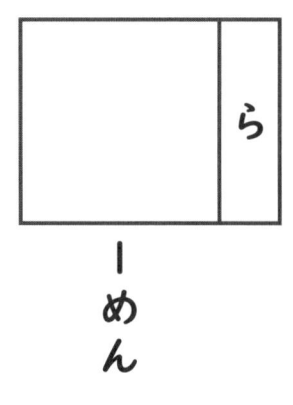

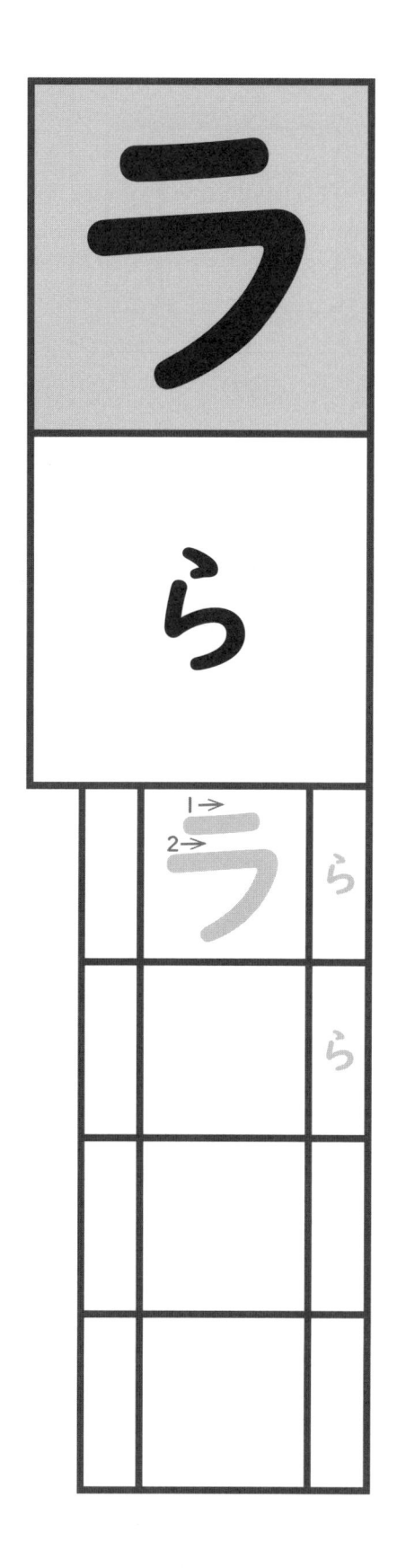

り

り

1
2
り

り

り

り

ぼん

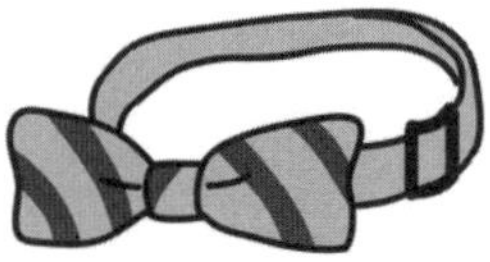

ら

ーめん

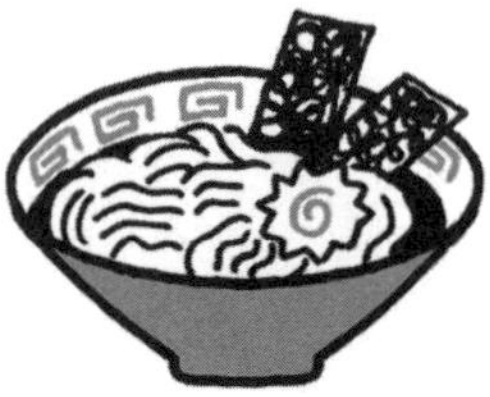

り

ぼん

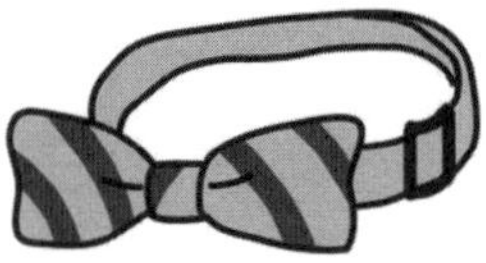

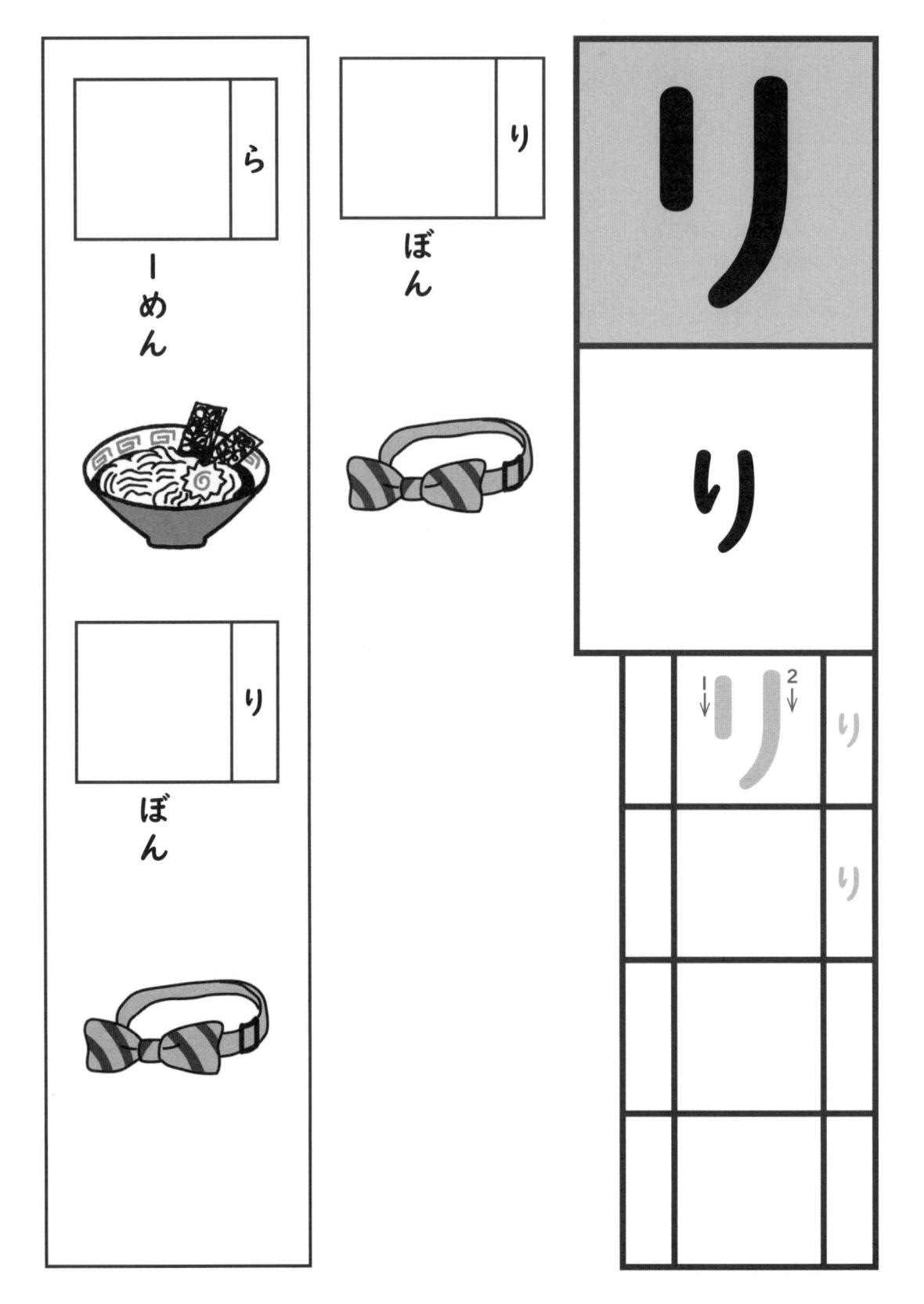

ゆ

ーふぉー

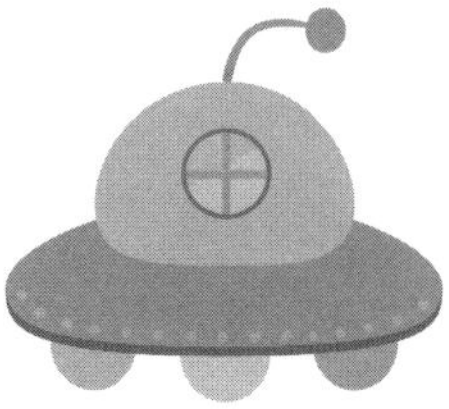

よ

ーよー

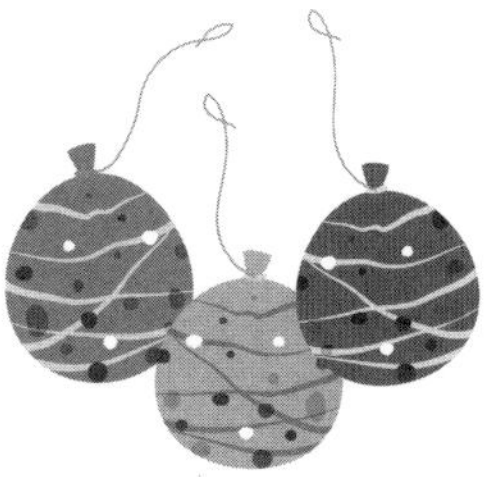

ら

ーめん

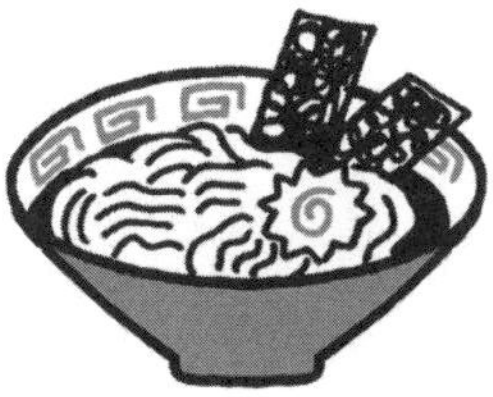

り

ぼん

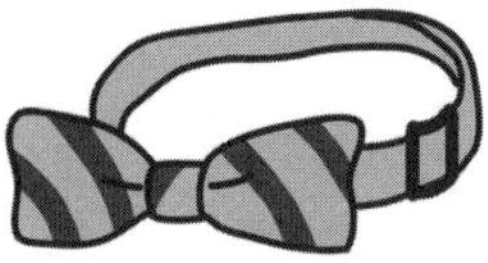

や

どかり

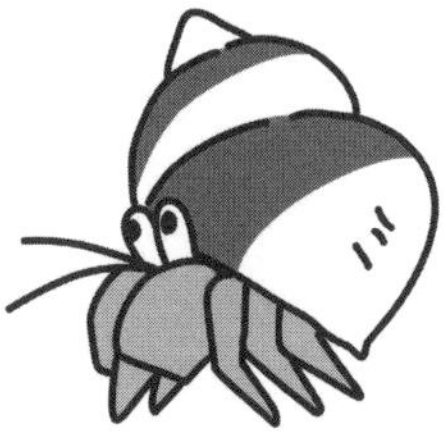

も

ぐら

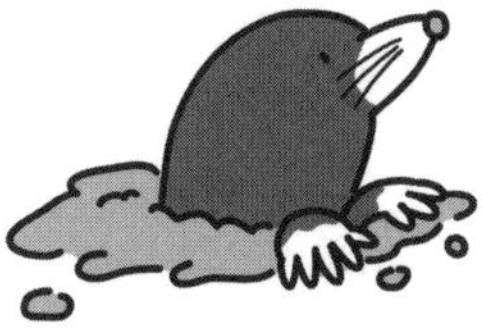

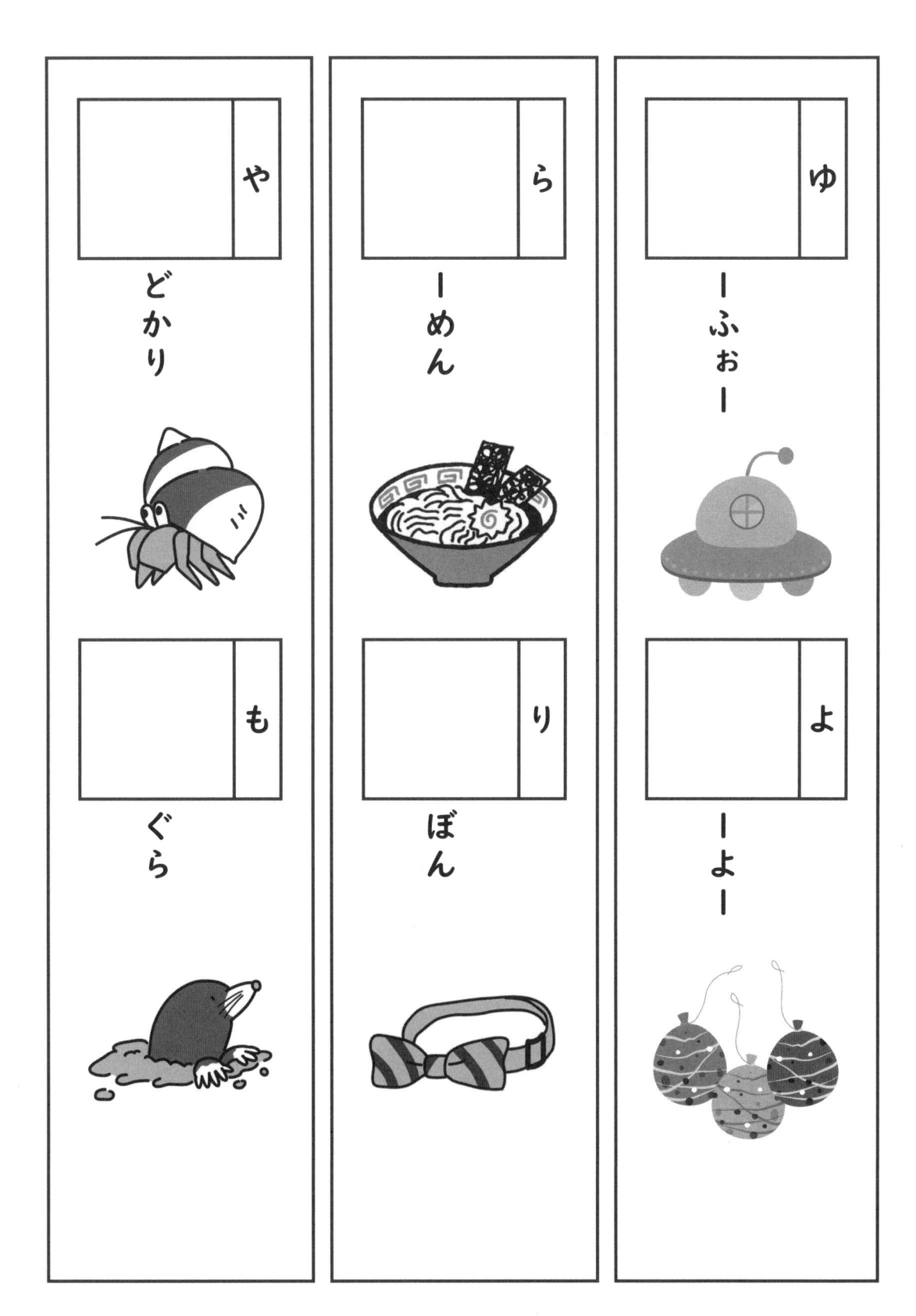

その21

なまえ

ル る

レ れ

ル

レ

る

れ

ラ ら

リ り

ラ

リ

ら

り

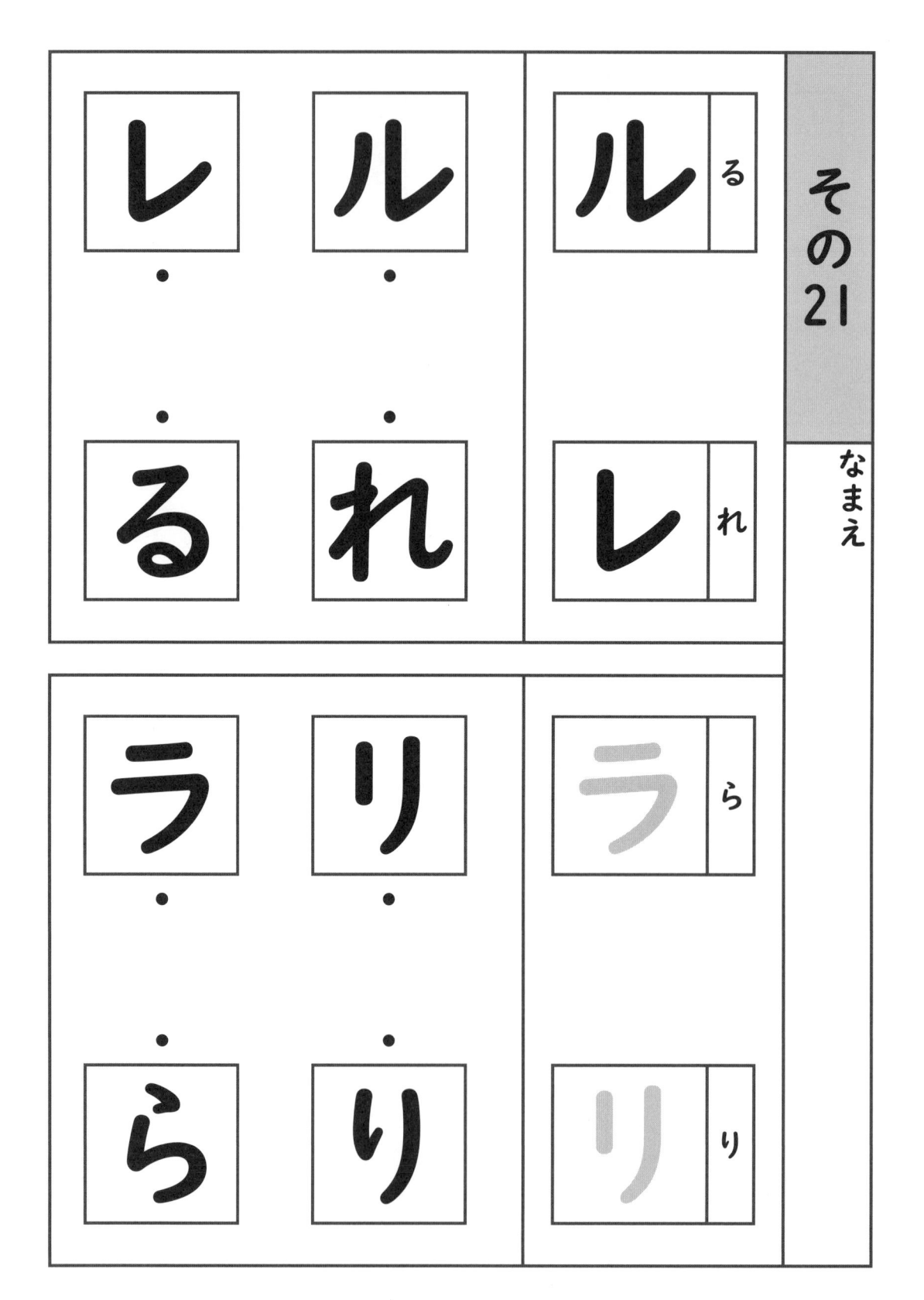

ル

る

ル《る》

る

□《る》

びー

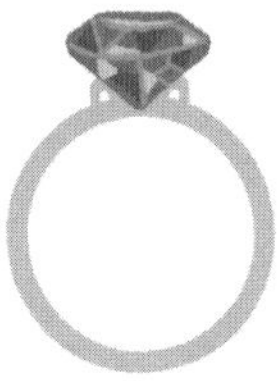

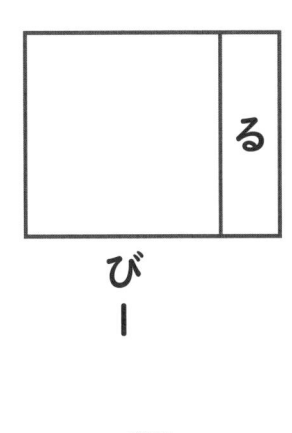

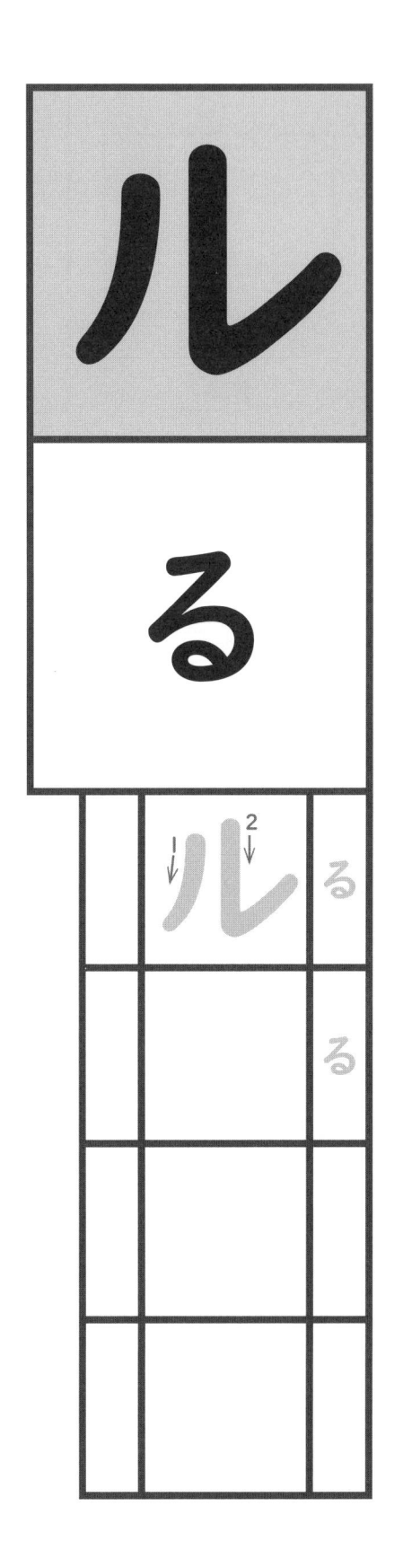

レ

れ

レ れ

れ

れ
もん

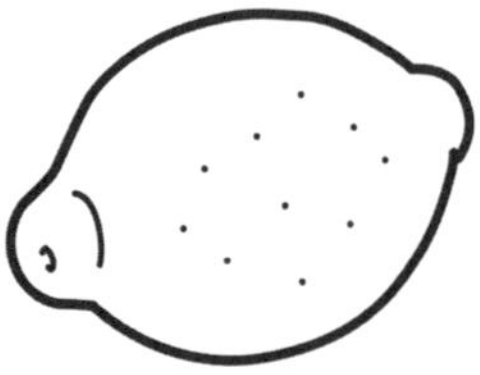

る
びー

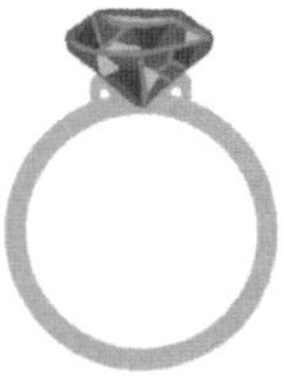

れ
もん

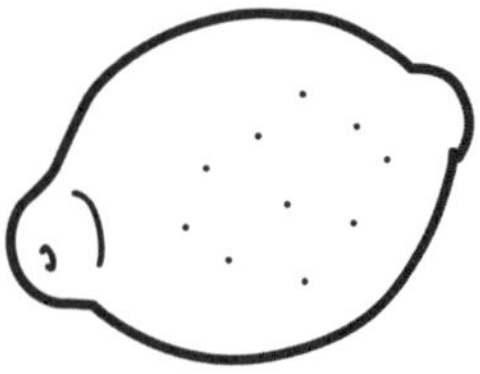

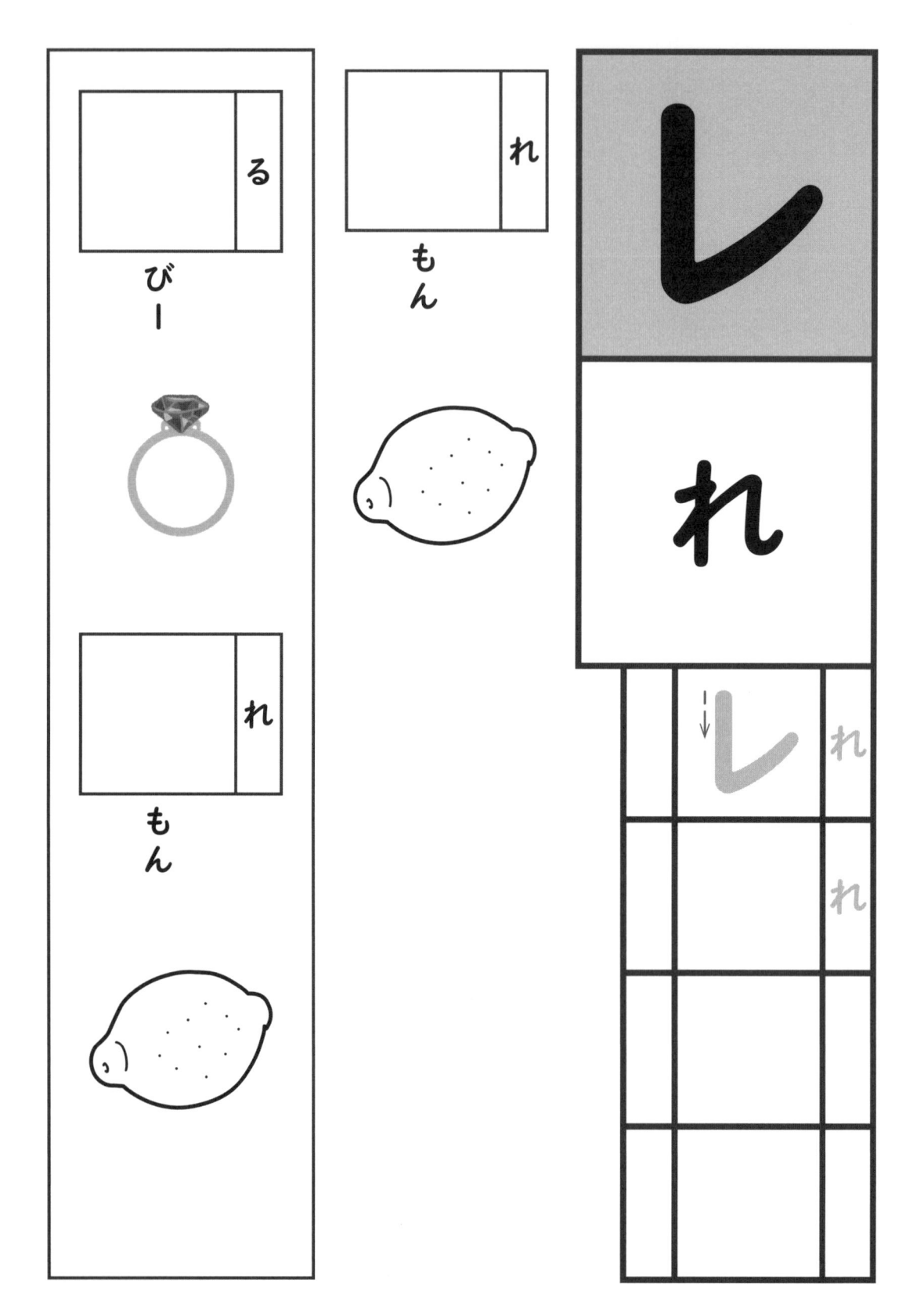

ゆ

ーふぉー

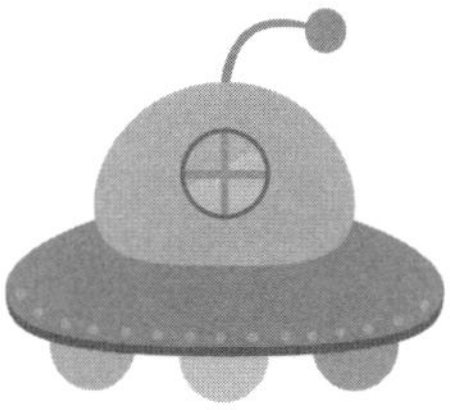

よ

ーよー

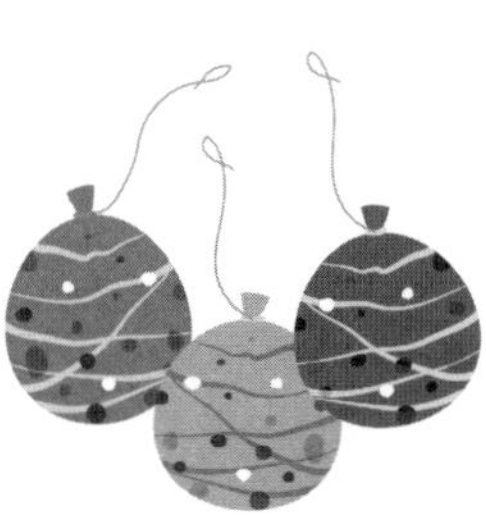

ら

ーめん

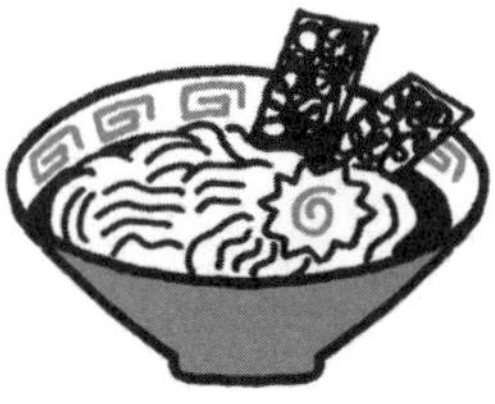

り

ぼん

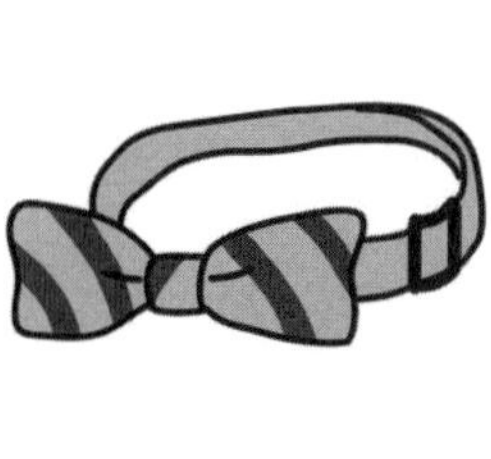

れ

もん

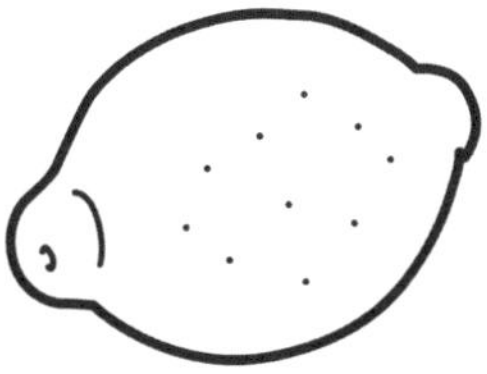

る

びー

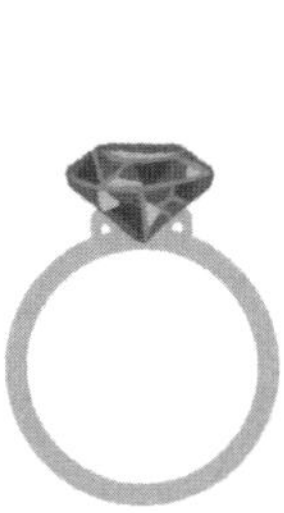

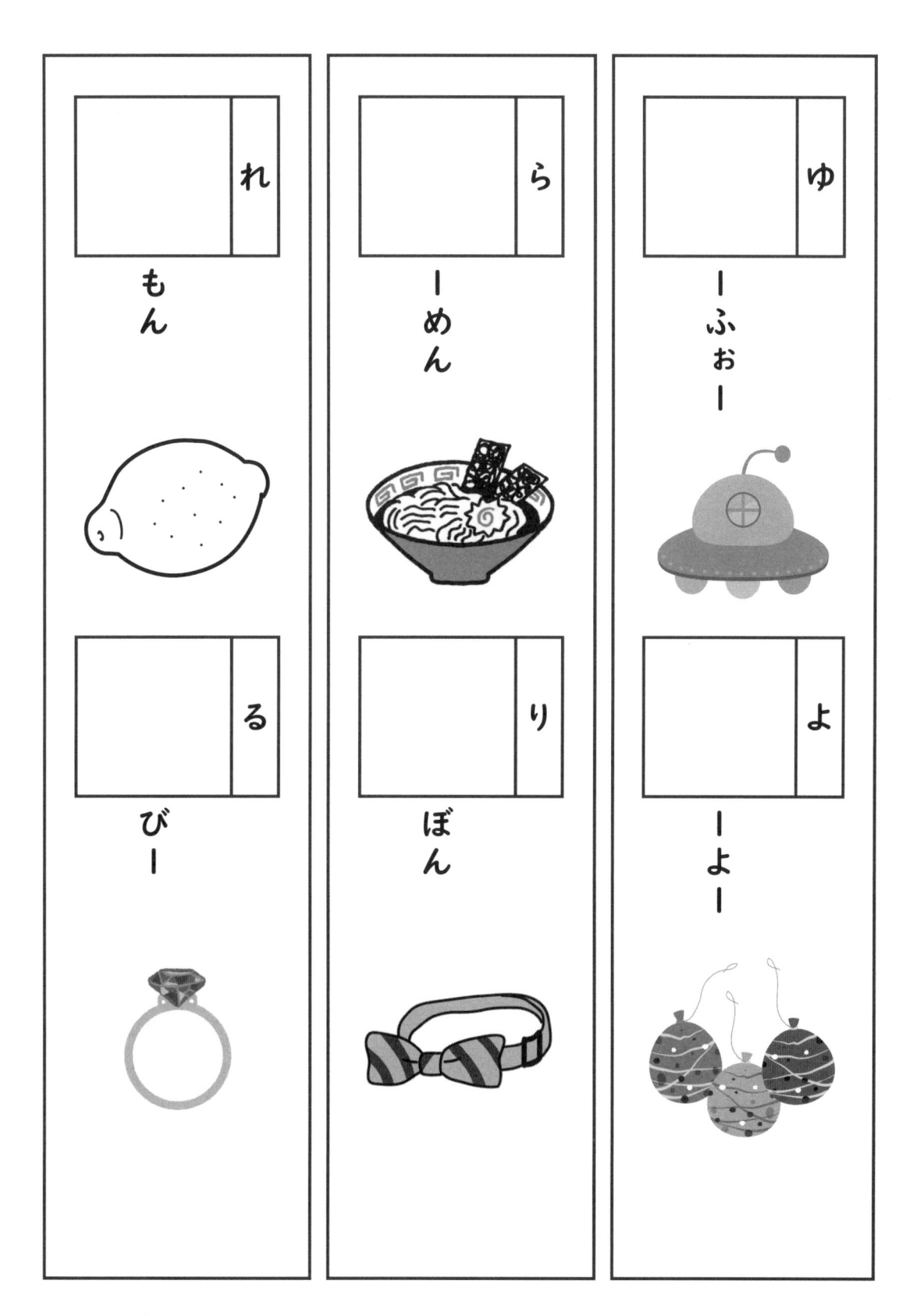

その22

なまえ

ロ　ワ

ろ　わ

ロ　ろ

ワ　わ

レ　ル

る　れ

ル　る

レ　れ

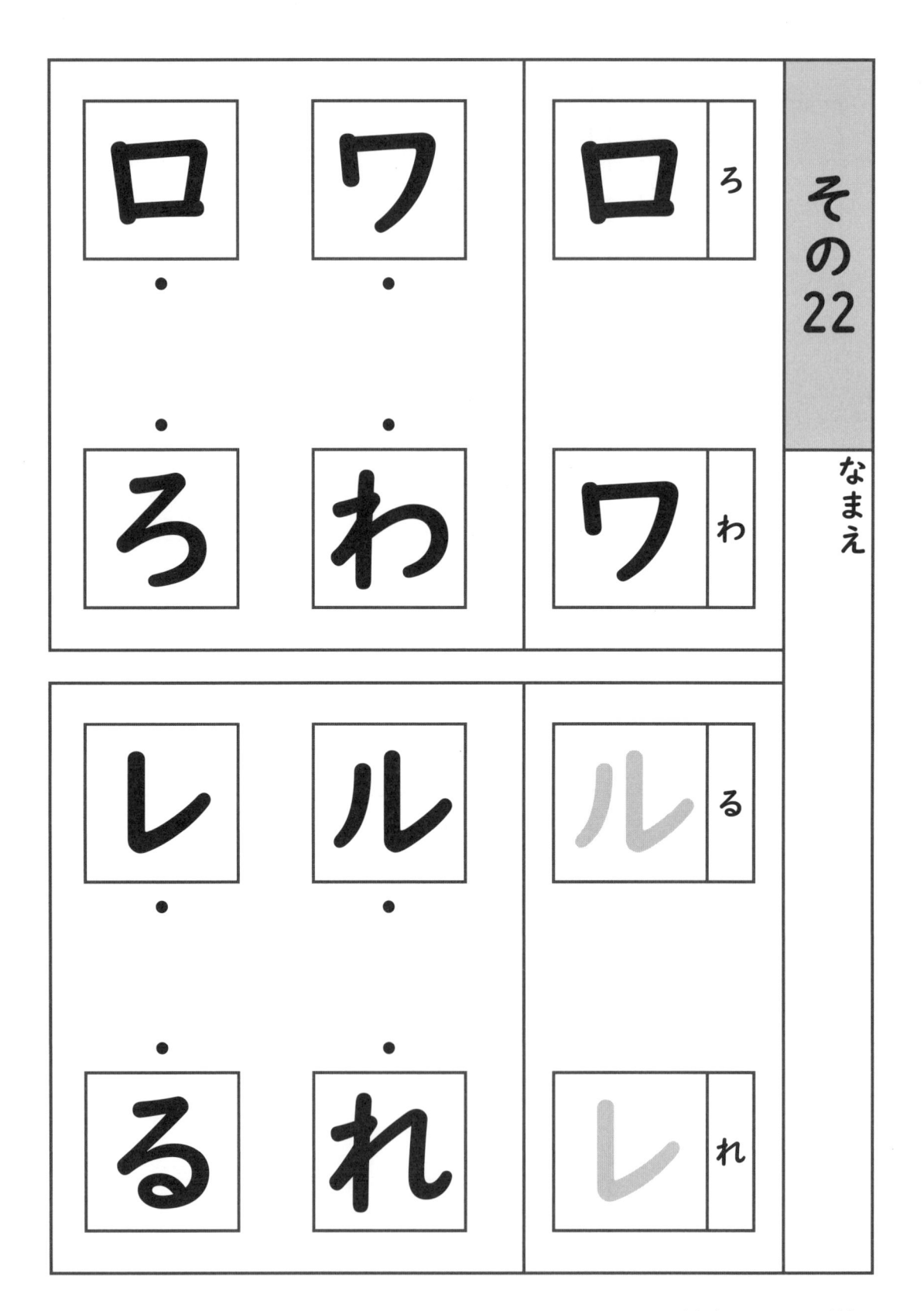

ロ

ろ

2→
1↓
ロ
3→

ろ

ろ

ろ

ろけっと

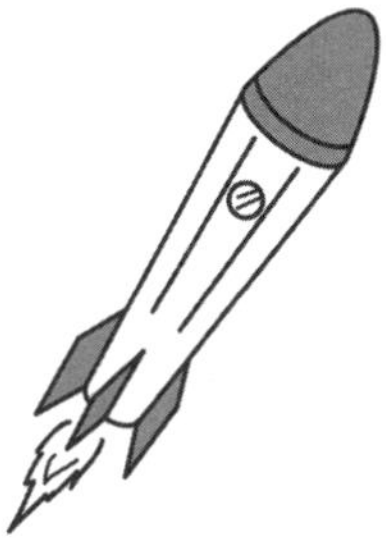

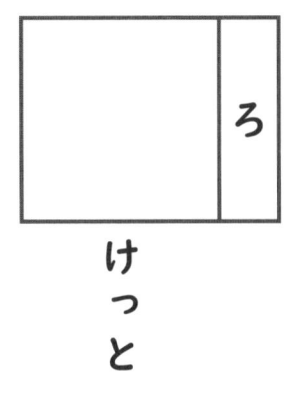

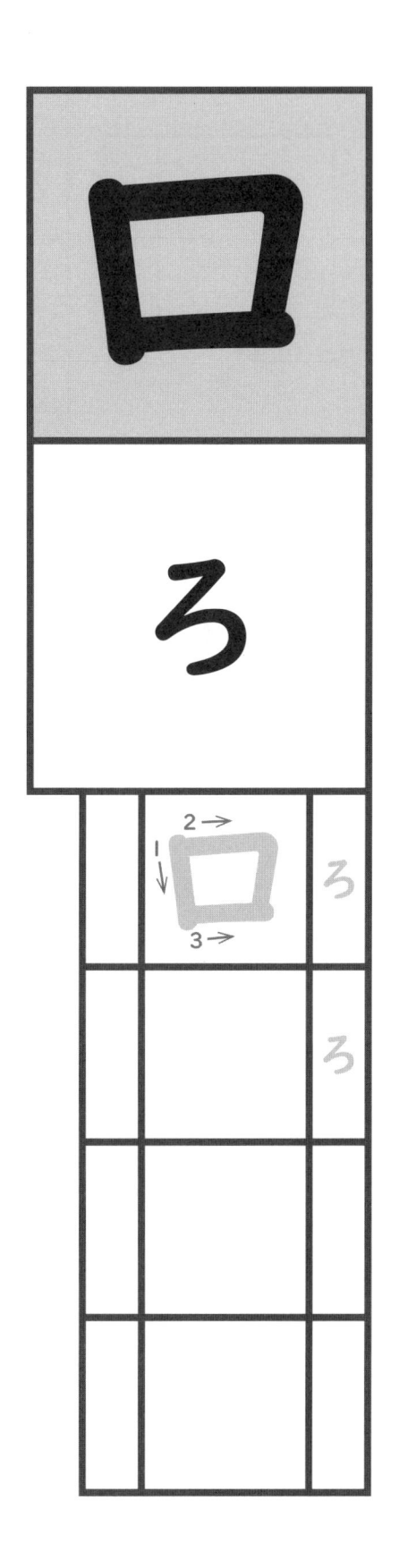

ワ

わ

1 2

ワ

わ

わ

わ

に

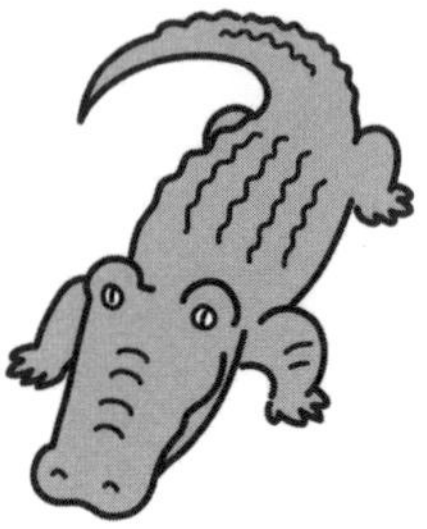

ろ

けっと

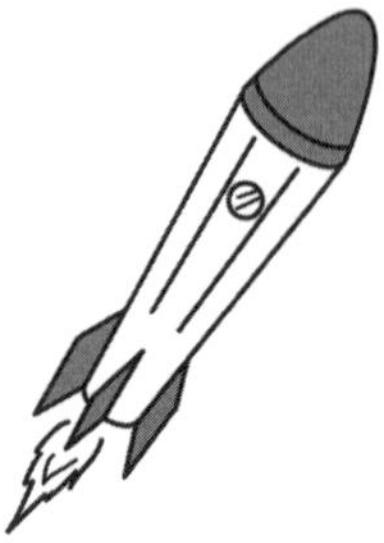

わ

に

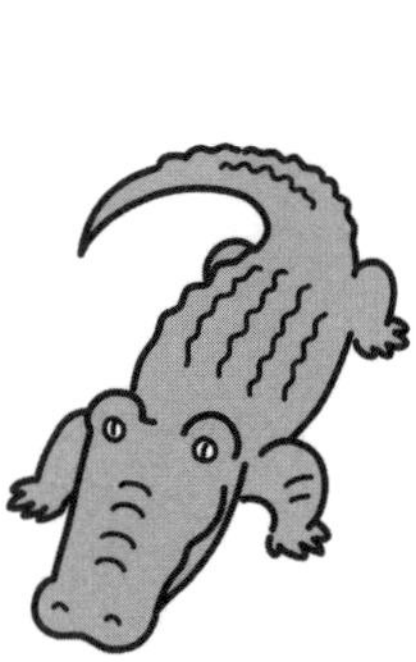

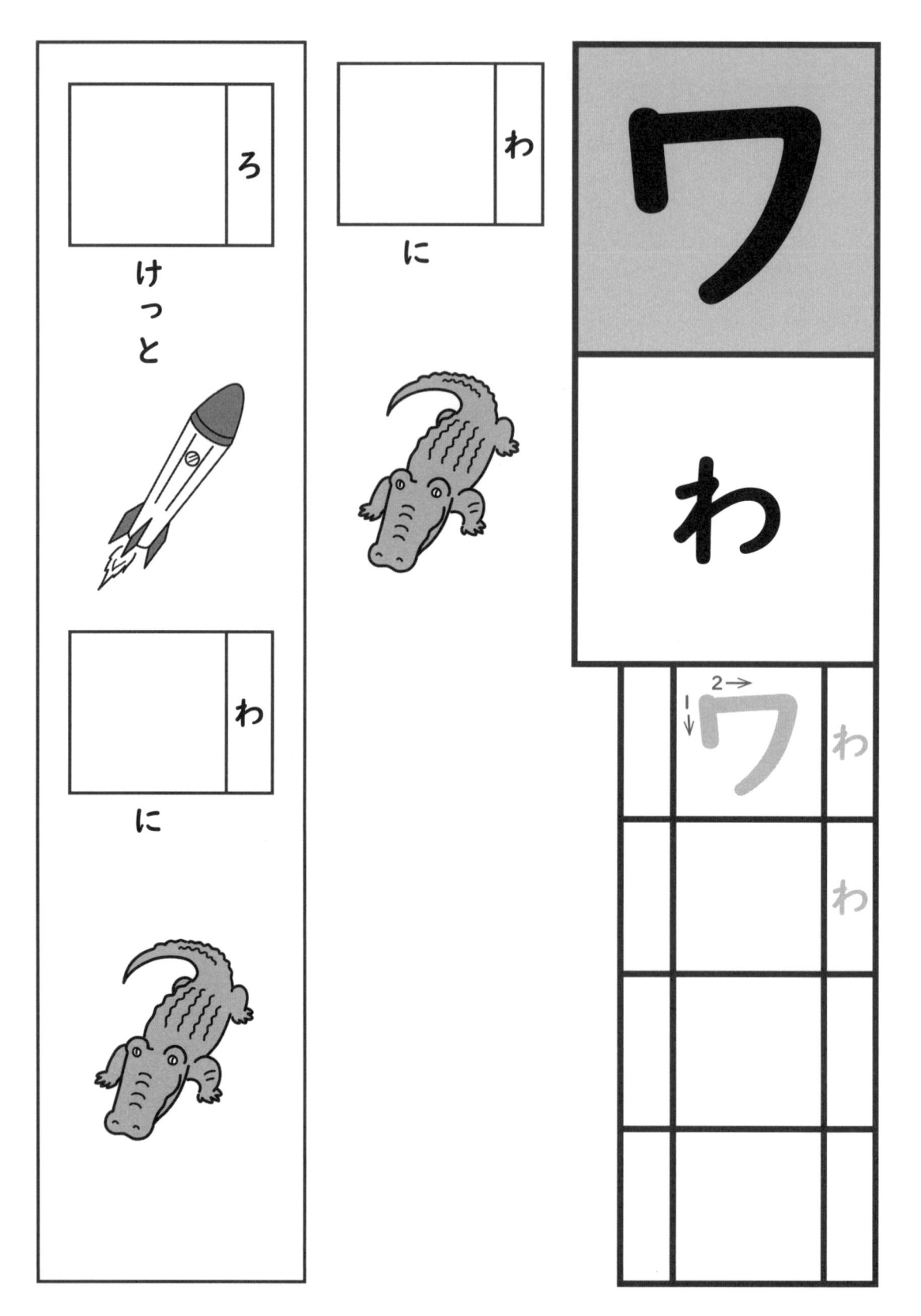

ろ
けっと

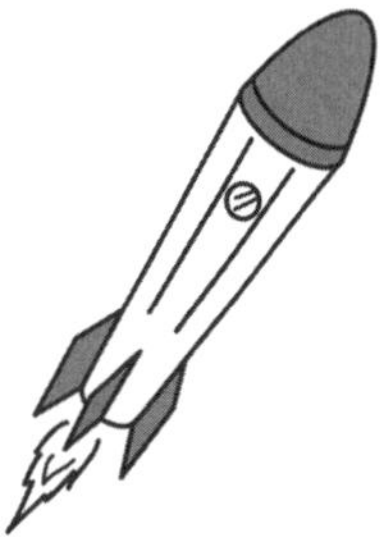

わ
に

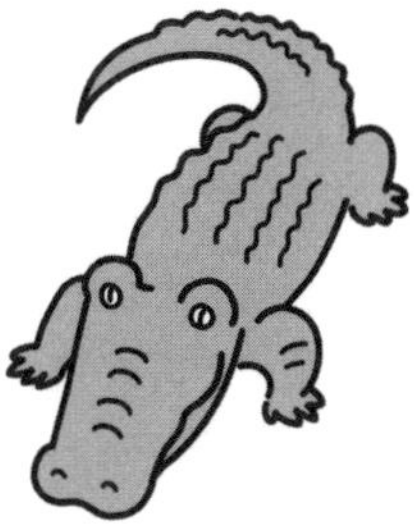

ら
ーめん

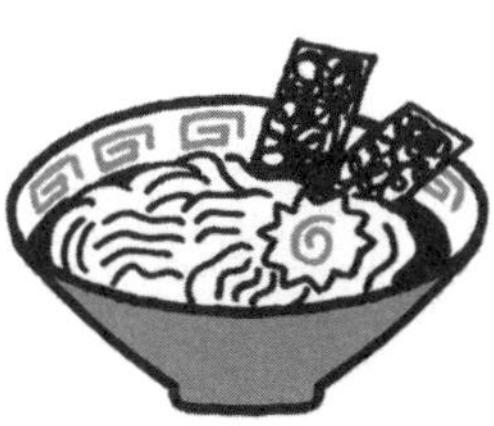

り
ぼん

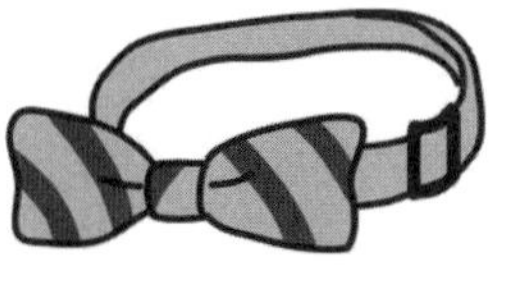

れ
もん

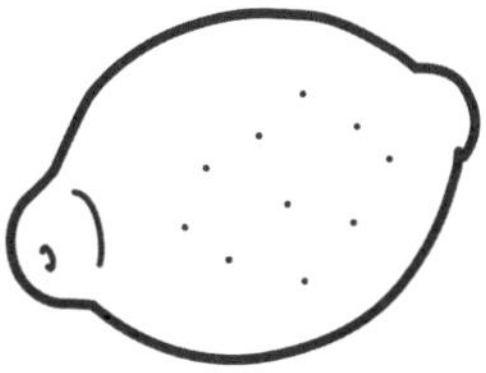

る
びー

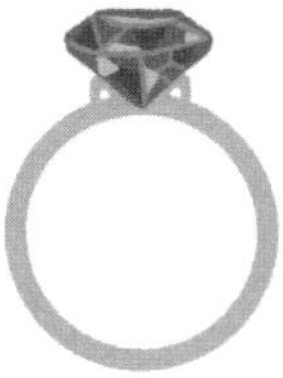

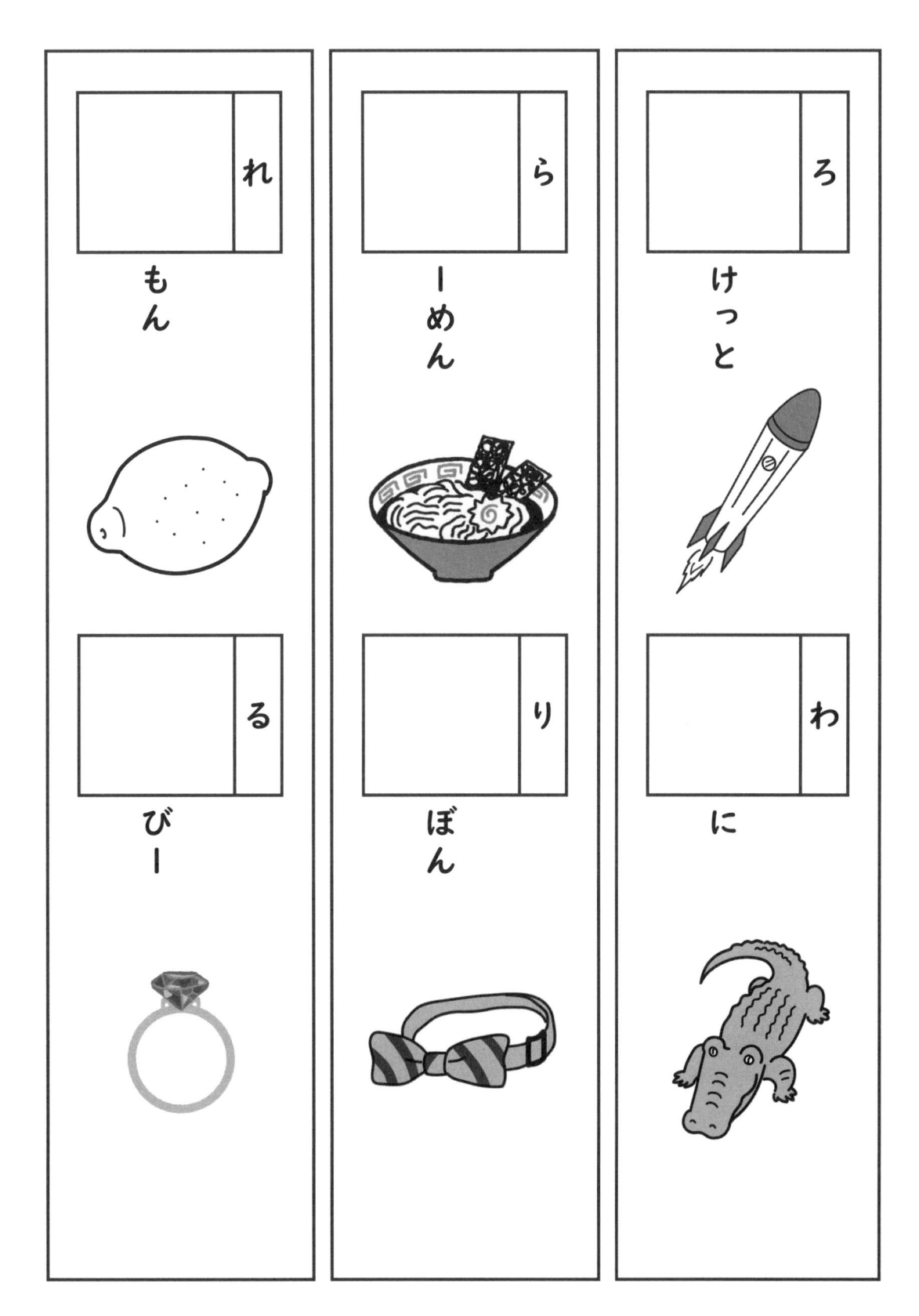

その23

なまえ

ヲ を	ヲ	ン
ン ん	ん	を

ロ ろ	ワ	ロ
ワ わ	わ	ろ

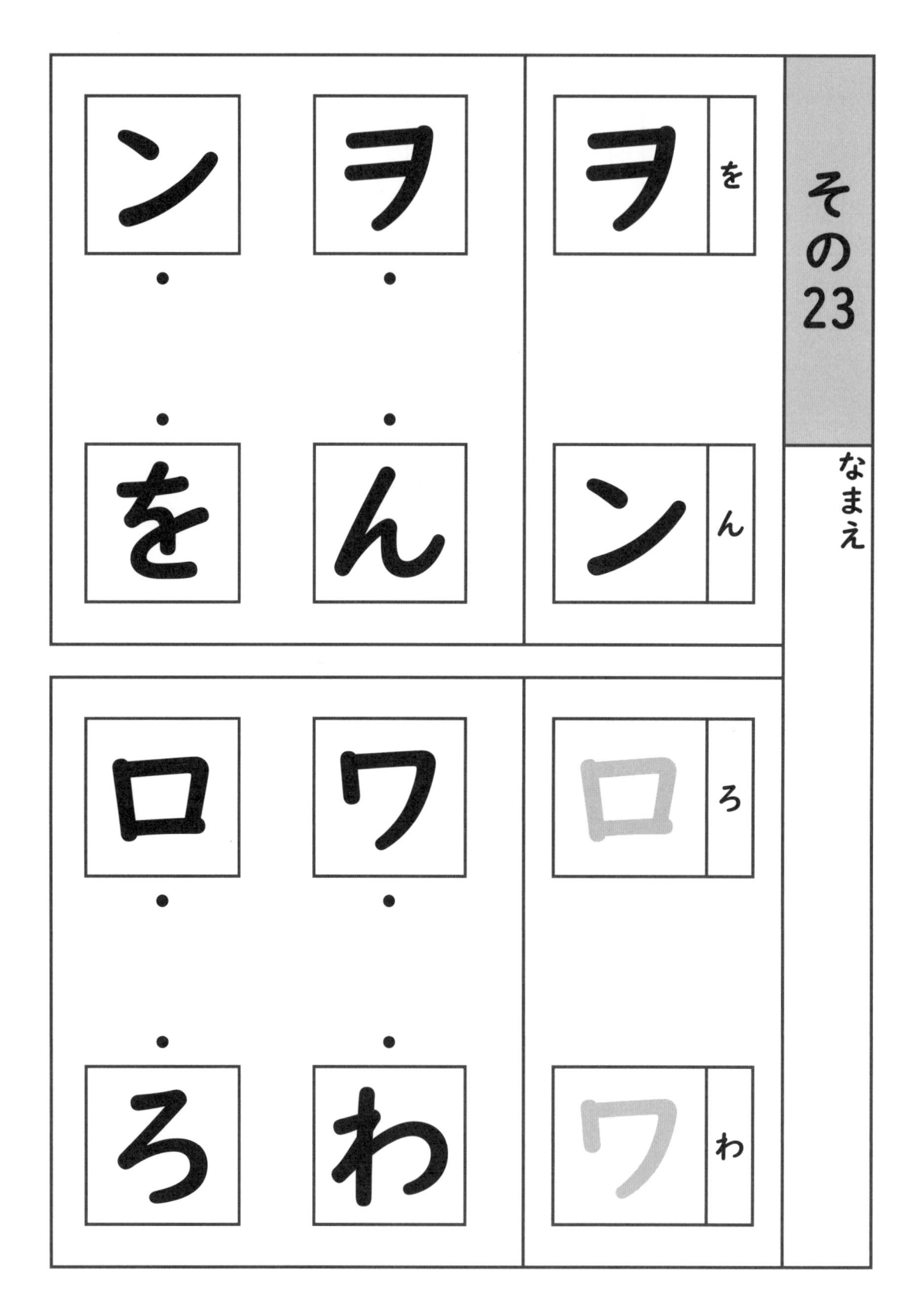

ヲ

を

1→ 2→ 3↓ ヲ　を

を

え
を
かく

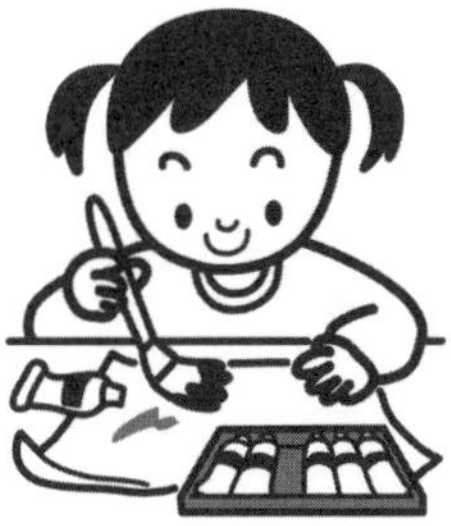

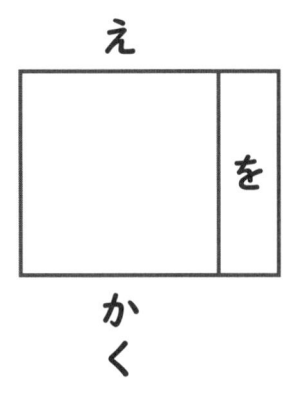

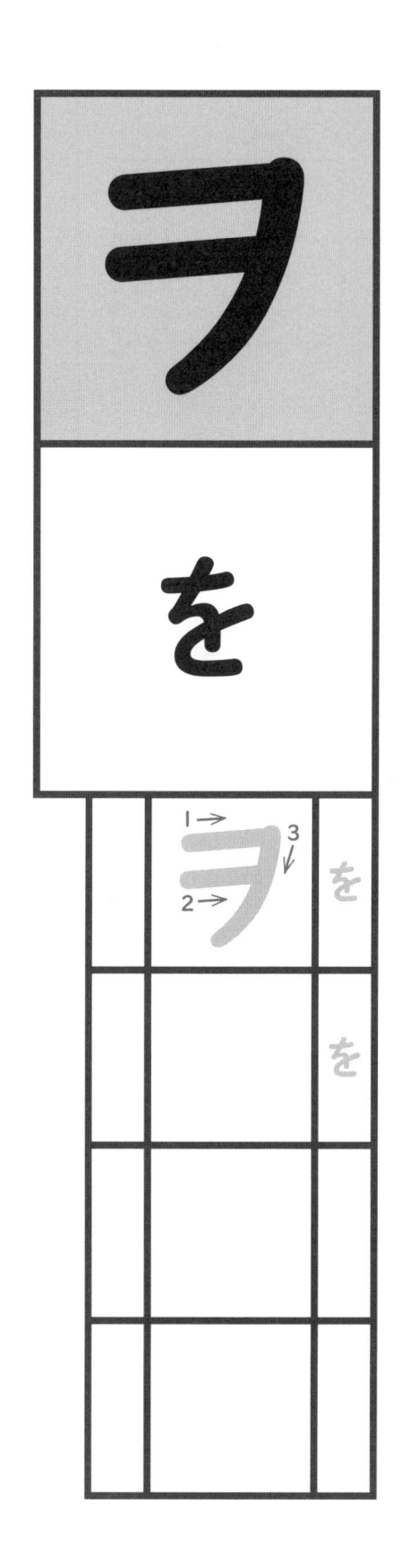

ン

ん

1 2 ン ん

ん

ぱ ん だ

え を かく

ぱ ん だ

ろ

けっと

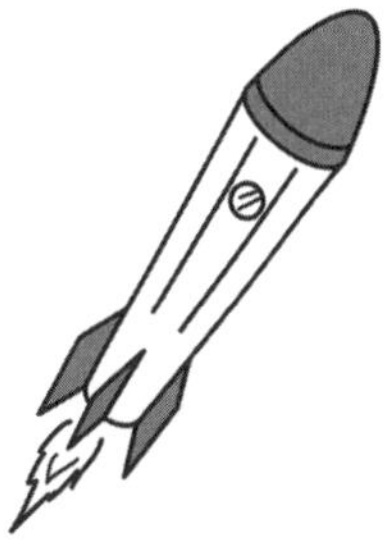

わ

に

え

を

かく

ぱ

ん

だ

れ

もん

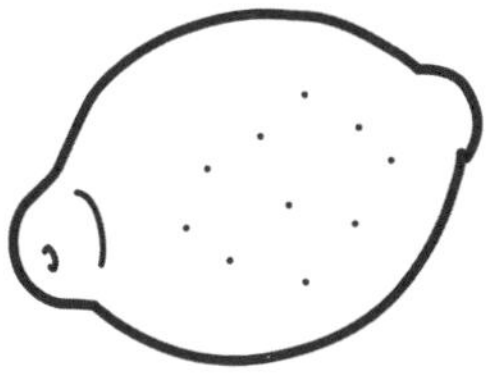

る

びー

その24

なまえ

ガギグゲゴ

ガ

ギ

ム

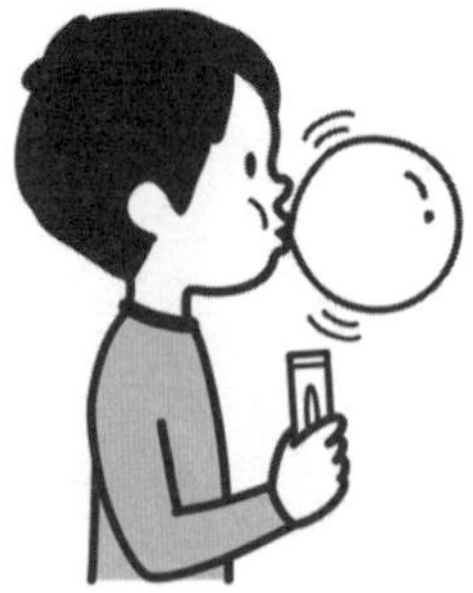

ター

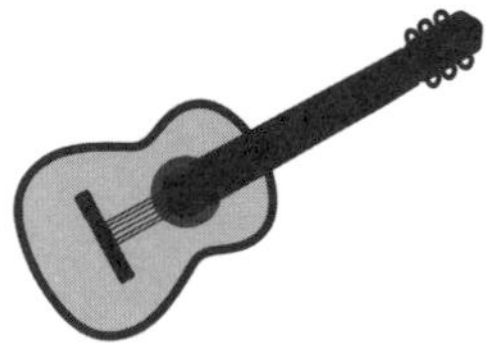

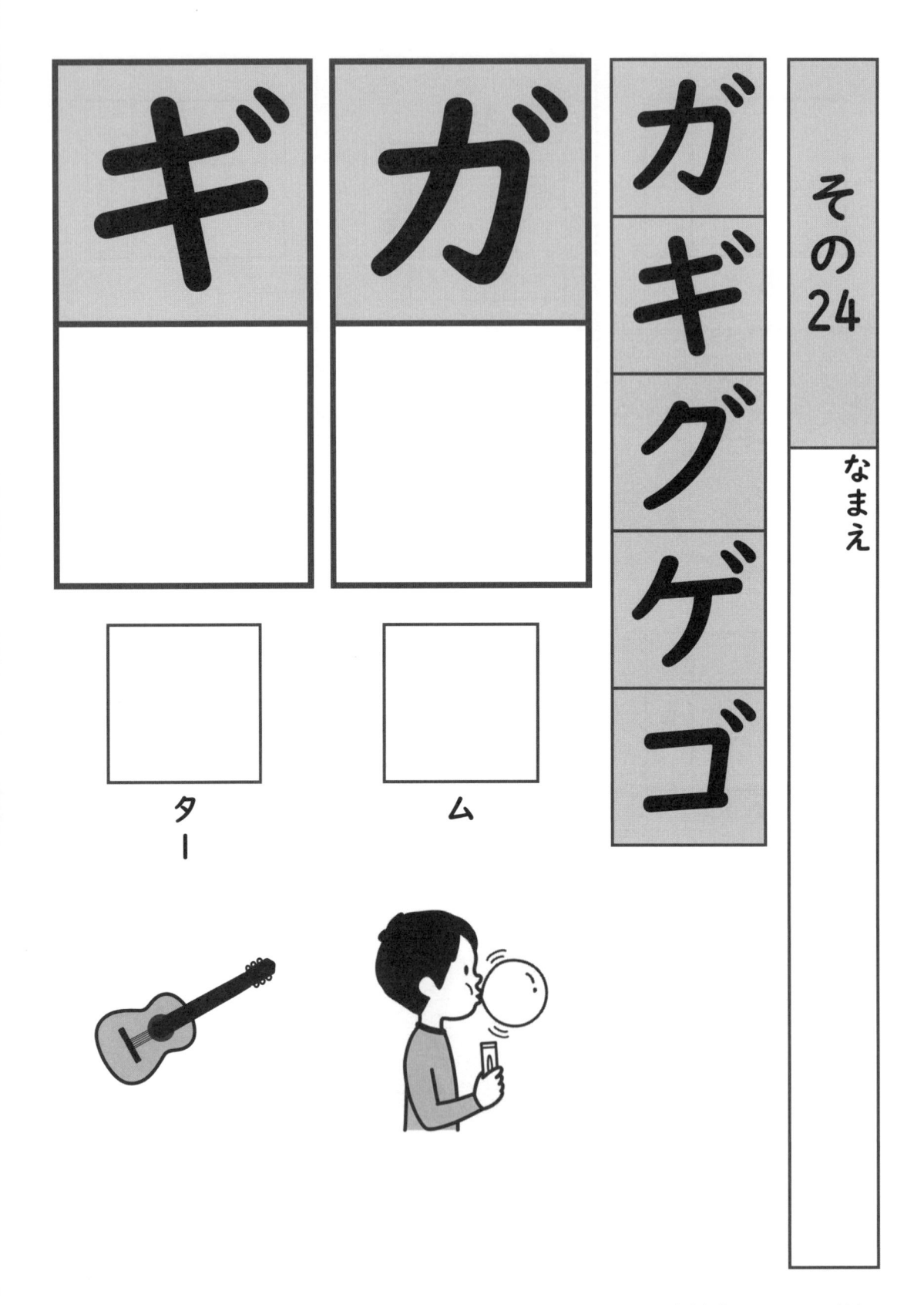

ゴ	ゲ	グ
リラ	ーム	ミ

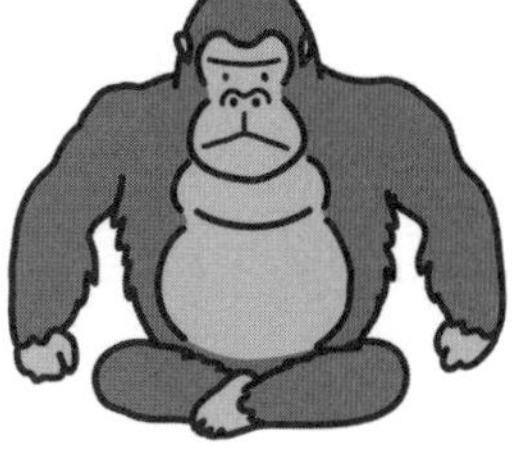

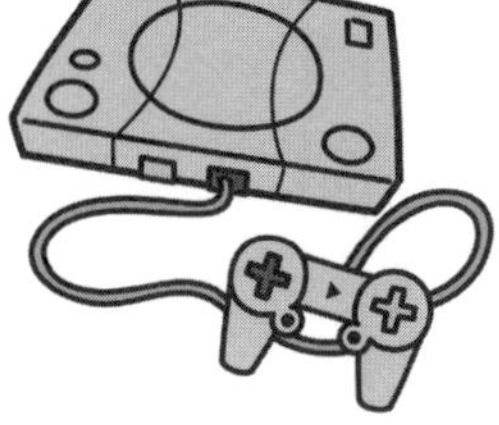

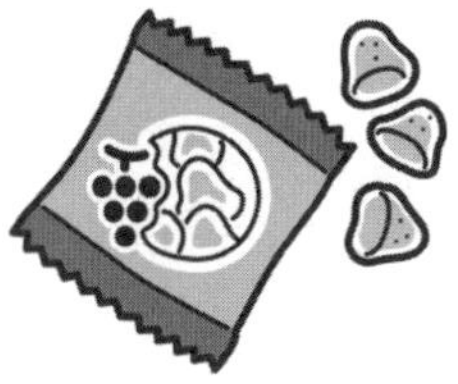

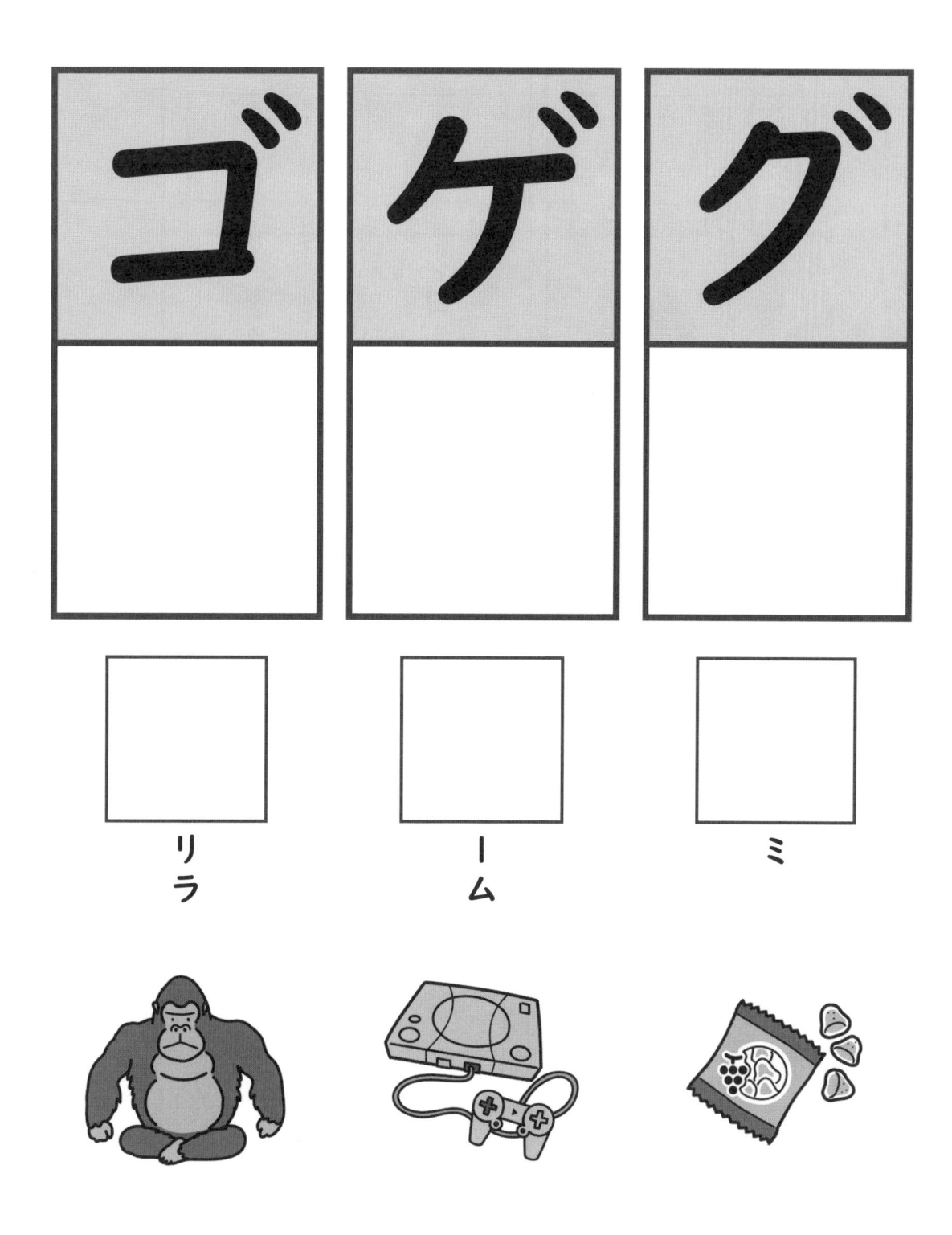

なまえ

スタネット

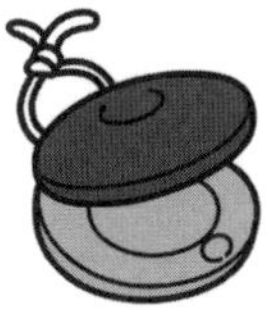

ャベツ

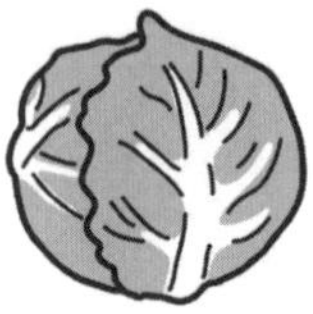

レヨン

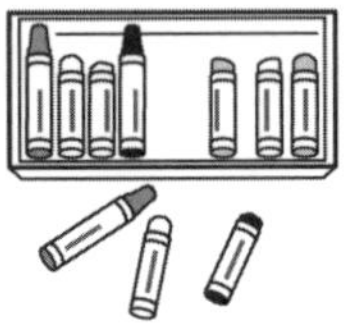

ーキ

ップ

ム

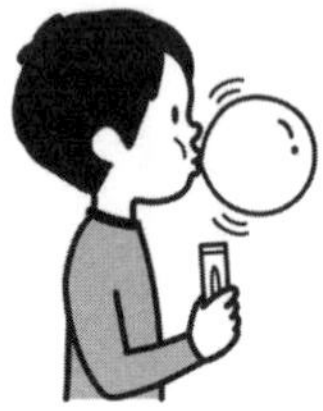

ター

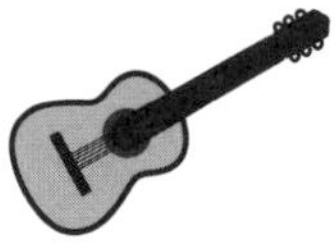

ミ

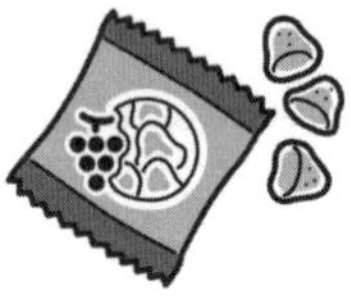

ーム

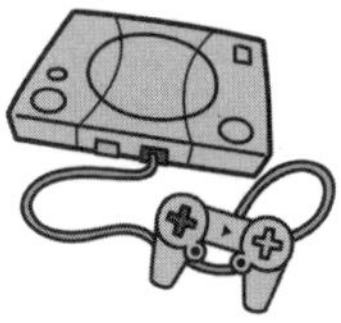

リラ

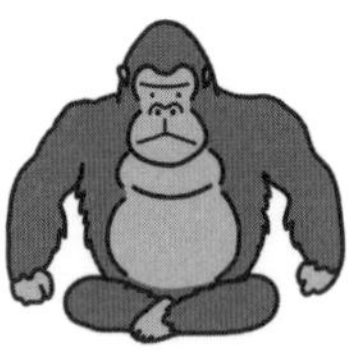

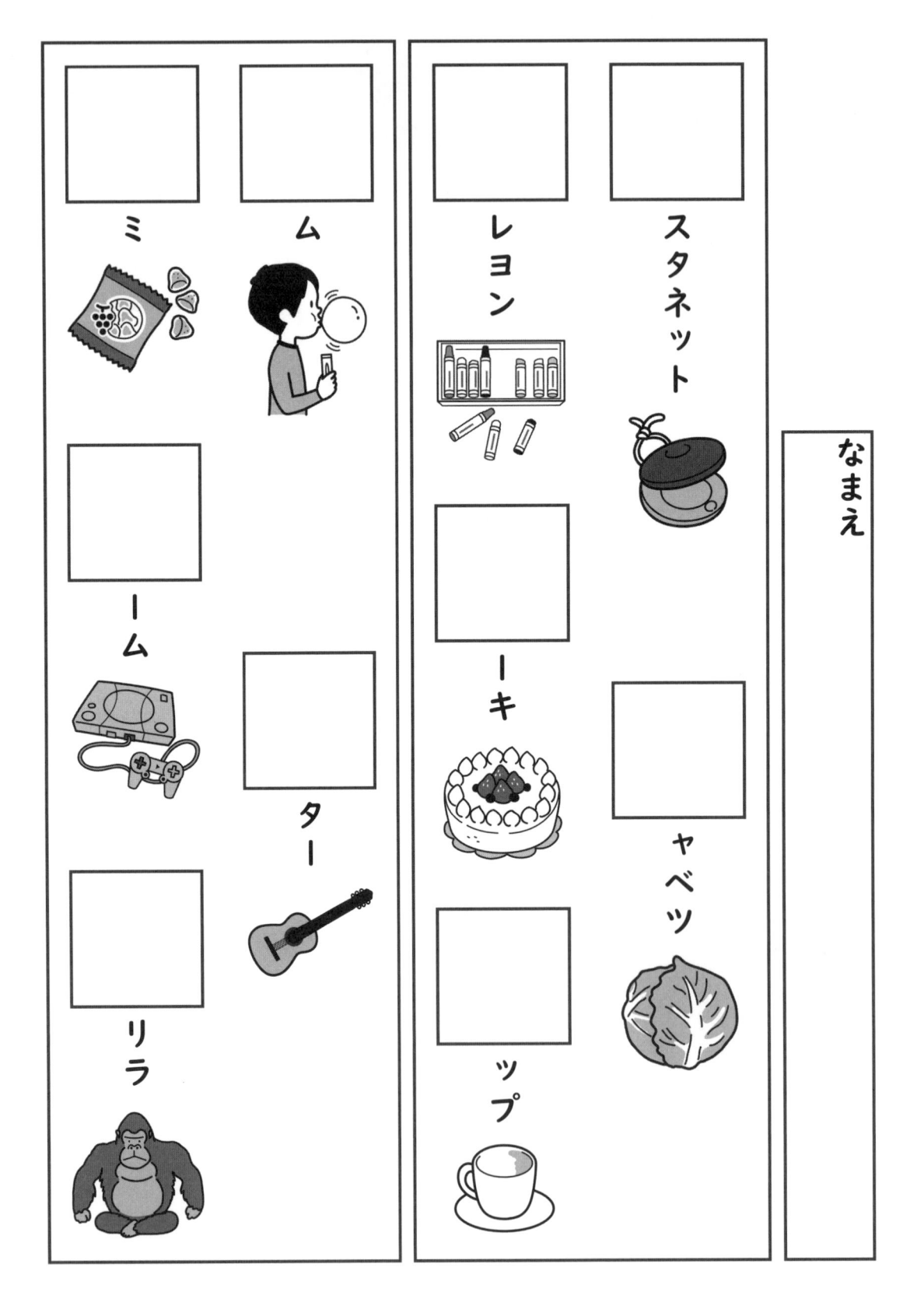

なまえ

レヨン

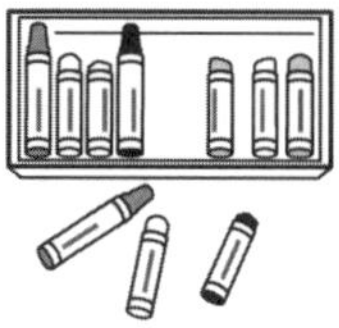

ーキ

ップ

ミ

ーム

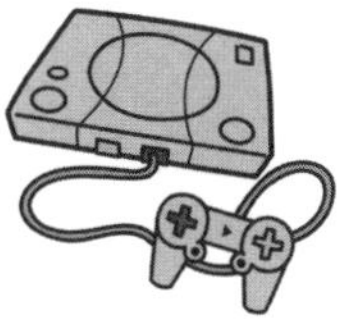

リラ

ム

ター

スタネット

ャベツ

その25

なまえ

ザジズゼゾ

ザ

リガニ

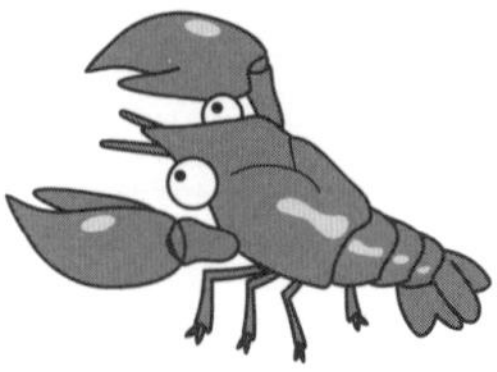

ジ

グザグ

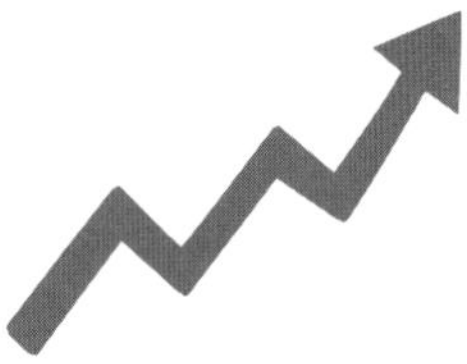

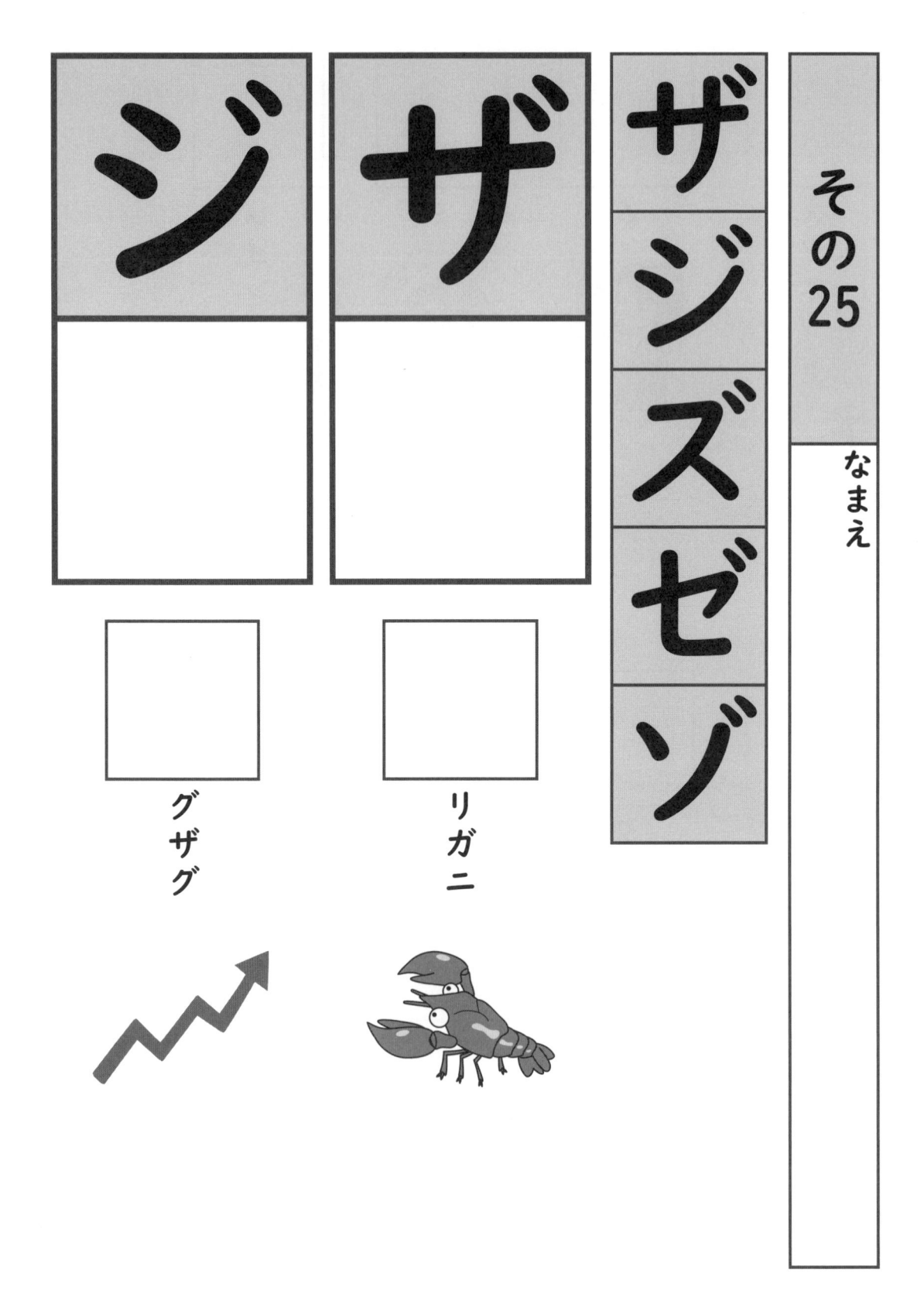

ゾ

ウ

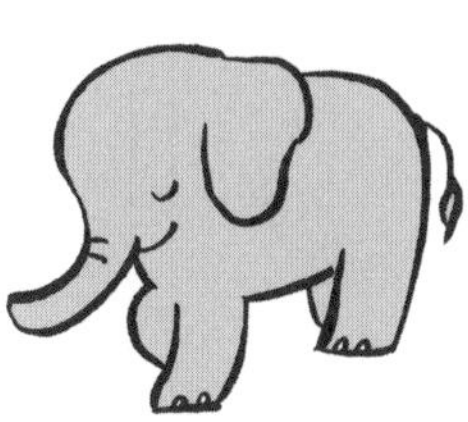

ゼ

リー

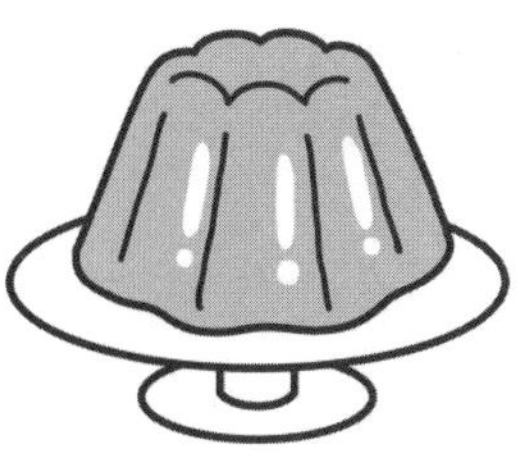

ズ

ボン

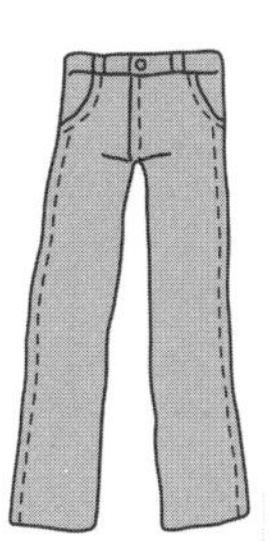

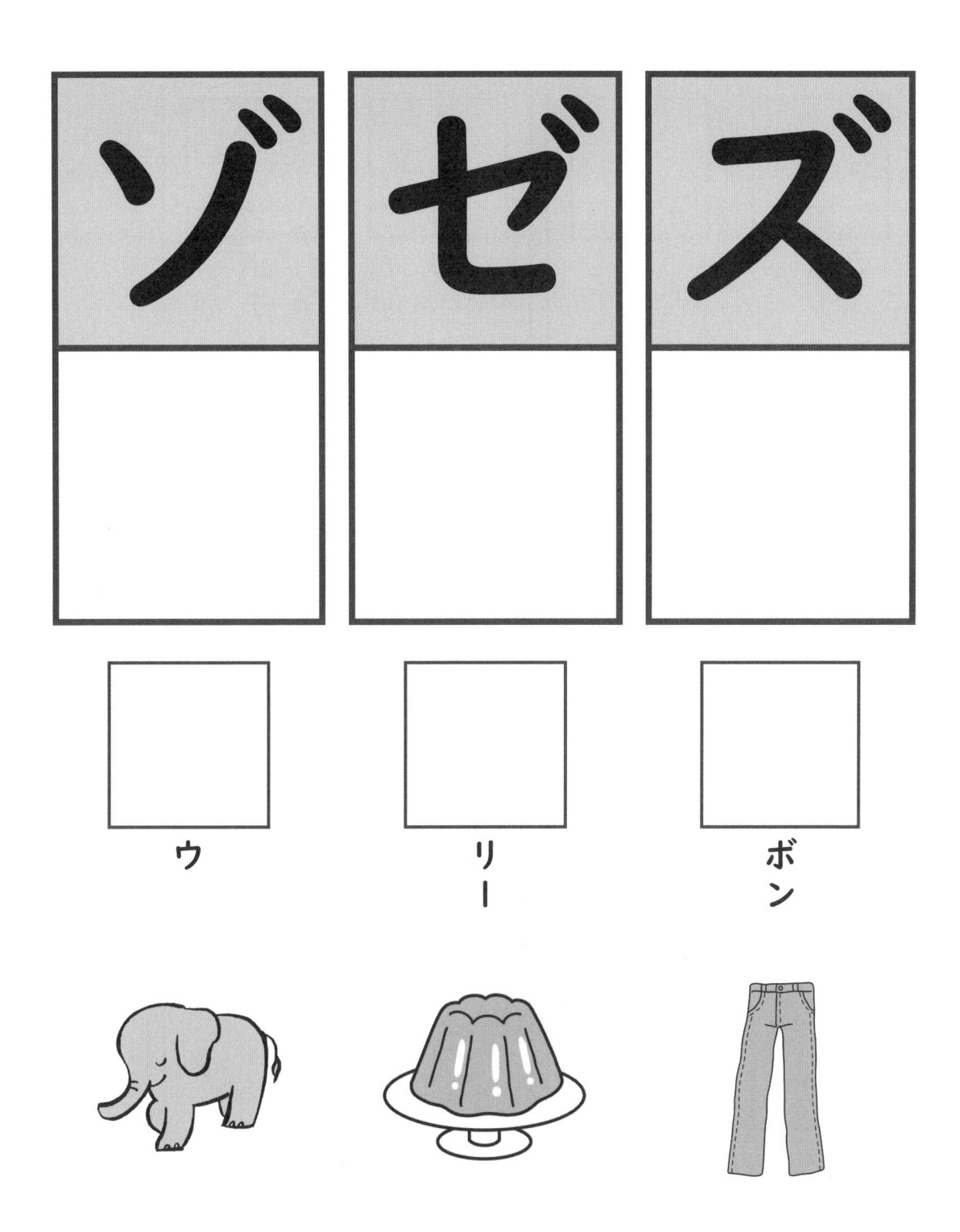

なまえ

ボテン

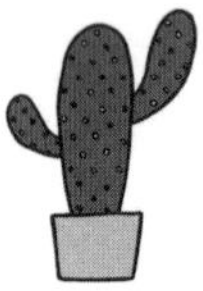

ーソー

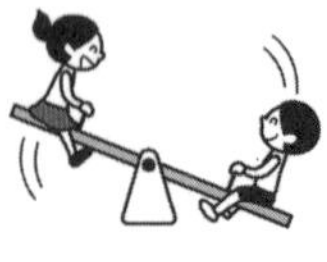

リッパ

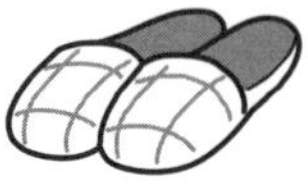

ミ

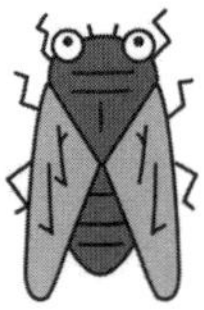

ファー

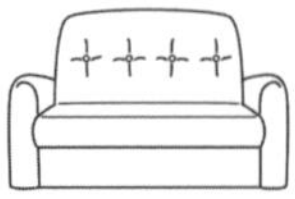

リガニ

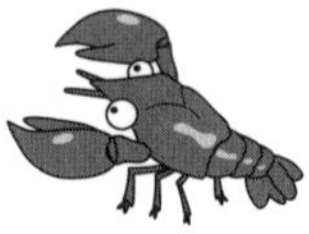

グザグ

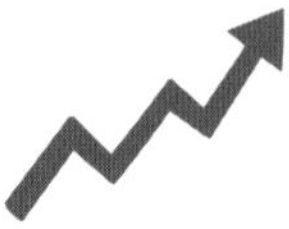

ボン

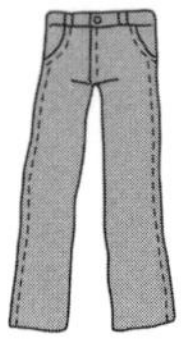

リー

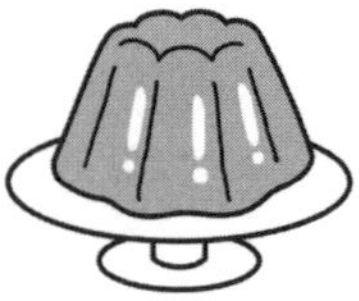

ウ

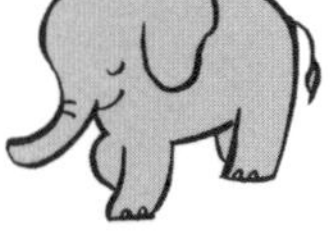

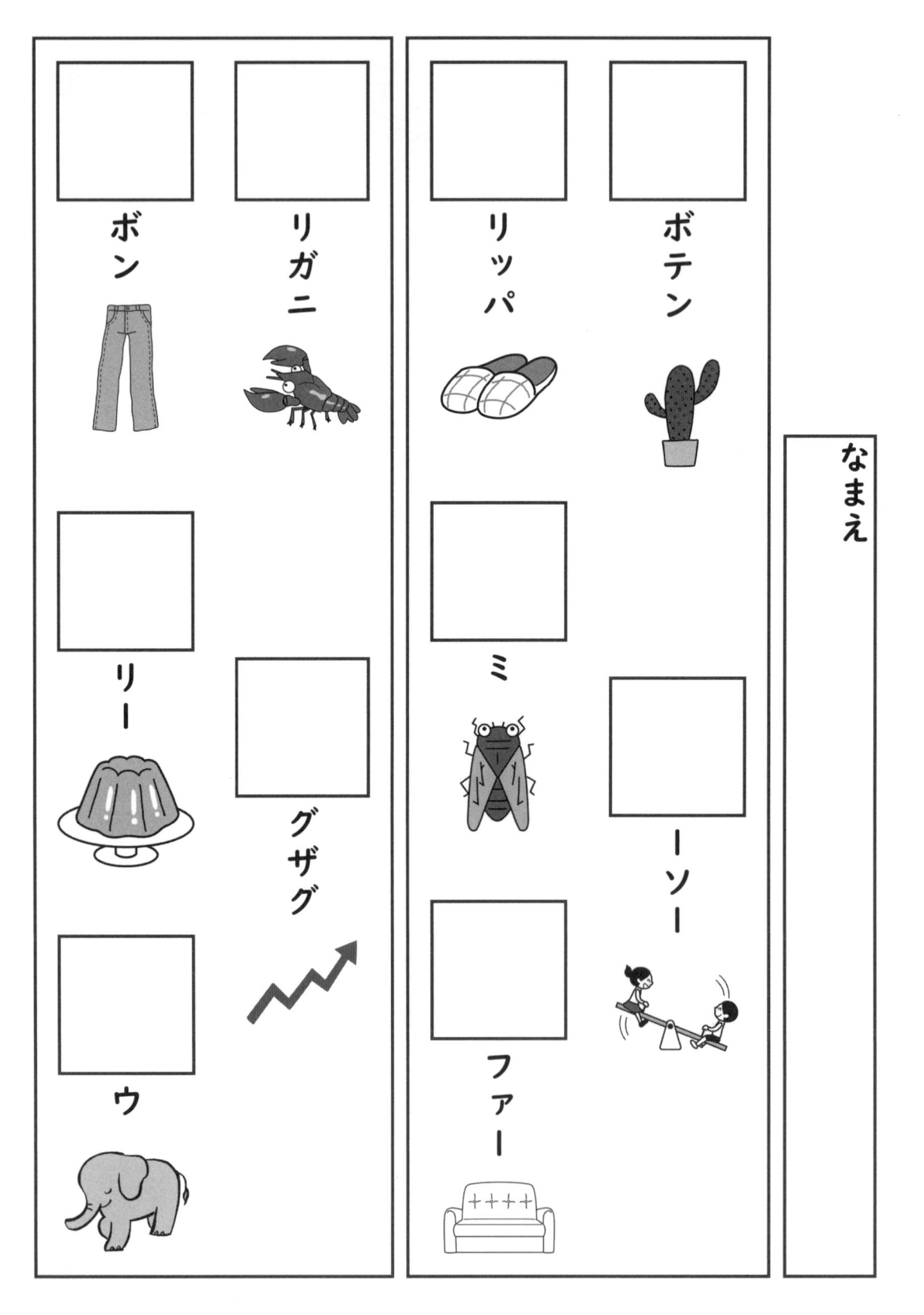

なまえ

レヨン

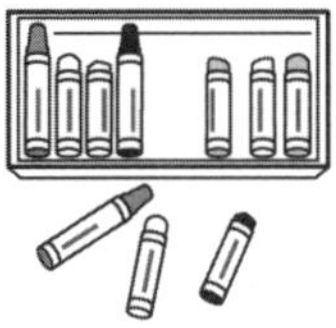

ーキ

ップ

ム

ター

スタネット

ャベツ

ミ

ーム

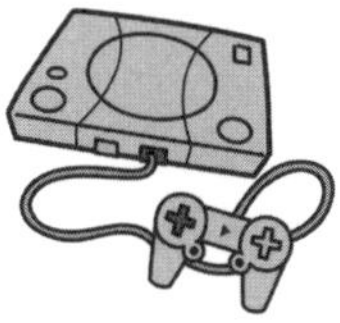

リラ

その26

なまえ

ダヂヅデド

ダ

ヂ

ンゴムシ

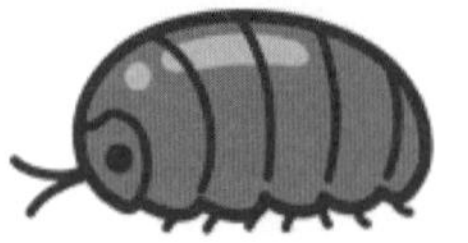

ハナ

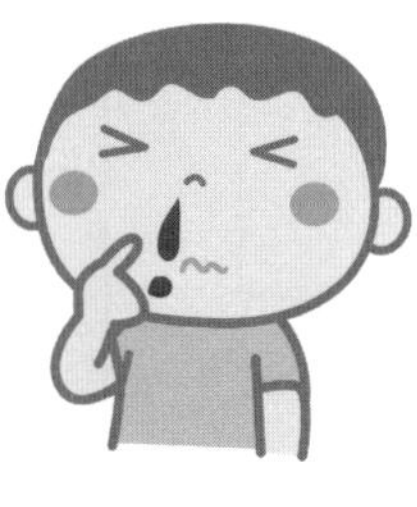

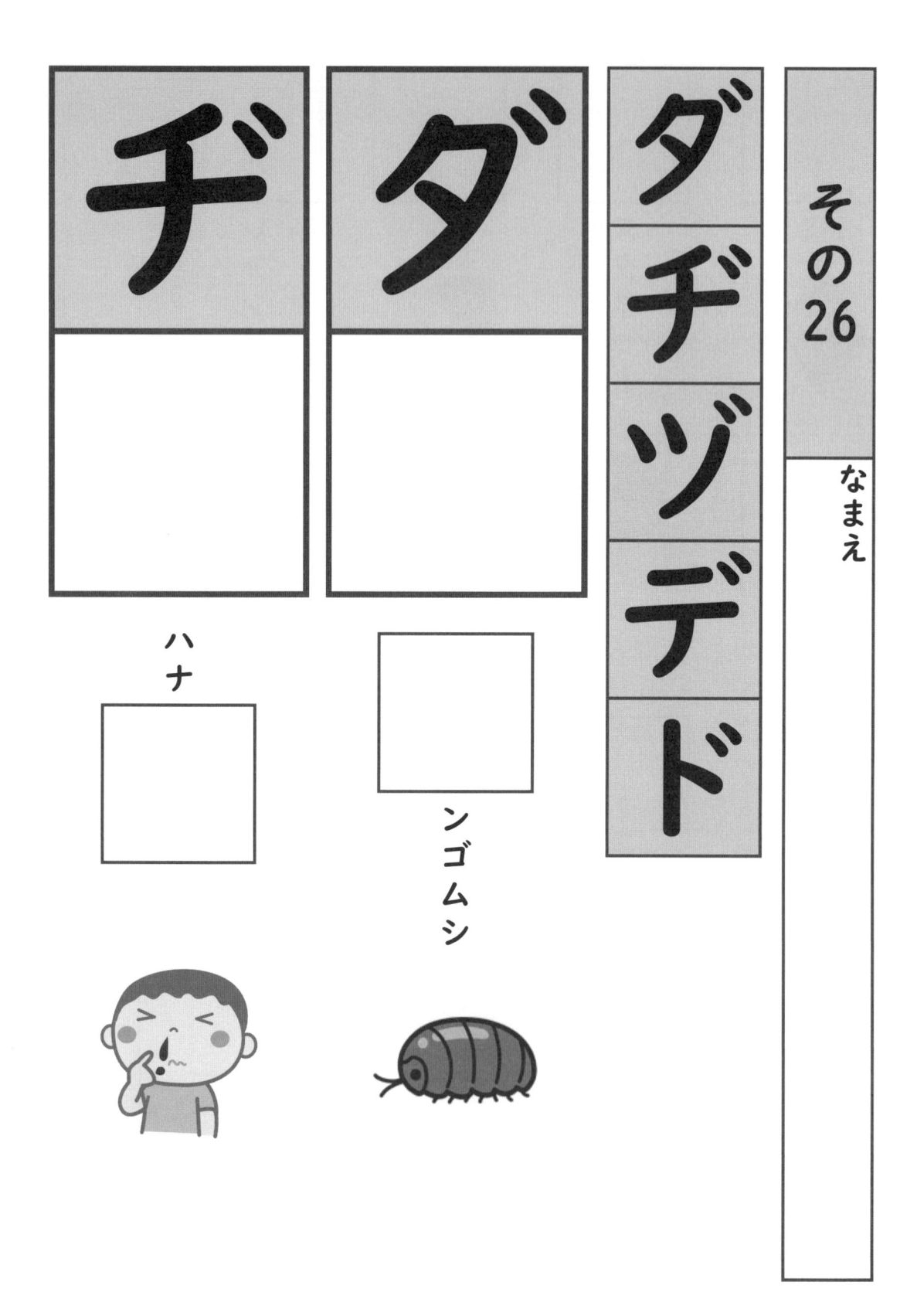

ド	デ	ヅ

□ーナツ

□ザート

カナ□チ

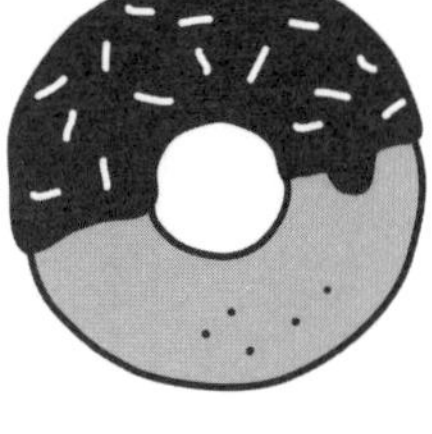

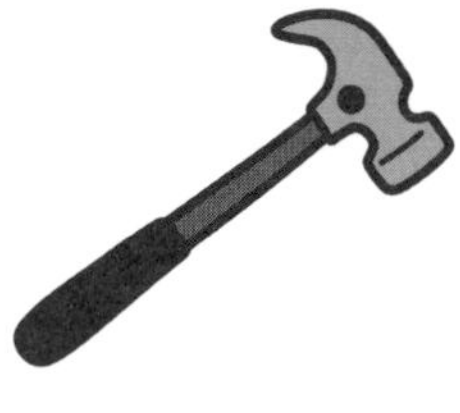

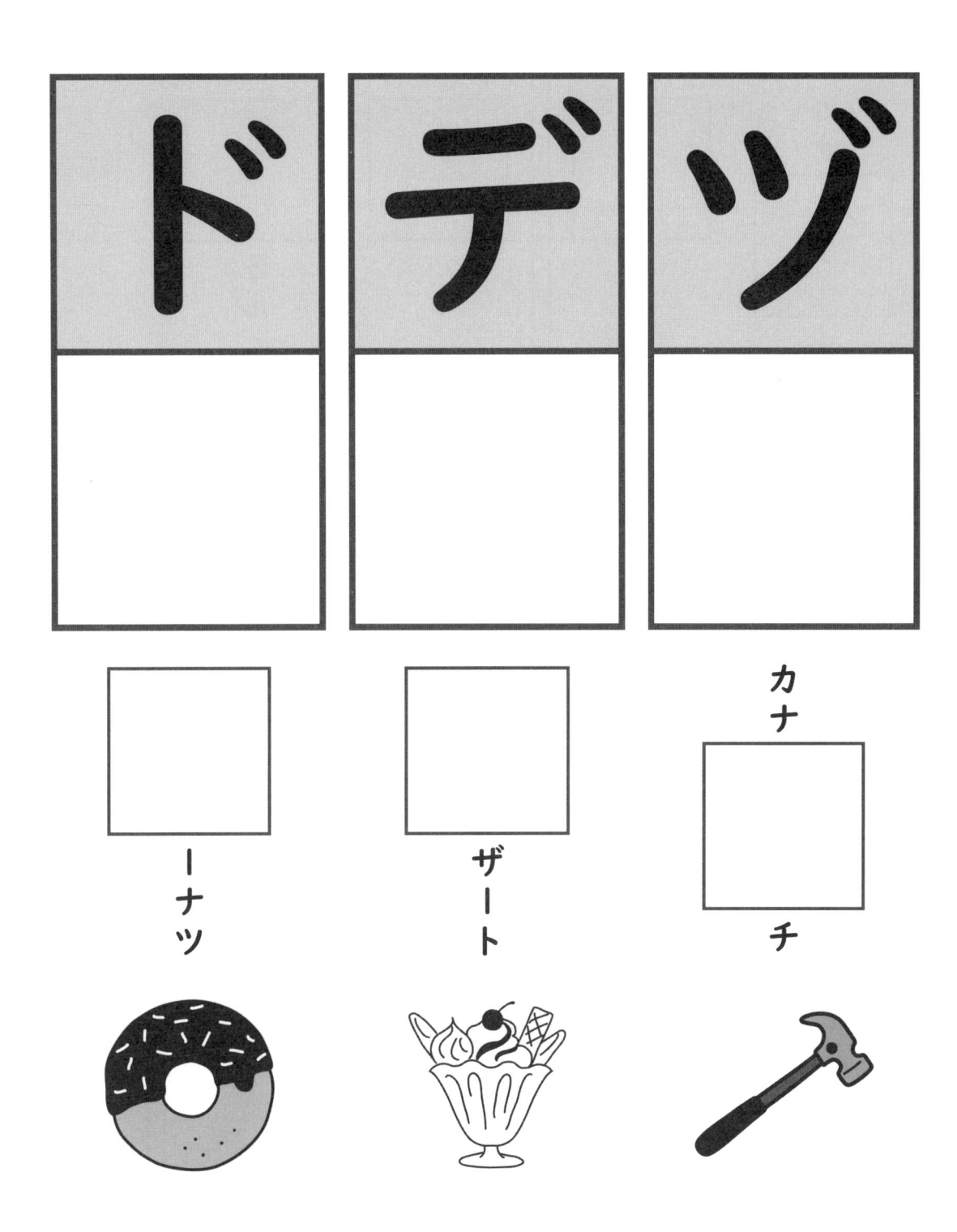

なまえ

□オル

□ーズ

□バメ

□ント

□ランプ

□ンゴムシ

ハナ□

カナ□チ

□ザート

□ーナツ

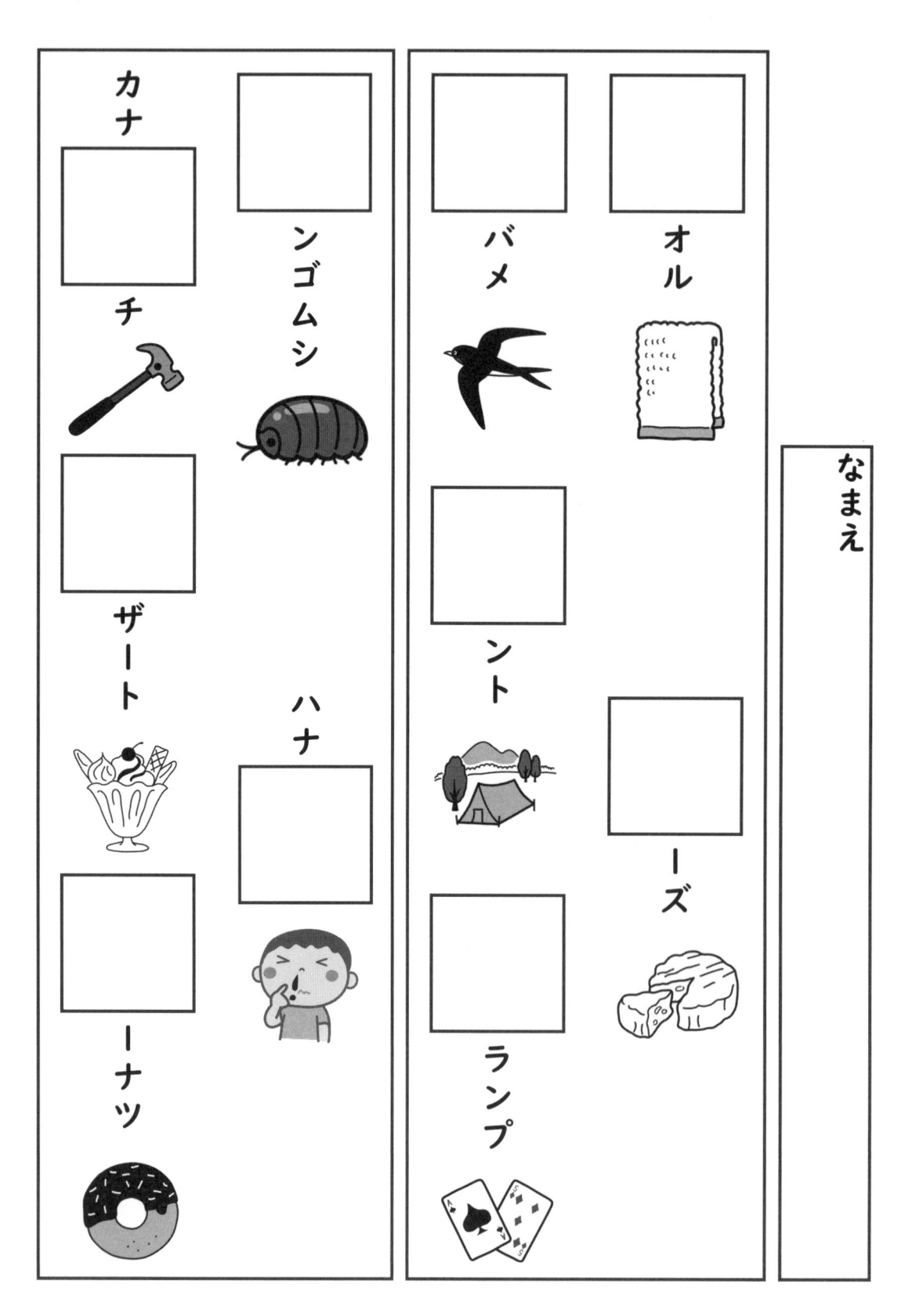

なまえ

ボン

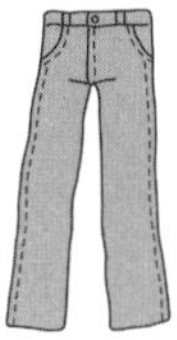

リー

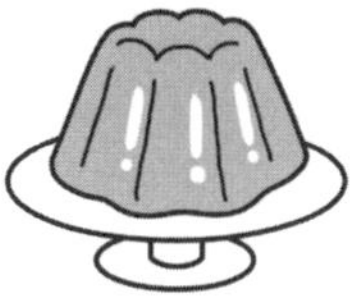

ウ

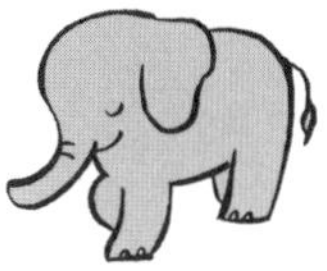

ミ

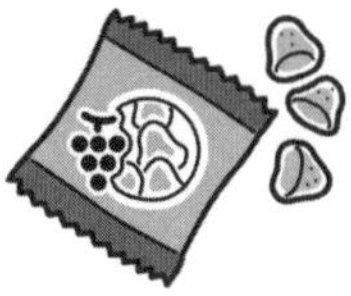

ーム

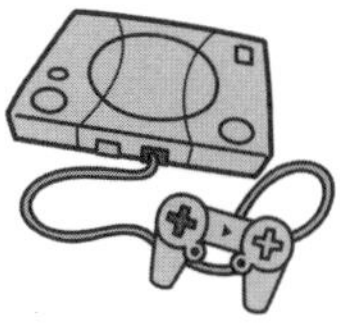

リラ

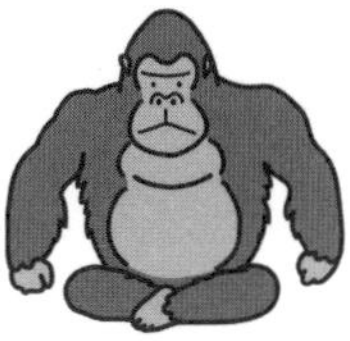

ム

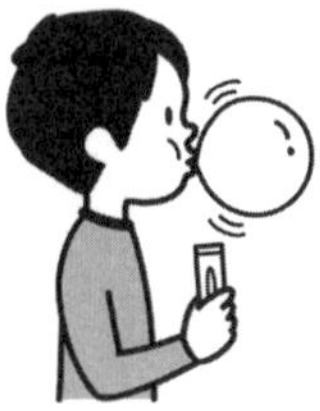

ター

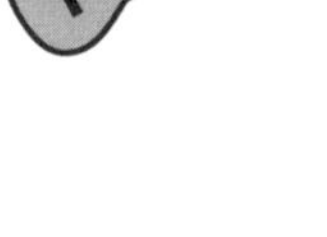

リガニ

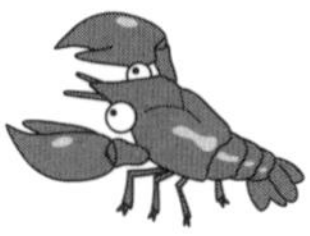

グザグ

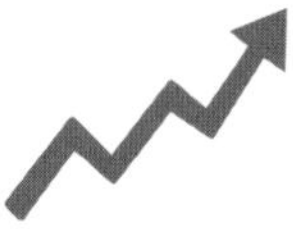

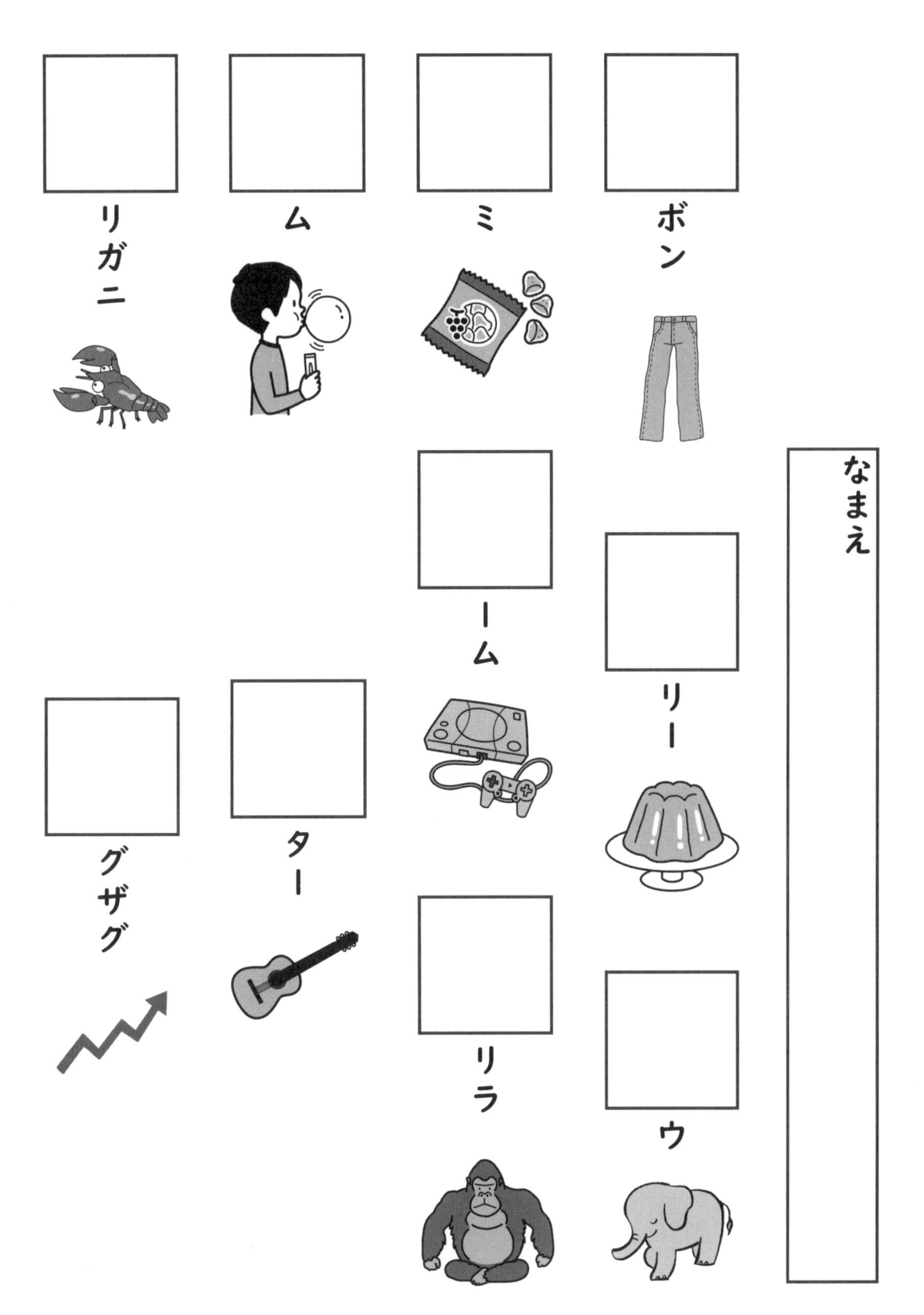

その27

なまえ

バビブベボ

バ

ナナ

ビ

ール

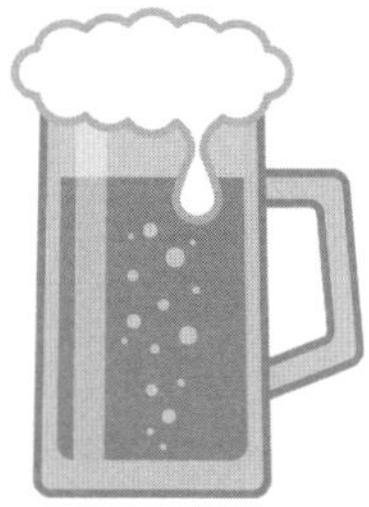

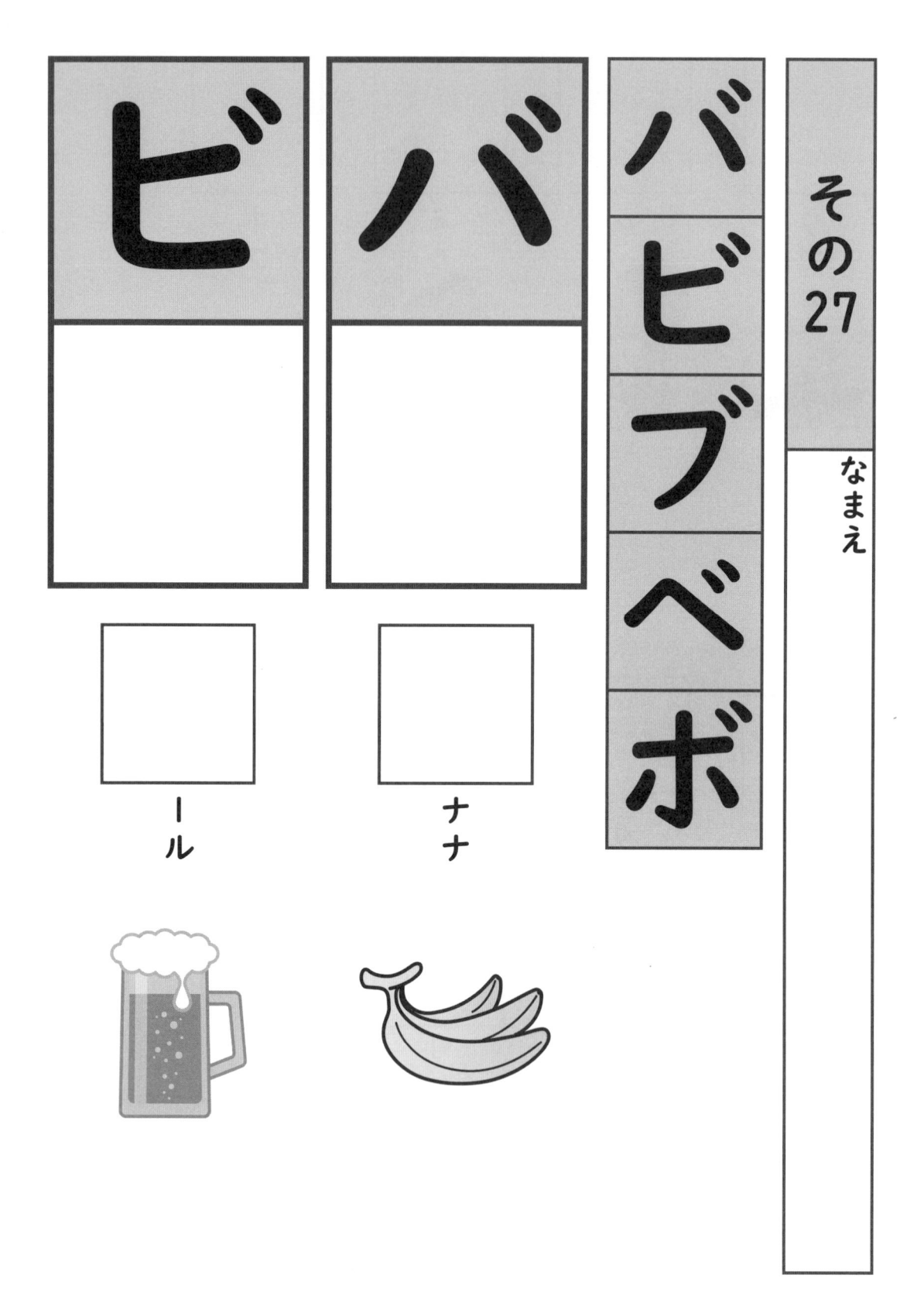

ボ	ベ	ブ

ール

ーコン

タ

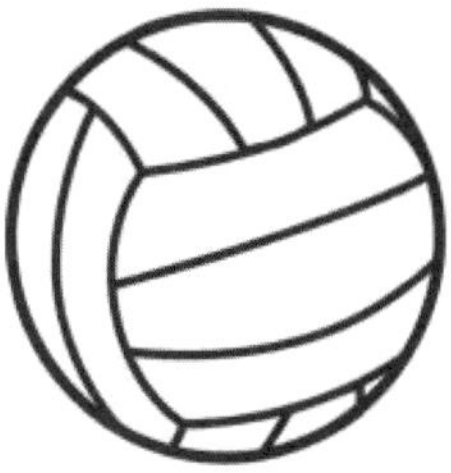

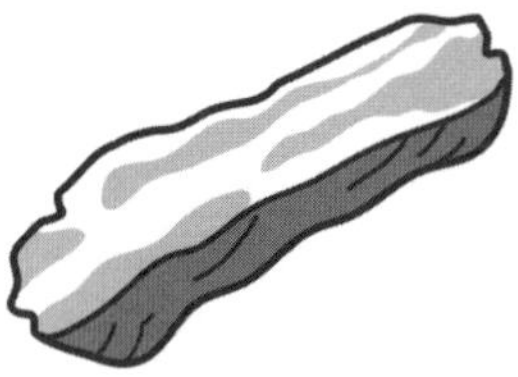

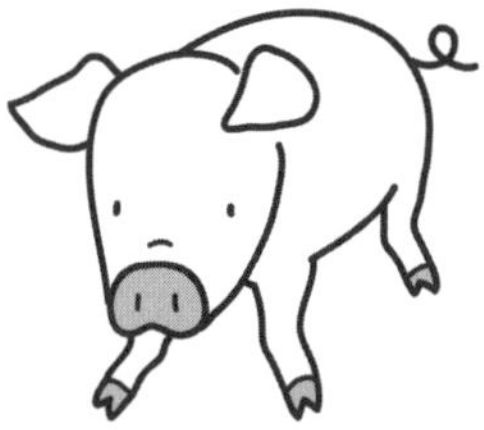

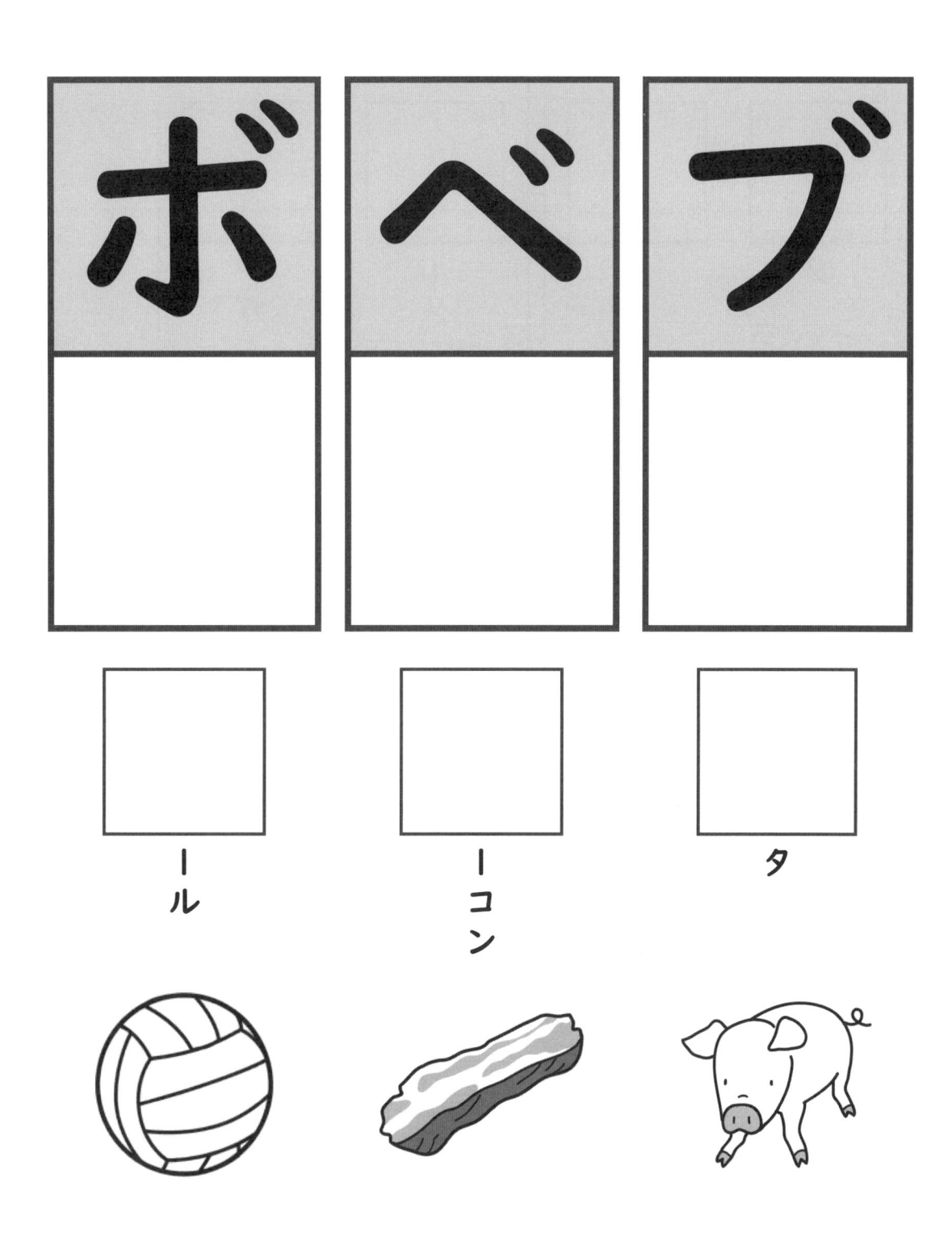

なまえ

ンガー

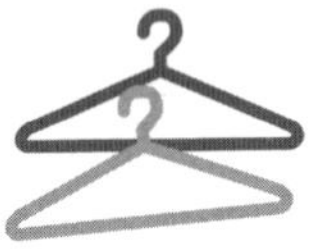

ーター

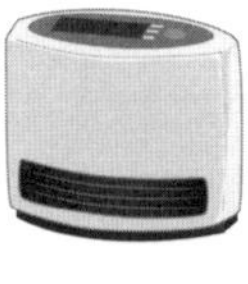

ライパン

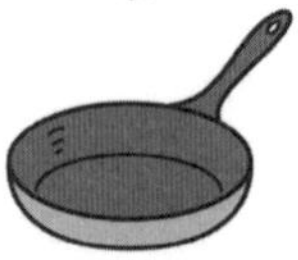

ルメット

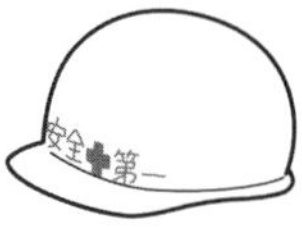

ットケーキ

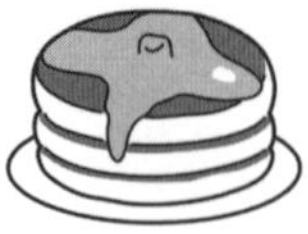

ナナ

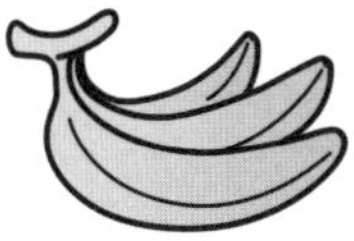

ール

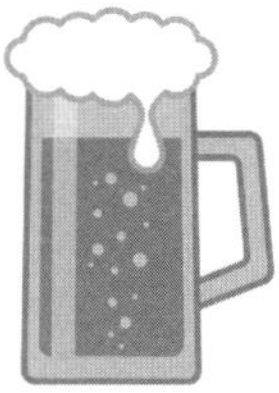

タ

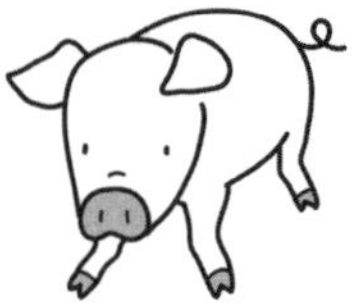

ーコン

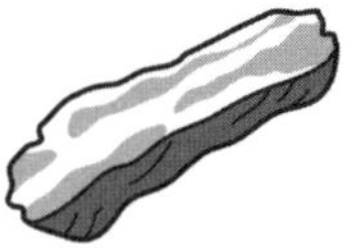

ール

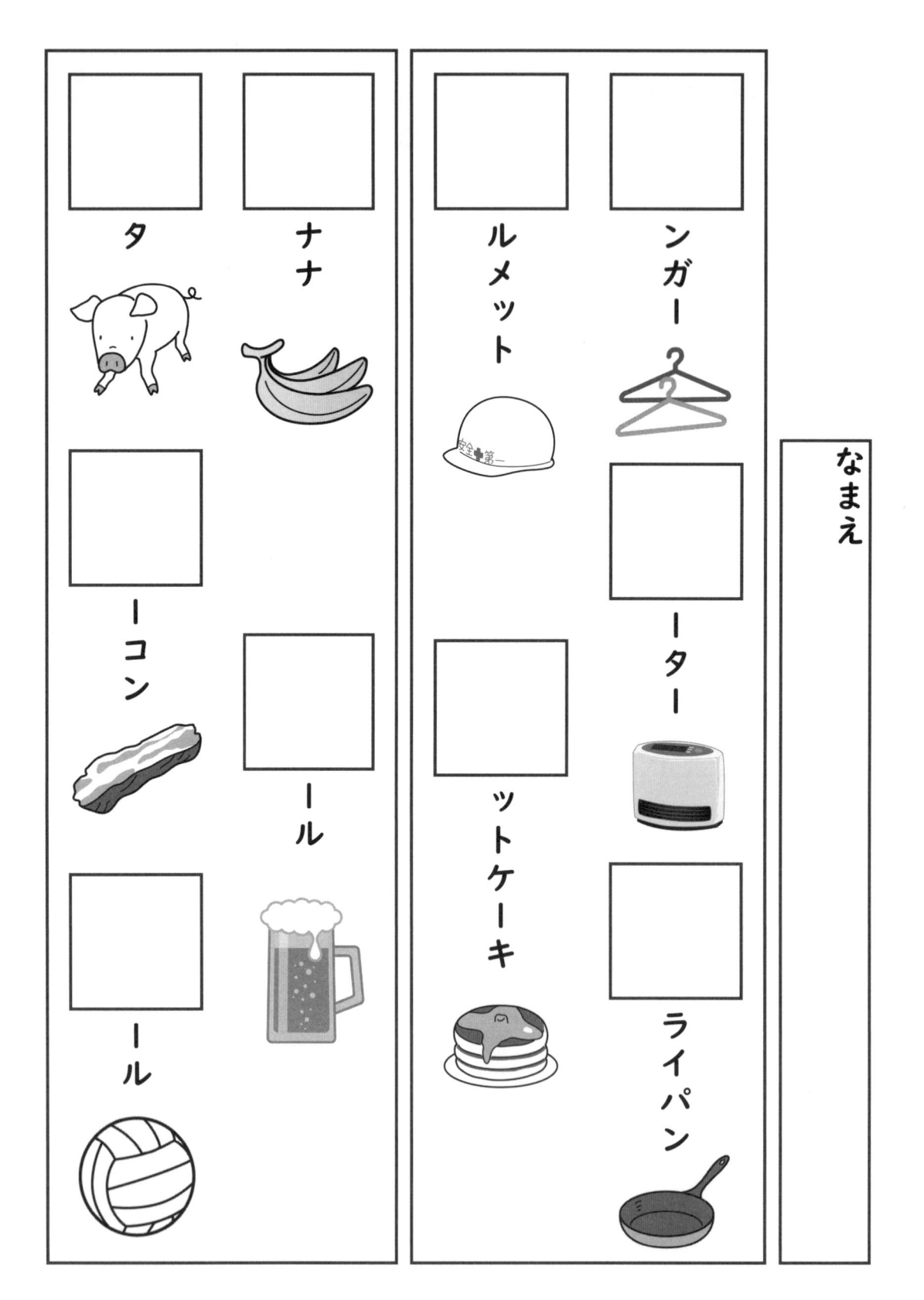

なまえ

□ボン

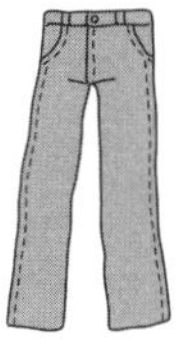

□リー

□ウ

カナ□チ

□ザート

□ーナツ

□ンゴムシ

ハナ□

□リガニ

□グザグ

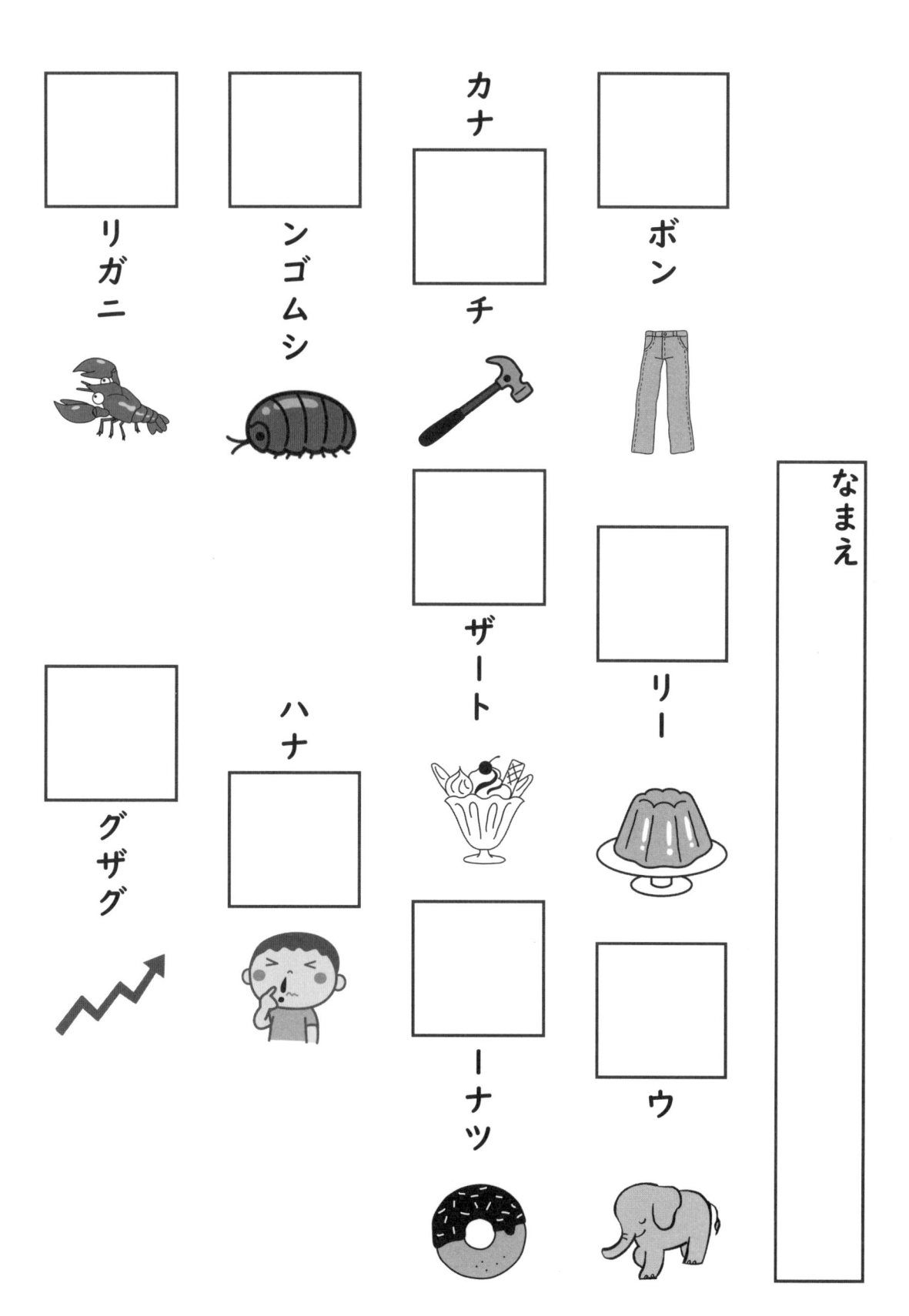

その28

なまえ

パピプペポ

パ

ピ

ン

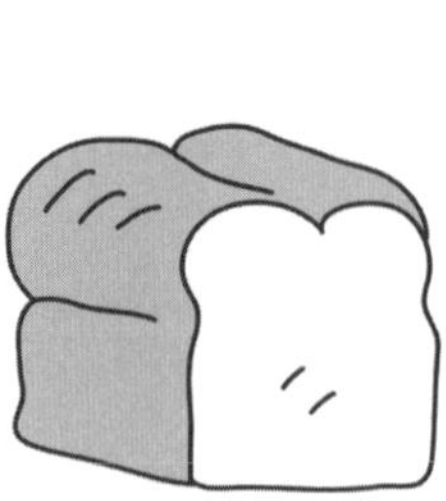

ーマン

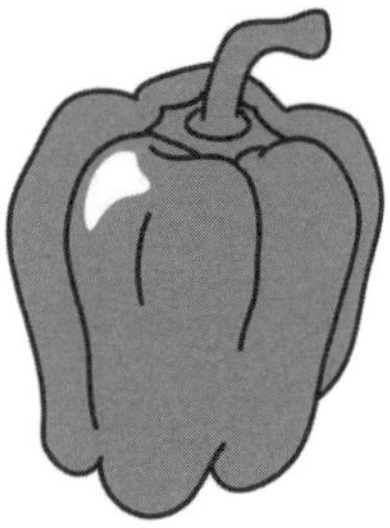

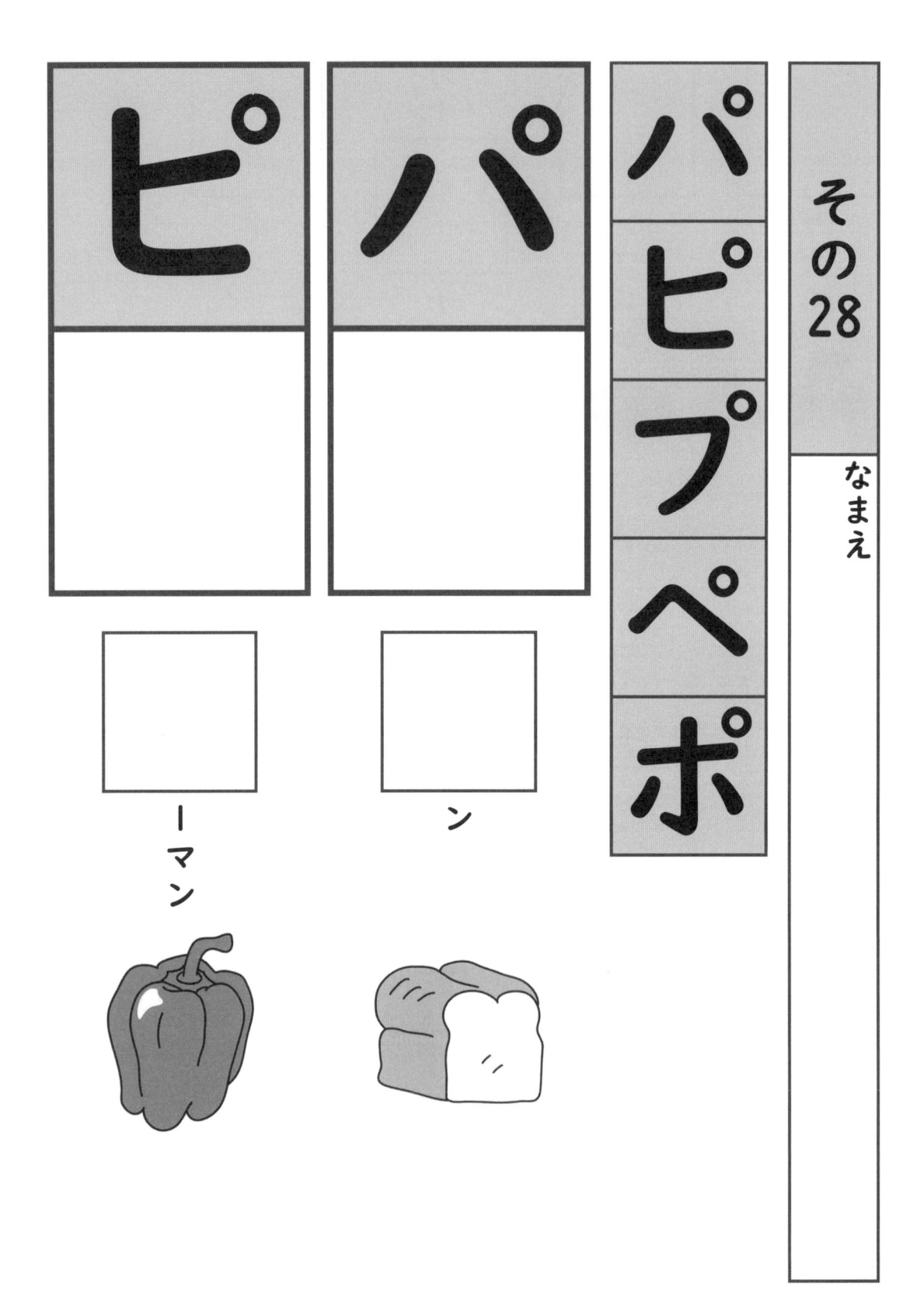

ポ ペ プ

スト

ンギン

リン

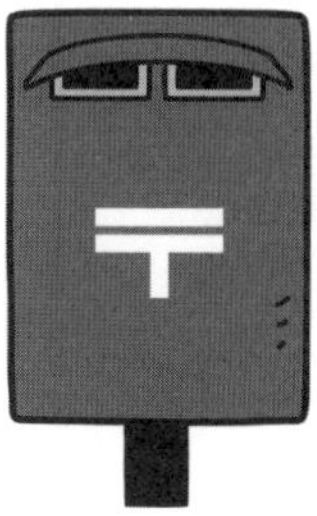

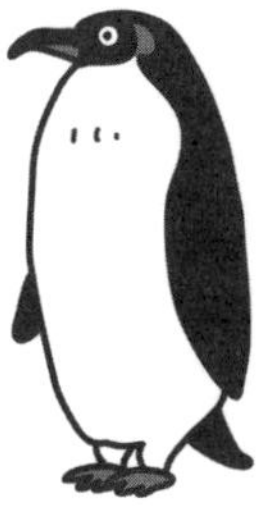

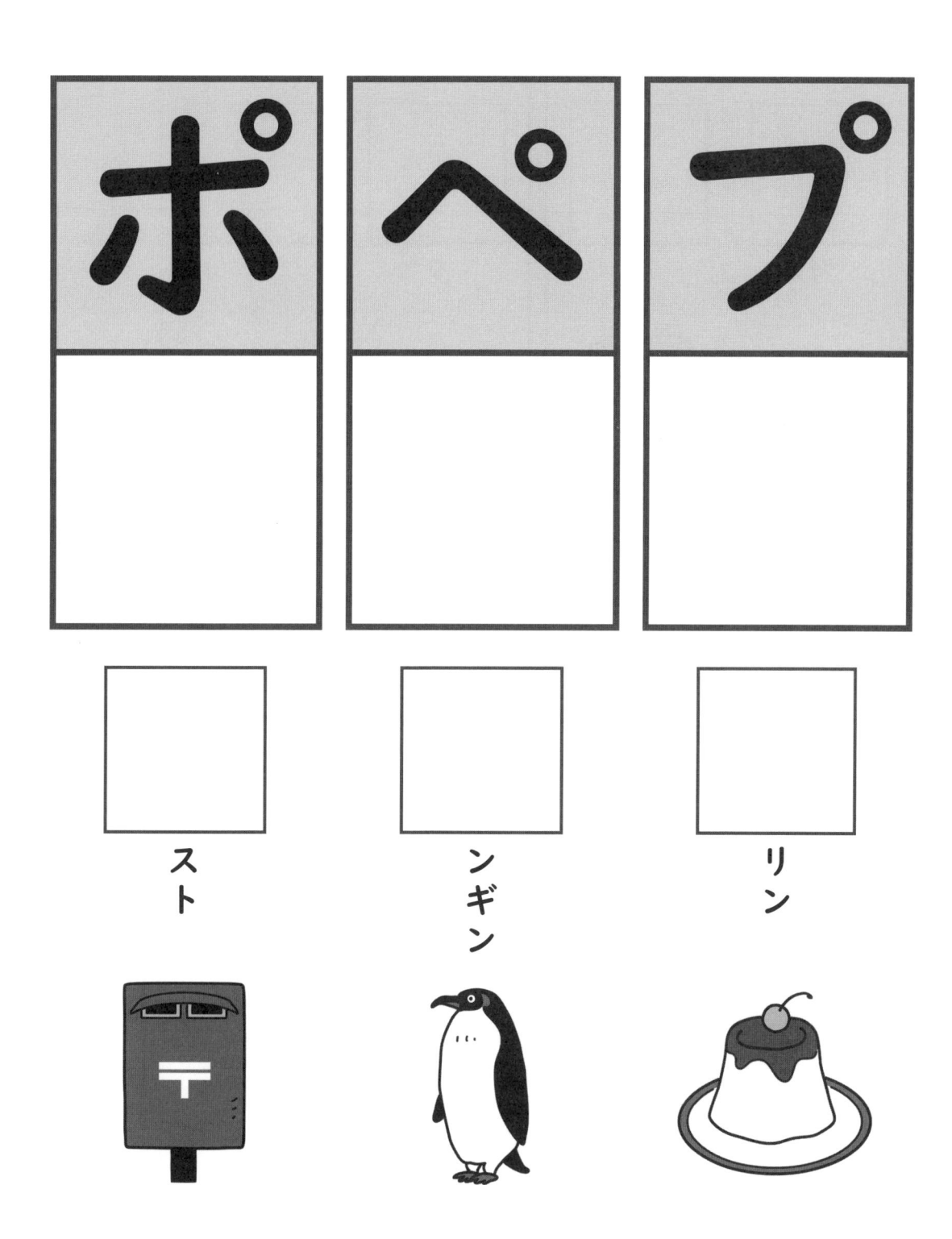

なまえ

ナナ

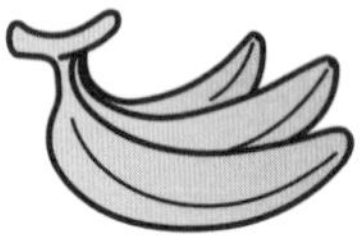

タ

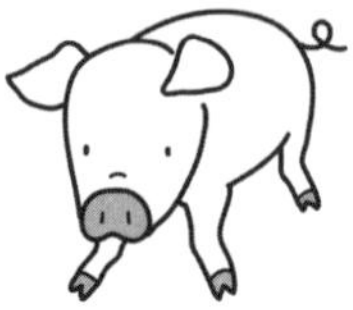

ーコン

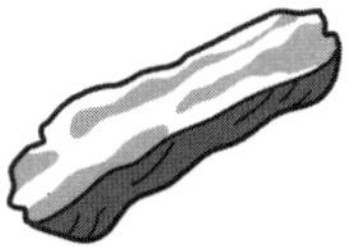

ール

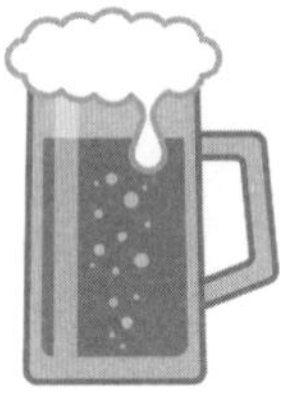

ール

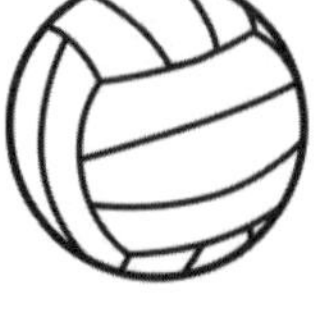

ン

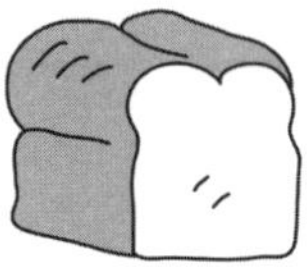

リン

ーマン

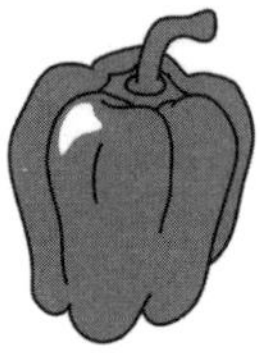

ンギン

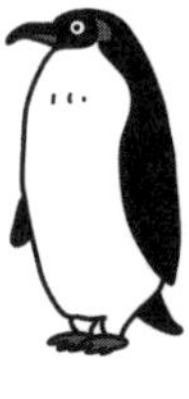

スト

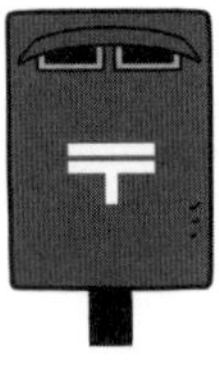

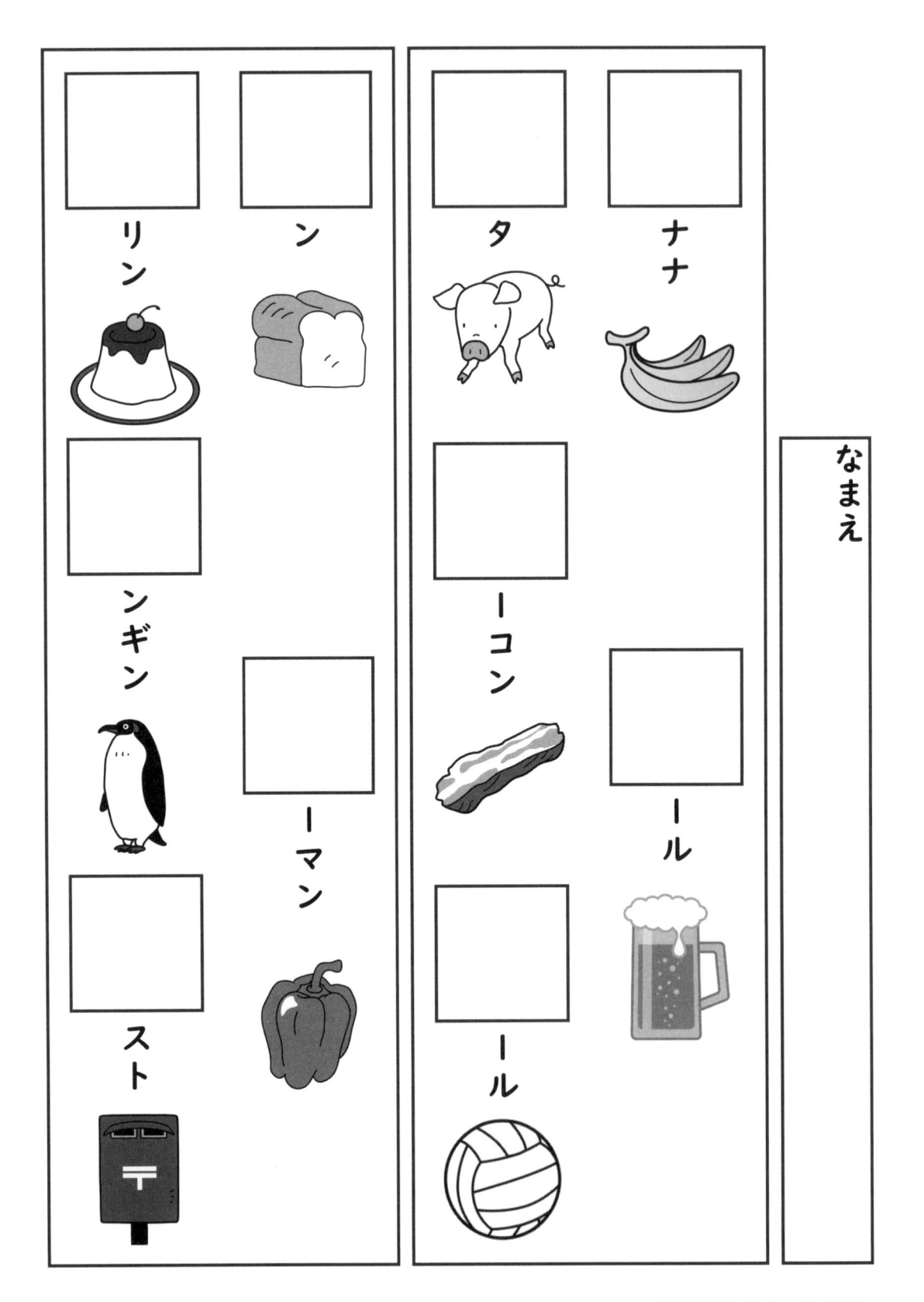

なまえ

タ

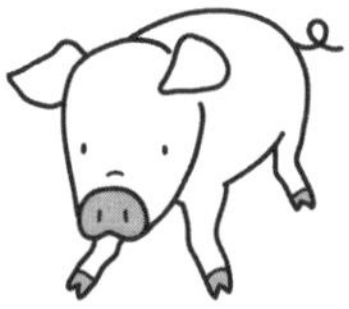

ーコン

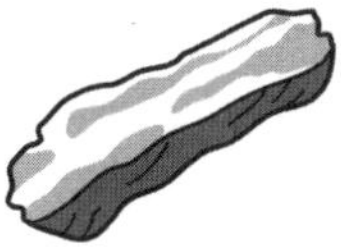

ール

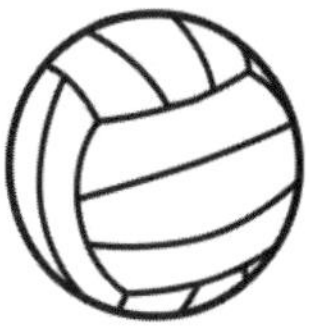

カナ

チ

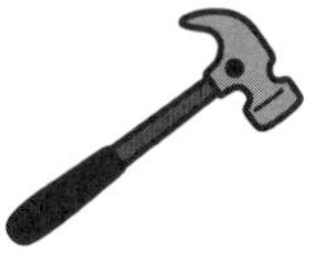

ザート

ーナツ

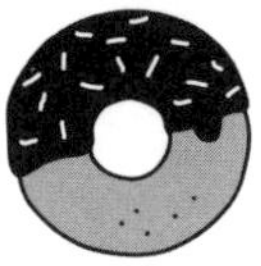

ンゴムシ

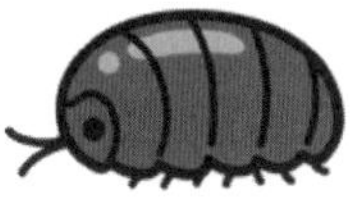

ハナ

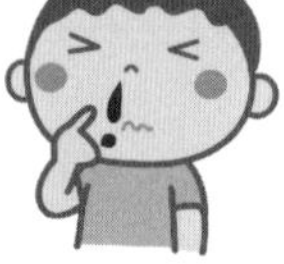

ナナ

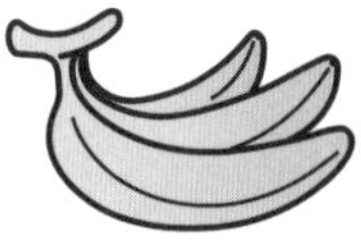

ール

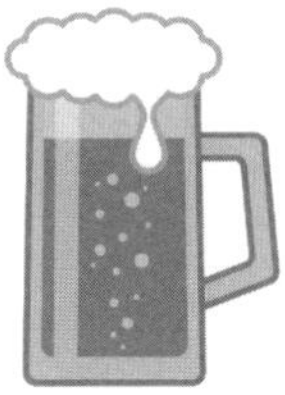

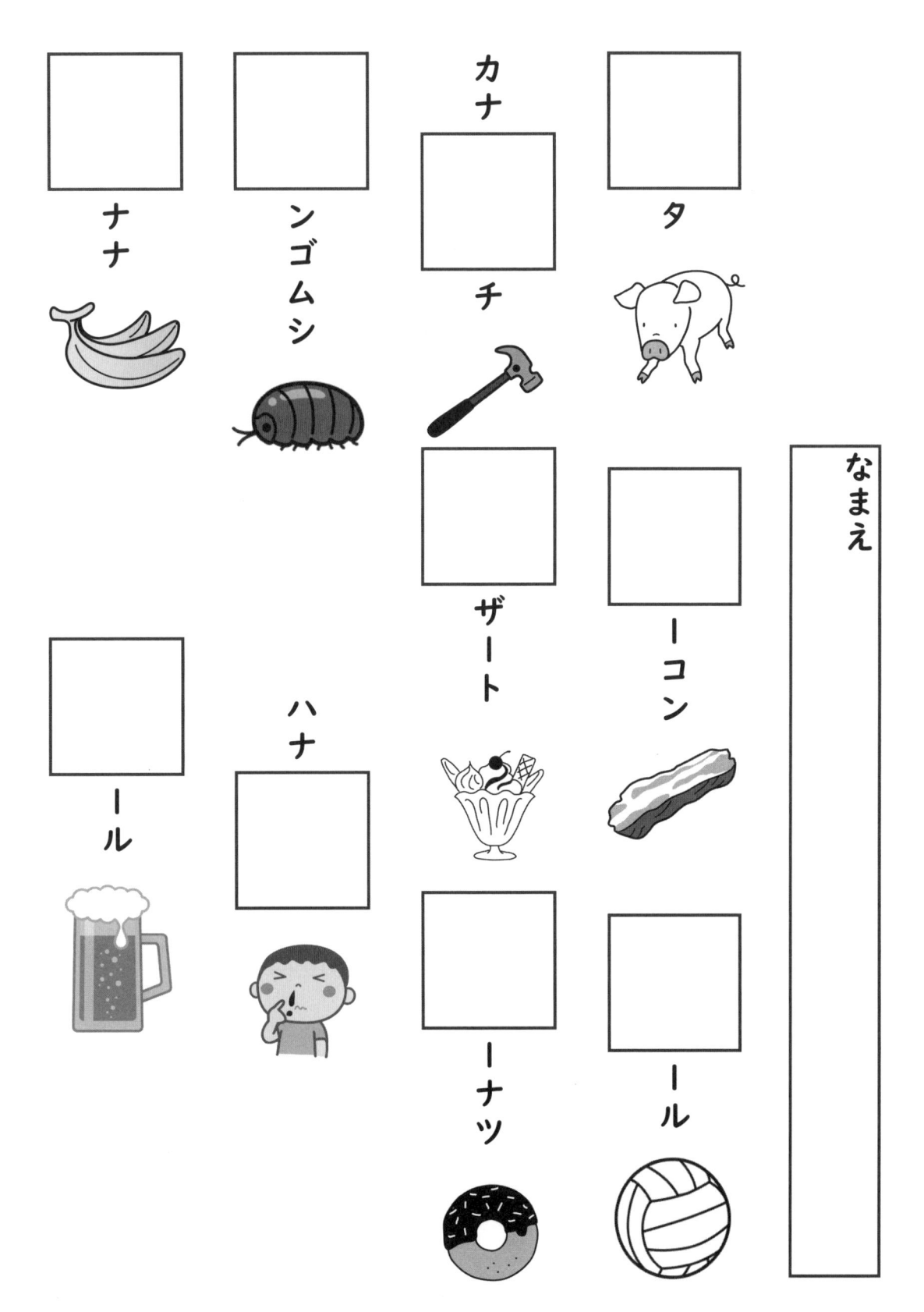

その29

なまえ

●	●	●
キ	リ	ン

●	●	●
リ	ン	ゴ

●	●	●
ラ	ッ	コ

●	●	●
ラ	ッ	パ

●	●	●
バ	ッ	タ

●	●	●
コ	ッ	プ

●	●	●

●	●	●

●	●	●

●	●	●

その30	なまえ

キ	ャ	キ	ュ	キ	ョ

キ	ャ	ラ	メ	ル

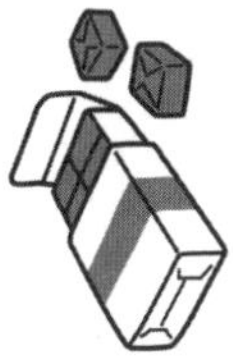

キ	ュ	ウ	リ

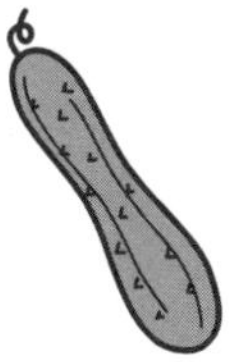

ラ	ッ	キ	ョ	ウ

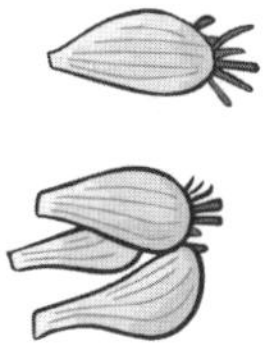

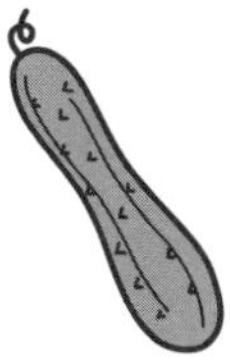

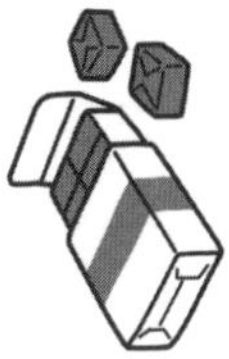

その31	なまえ

⌒		⌒		⌒	
シ	ャ	シ	ュ	シ	ョ

⌒		●	—
シ	ャ	ワ	ー

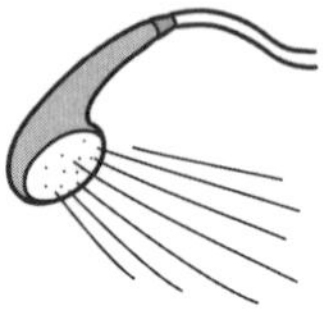

⌒		—	●	●	—	●
シ	ュ	ー	ク	リ	ー	ム

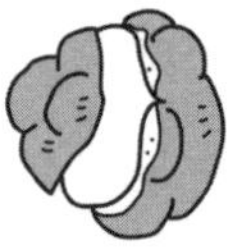

⌒		—
シ	ョ	ー

⌒		●	—

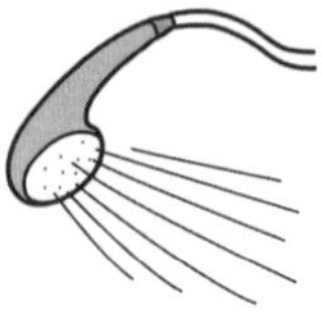

⌒		—	●	●	—	●

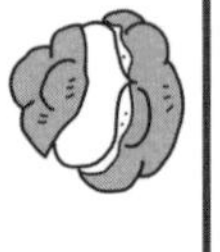

その32

なまえ

チ	ャ	チ	ュ	チ	ョ

⌒		ー	・	・
チ	ャ	ー	ハ	ン

⌒		ー	・	・	・
チ	ュ	ー	リ	ッ	プ

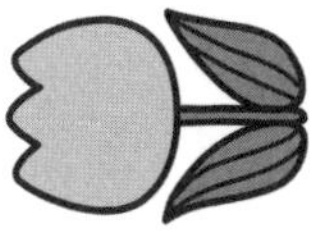

⌒		・
チ	ョ	コ

⌒		ー	・	・	・

⌒		・

その33

なまえ

ニャニュニョ

ニャーニャー

ニュース

ニョキニョキ

その34

なまえ

ヒャ　ヒュ　ヒョ

ヒャー

ヒューヒュー

ヒョウ

その35	なまえ

〔arc〕		〔arc〕		〔arc〕	
ミ	ャ	ミ	ュ	ミ	ョ

〔arc〕		・	・	ー
ミ	ャ	ン	マ	ー

〔arc〕		ー	・	・	・
ミ	ュ	ー	ジ	ッ	ク

〔arc〕		・	・
ミ	ョ	ウ	ガ

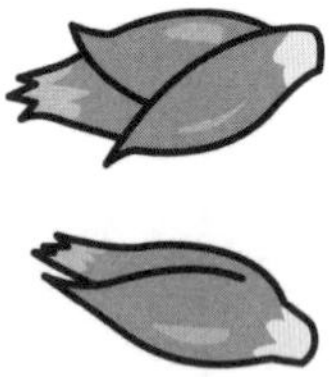

〔arc〕		・	・

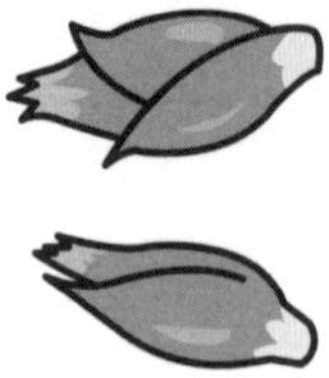

〔arc〕		ー	・	・	・

その36

なまえ

リャリュリョ

リャマ

リュック

マトリョーシカ

その37	なまえ

ギ	ャ	ギ	ュ	ギ	ョ

ギ	ャ	オ	ー

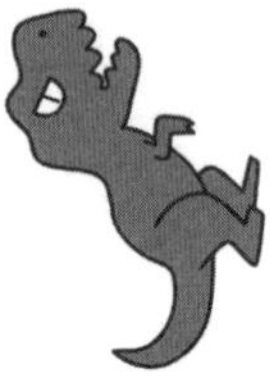

ス	イ	ギ	ュ	ウ

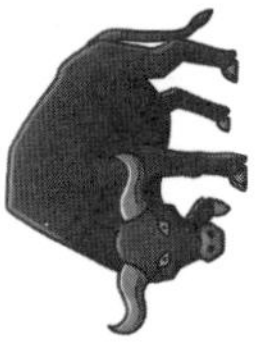

ギ	ョ	ー	ザ

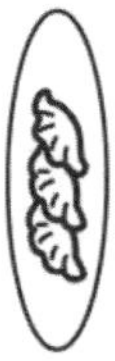

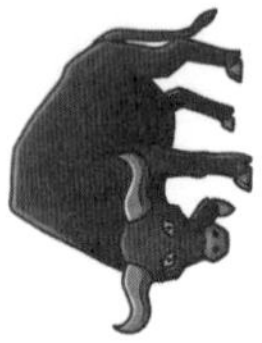

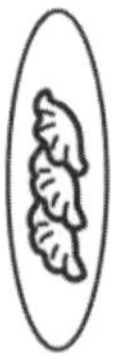

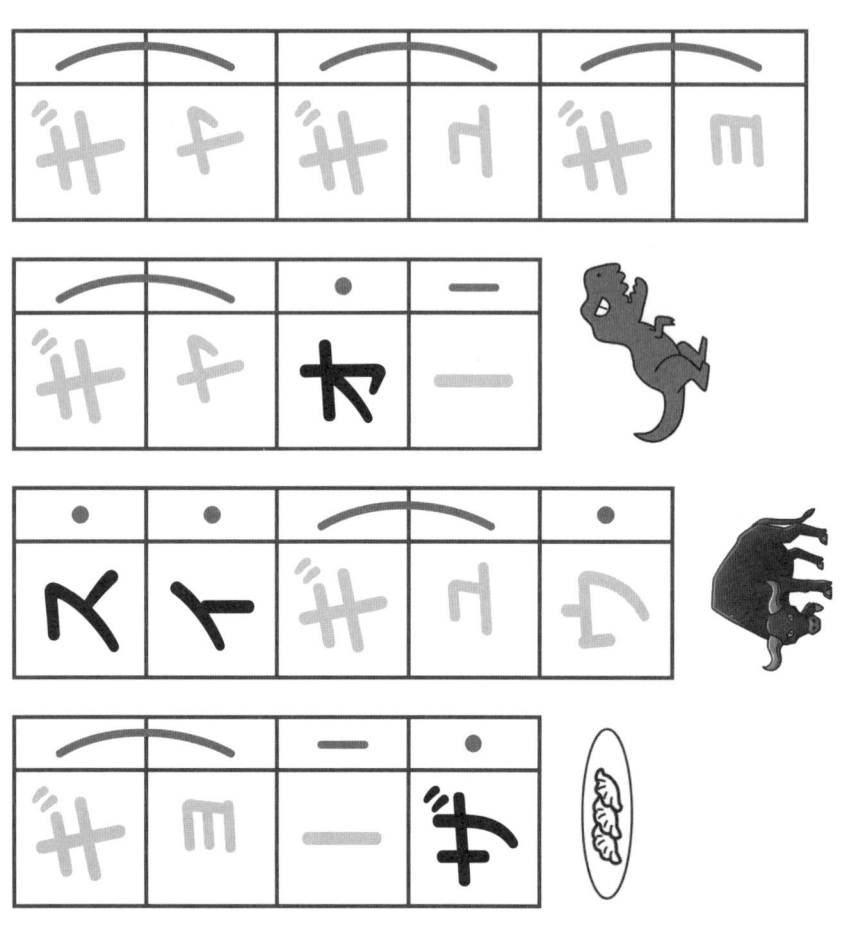

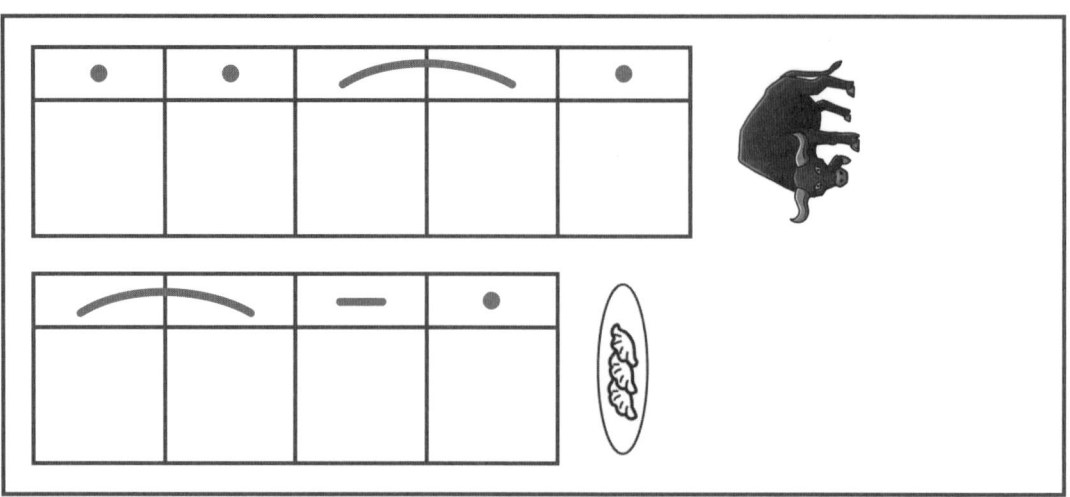

その38　なまえ

ジ	ャ	ジ	ュ	ジ	ョ

ジ	ャ	ン	ケ	ン

ジ	ュ	ー	ス

ジ	ョ	ウ	ロ

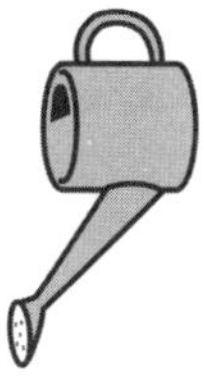

その39

なまえ

ヂャヂュヂョ

ビャビュビョ

インタビュー

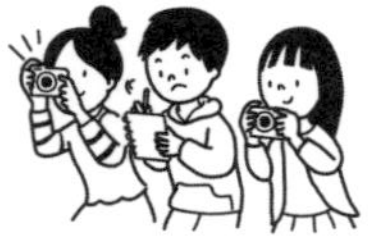

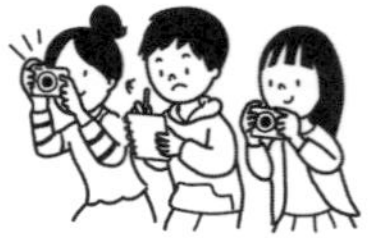

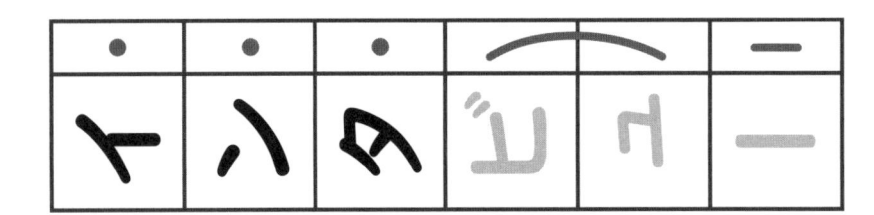

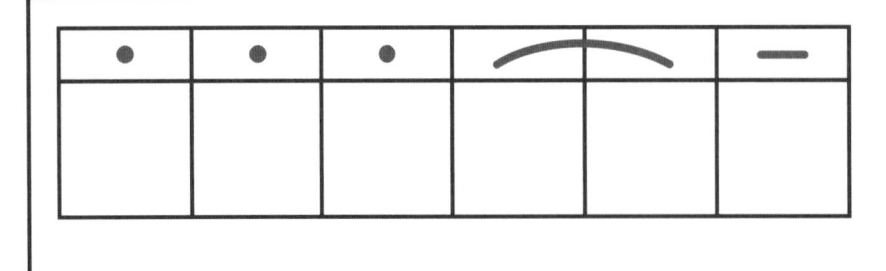

その40

なまえ

ピャピュピョ

コンピューター

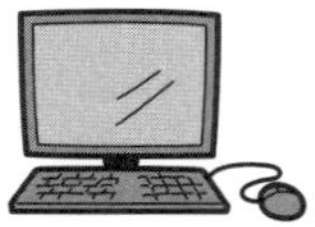

ピョンピョン

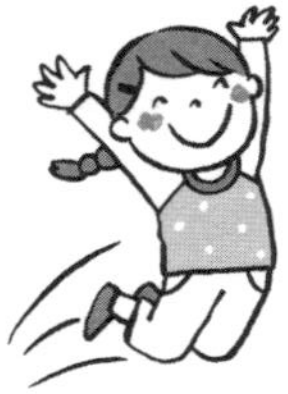

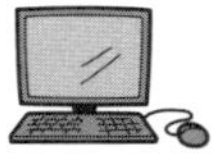

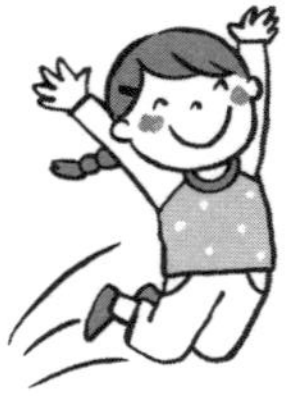

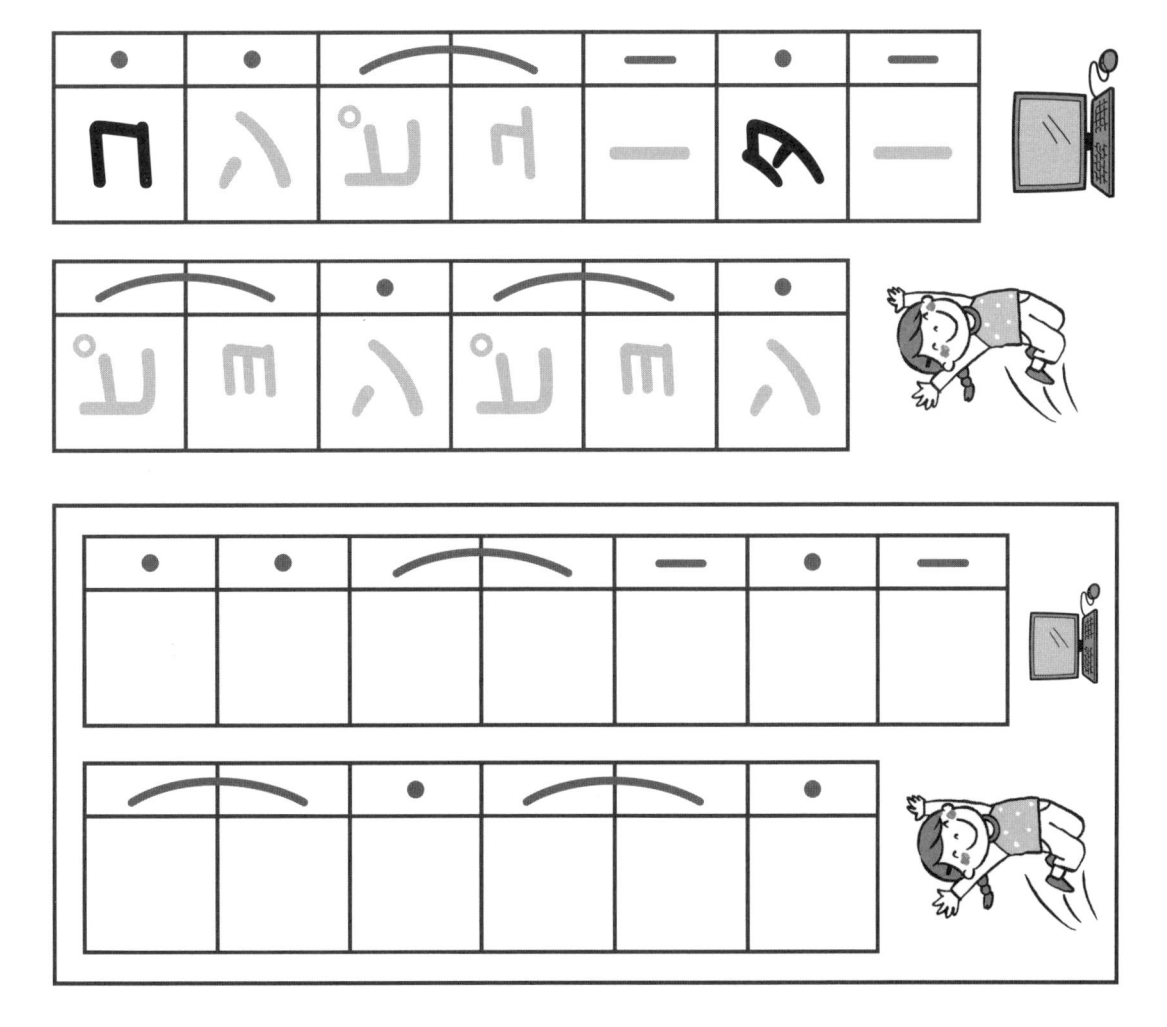

テスト①

なまえ

あ

いろん

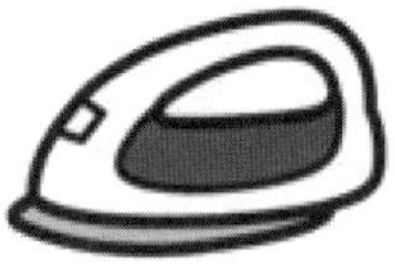

い

んく

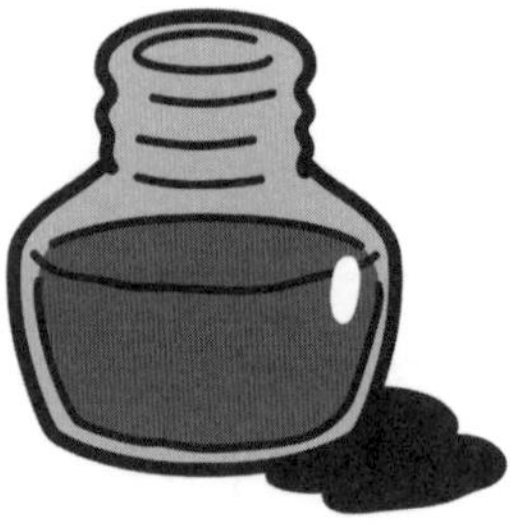

その1

う

いんなー

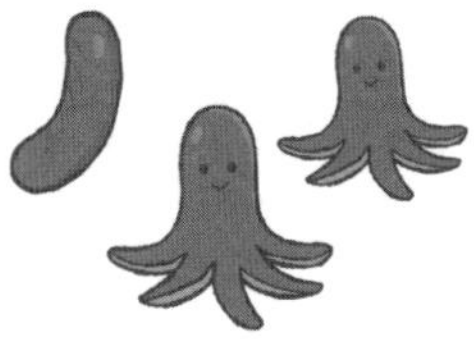

え

ぷろん

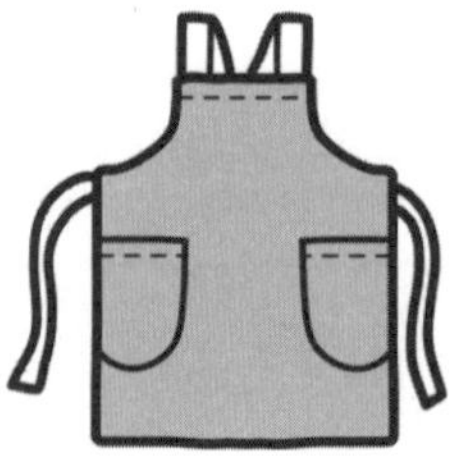

その2

お

ーとばい

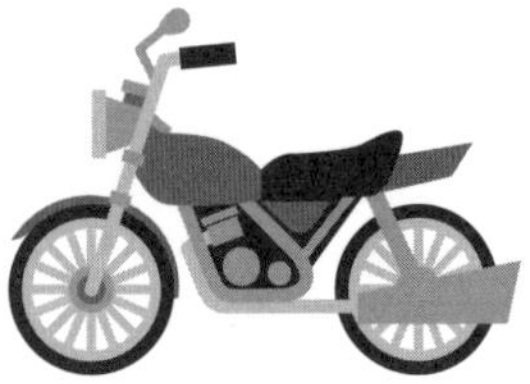

か

すたねっと

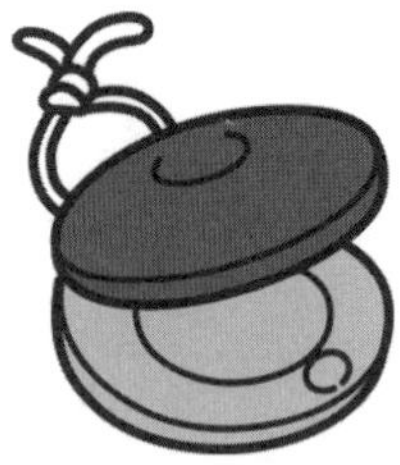

その3

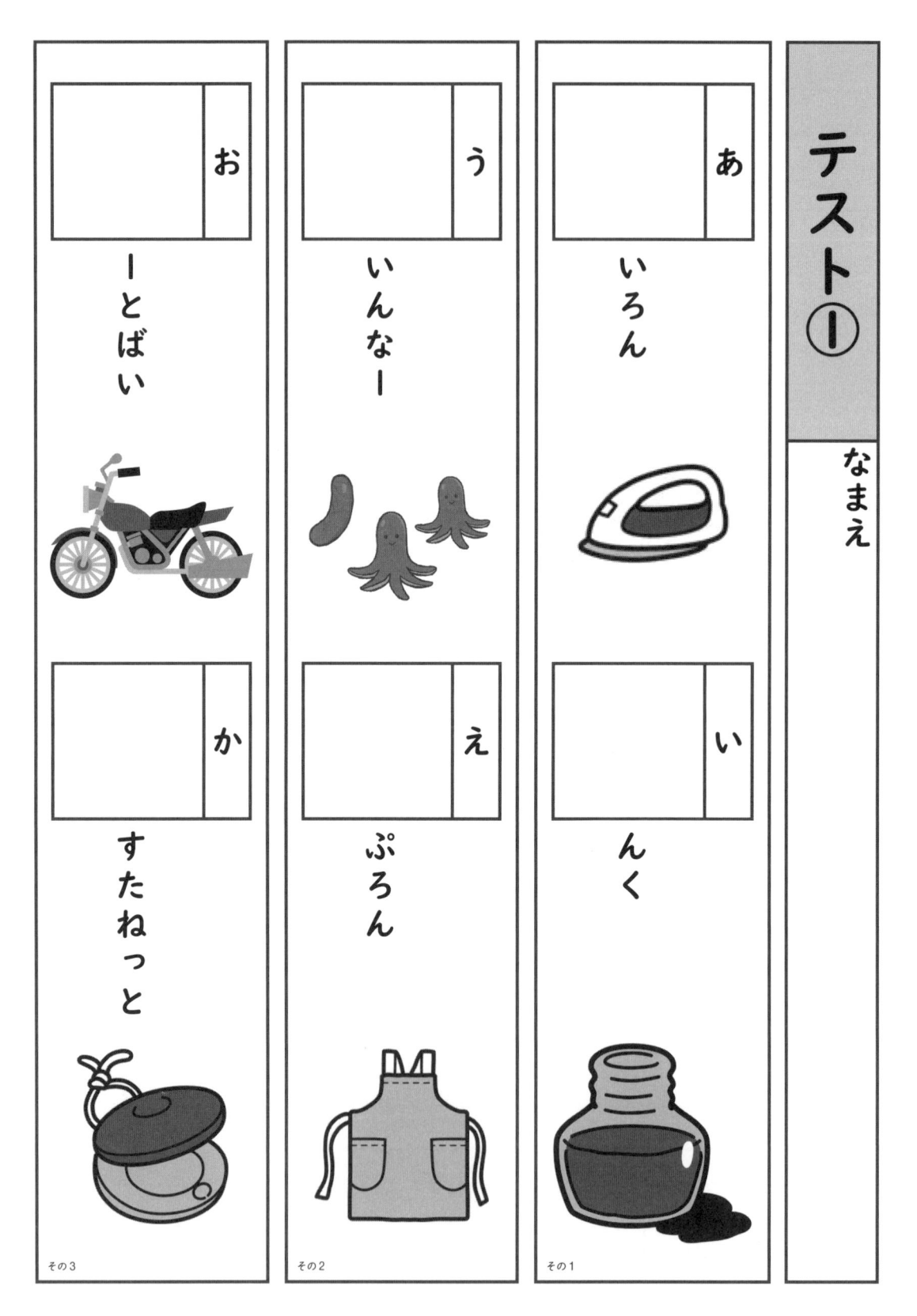

テスト②

なまえ

き
やべつ

く
れよん

その4

け
ーき

こ
つぷ

その5

さ
ぼてん

し
ーそー

その6

テスト③

なまえ

す
りっぱ

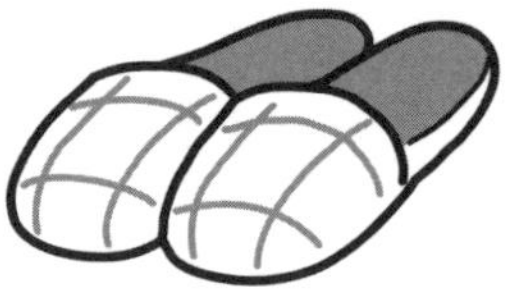

せ
み

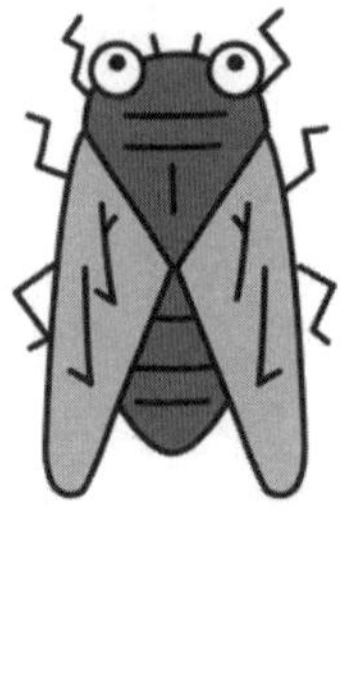

その7

そ
ふぁー

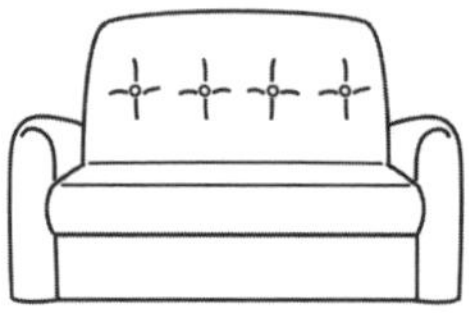

た
おる

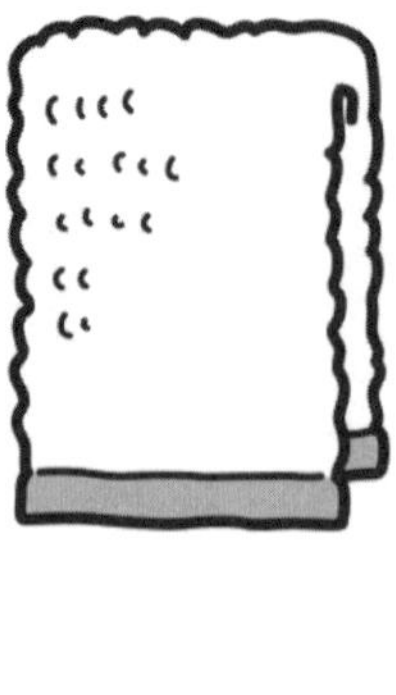

その8

ち
ーず

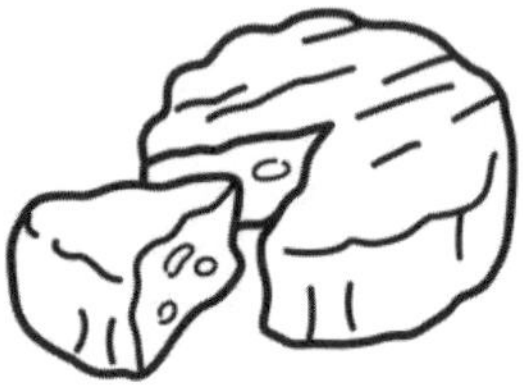

つ
ばめ

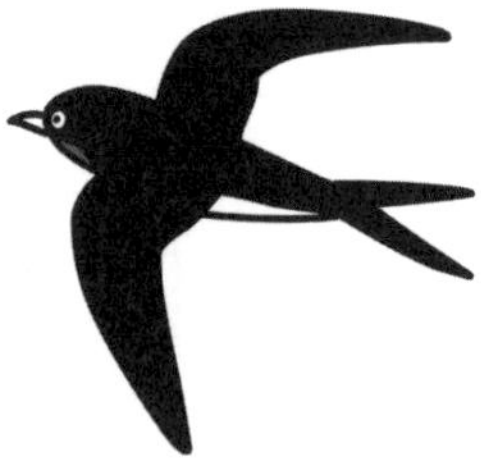

その9

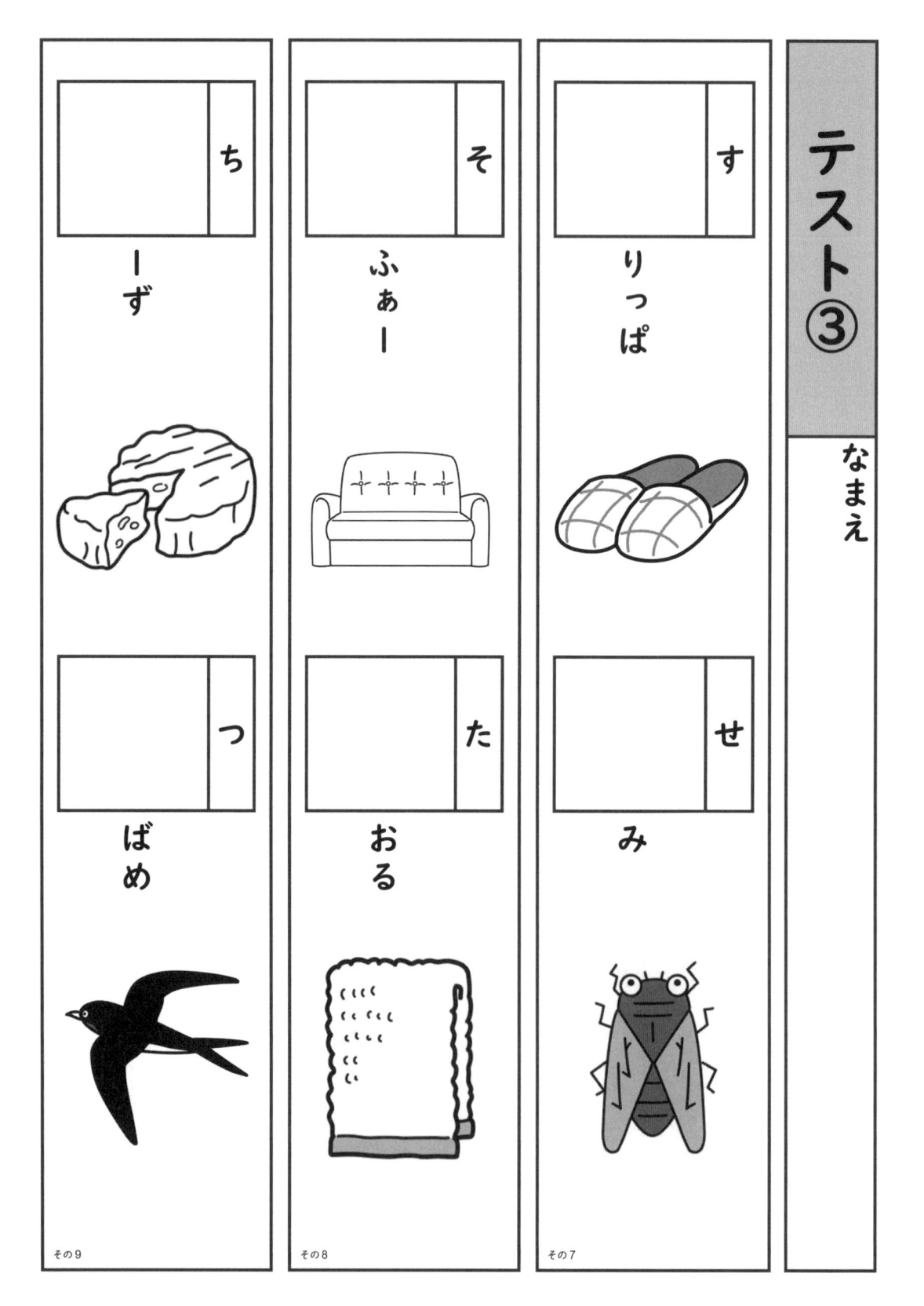

テスト④

なまえ

て
んと

と
らんぷ

その10

な
いふ

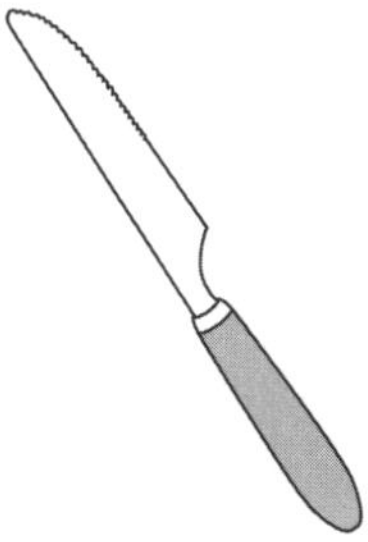

に
んじん

その11

ぬ
ー

ね
くたい

その12

テスト⑤

なまえ

の
ーと

は
んがー

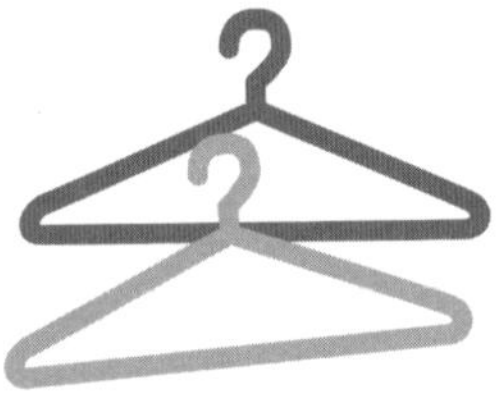

その13

ひ
ーたー

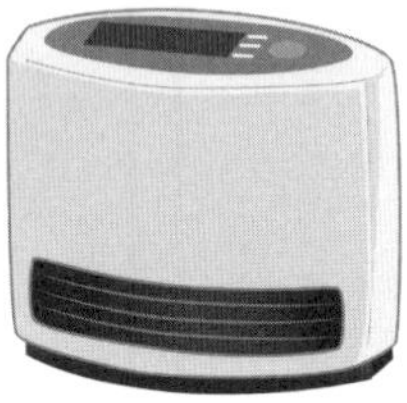

ふ
らいぱん

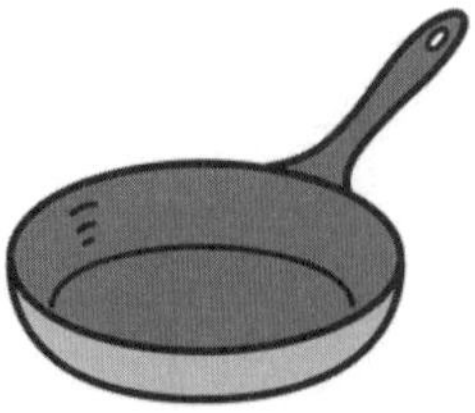

その14

へ
るめっと

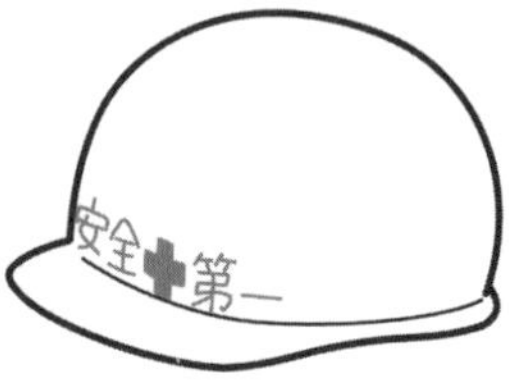

ほ
っとけーき

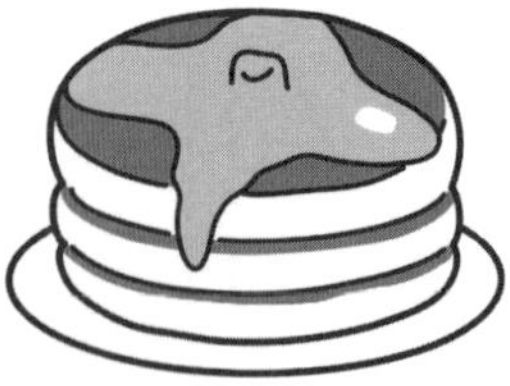

その15

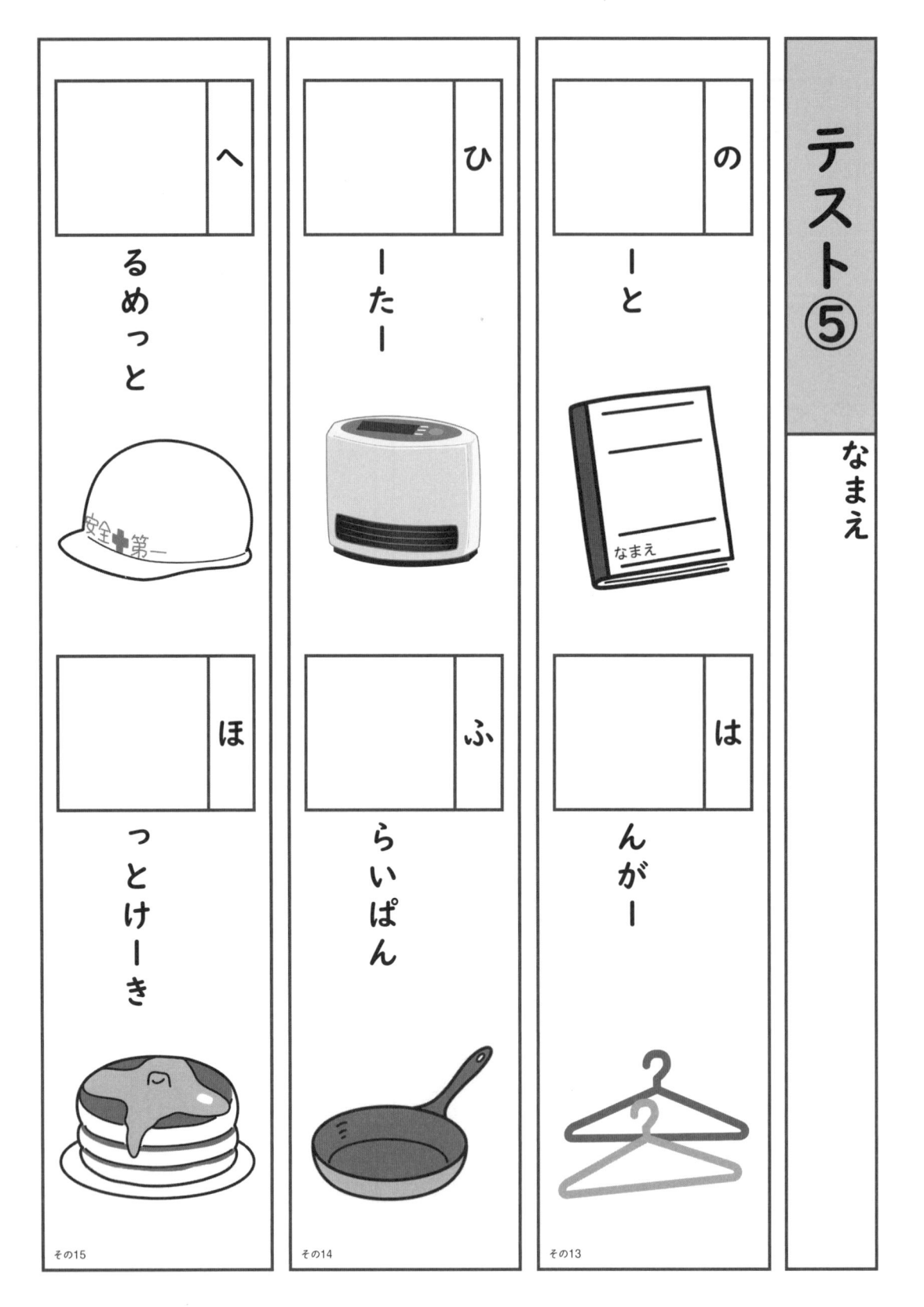

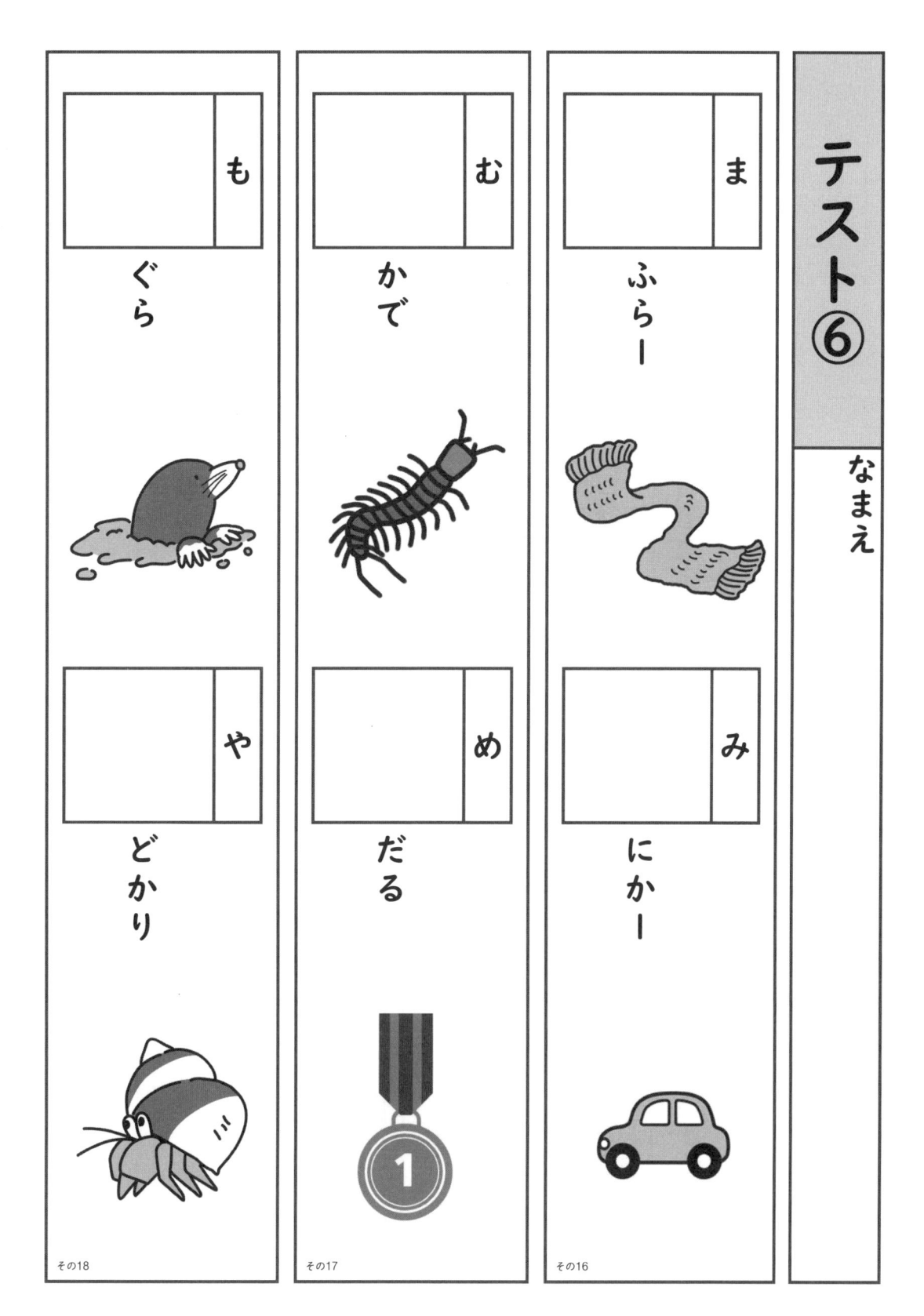

テスト⑥

なまえ

ま
ふらー

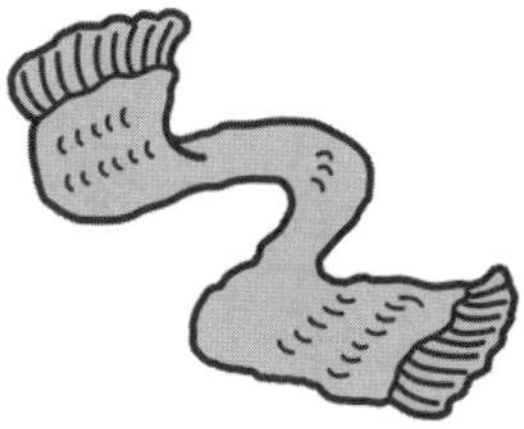

み
にかー

その16

む
かで

め
だる

その17

も
ぐら

や
どかり

その18

テスト⑦

なまえ

ゆ

ーふぉー

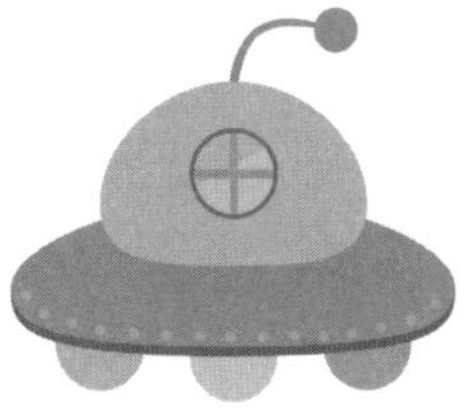

よ

ーよー

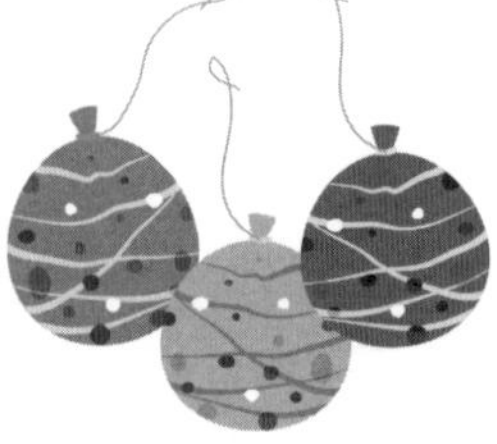

その19

ら

ーめん

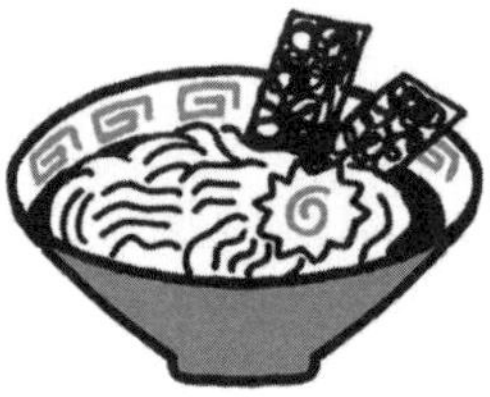

り

ぼん

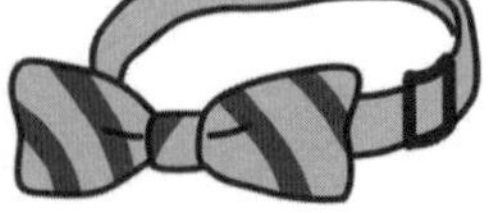

その20

る

びー

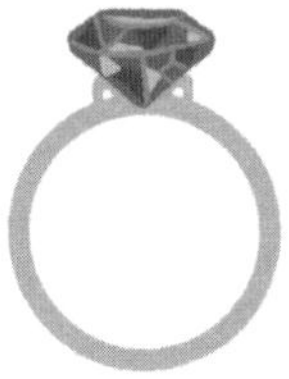

れ

もん

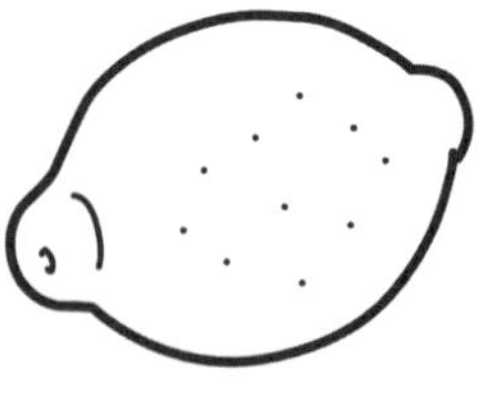

その21

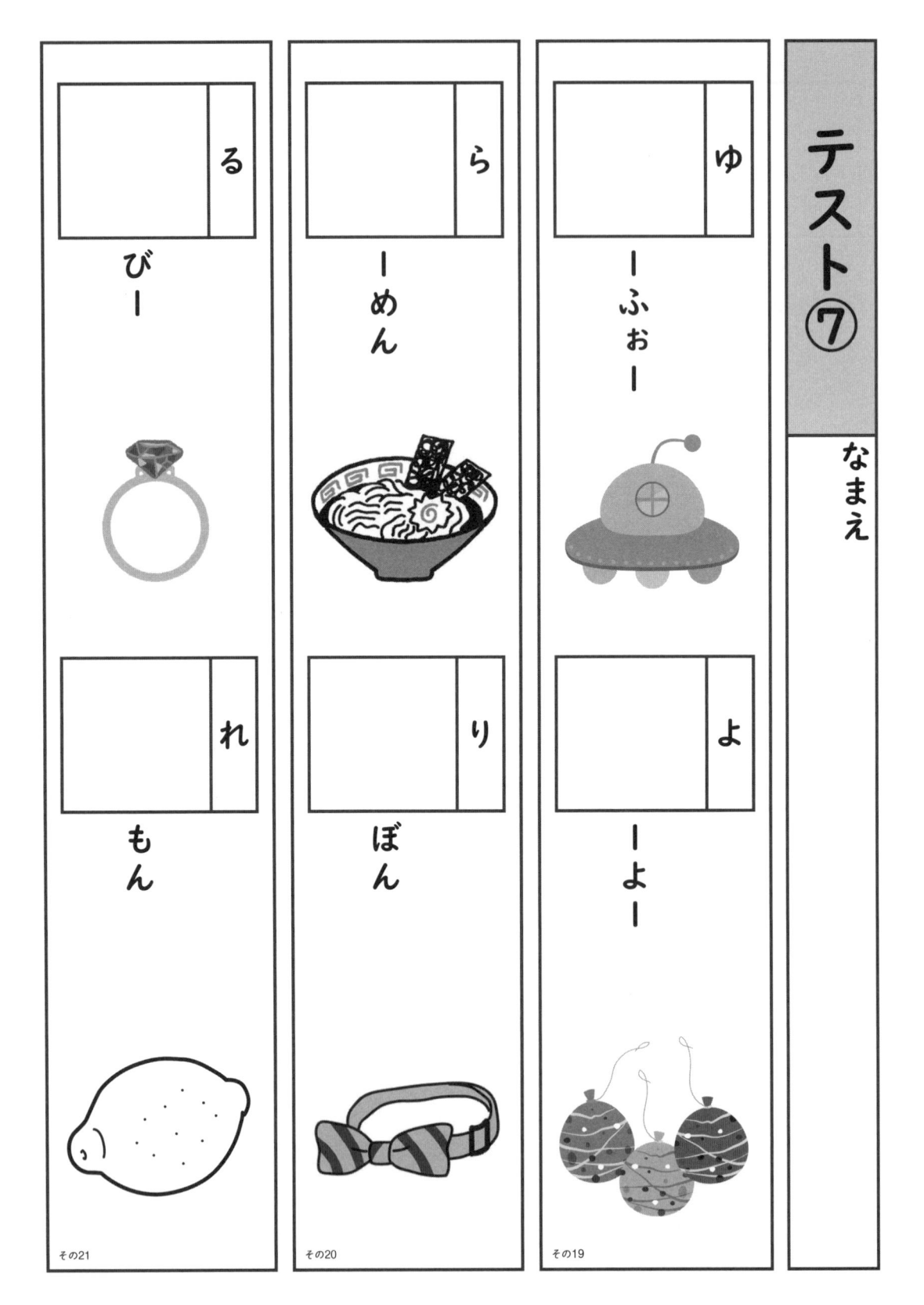

テスト⑧

なまえ

ろ
けっと

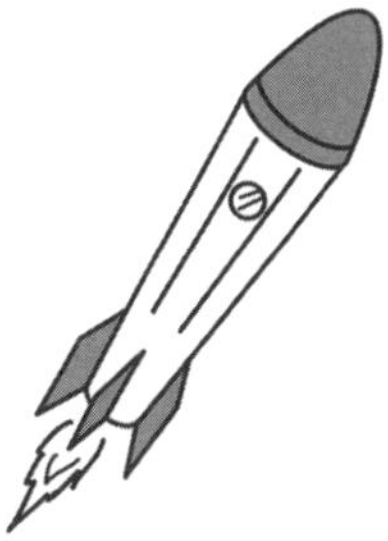

わ
に

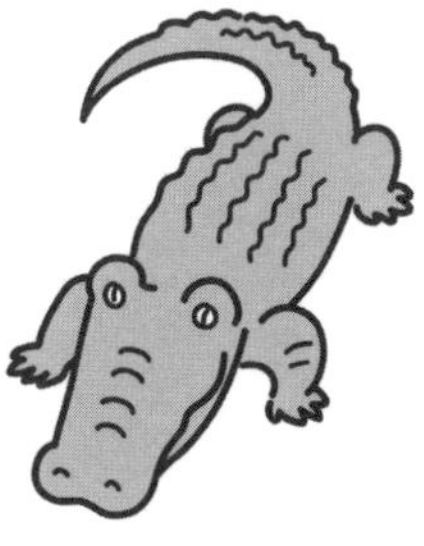

その22

え
を
かく

ぱ
ん
だ

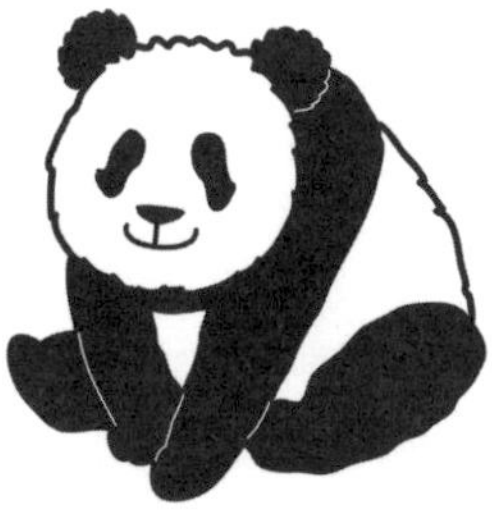

その23

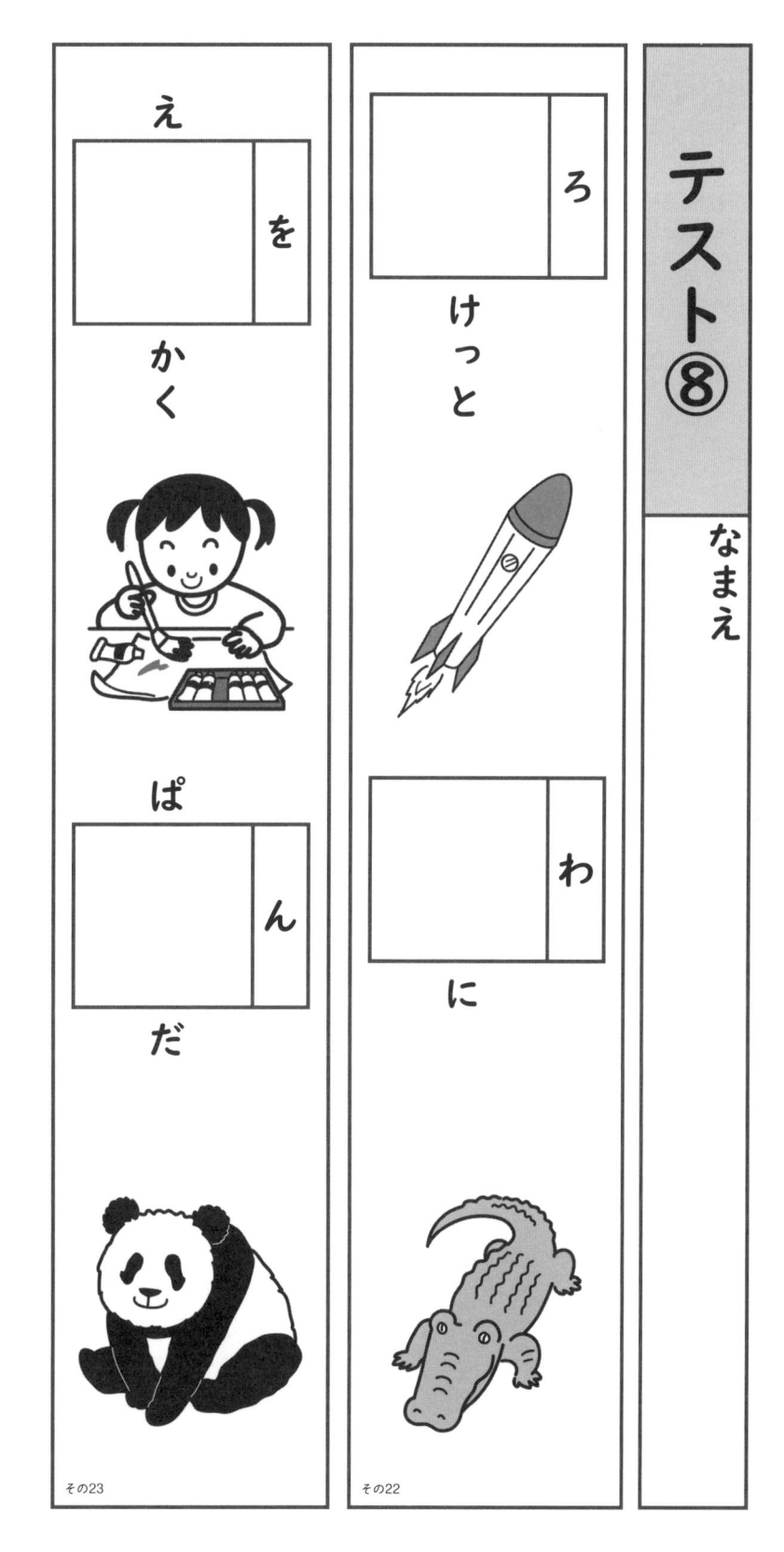

テスト⑨

なまえ

ム

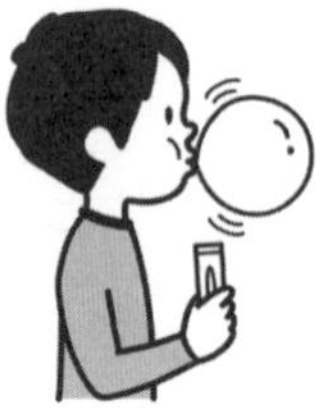

ター

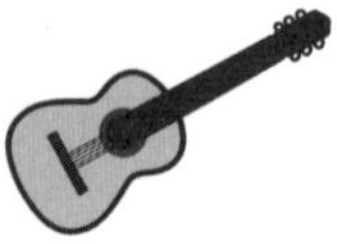

ミ

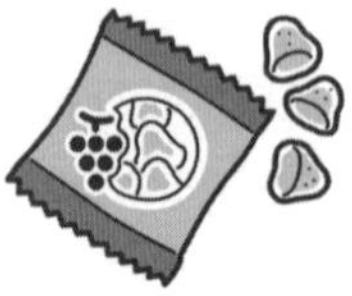

ーム

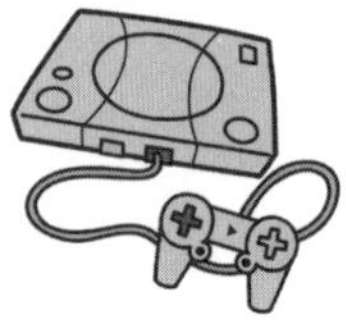

リラ

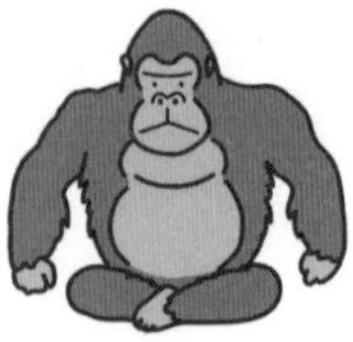

その24

リガニ

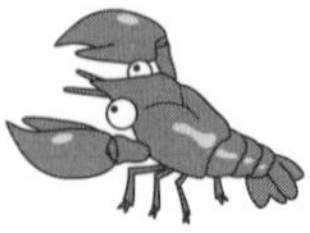

グザグ

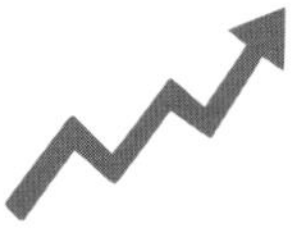

ボン

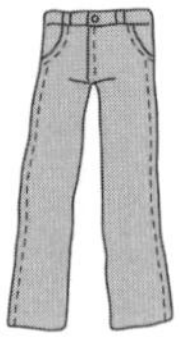

リー

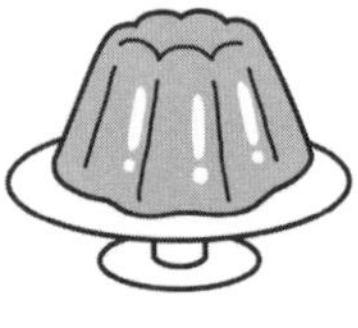

ウ

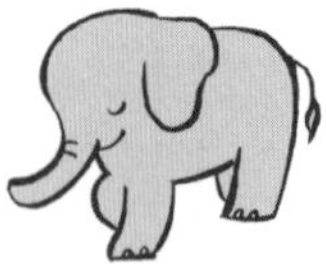

その25

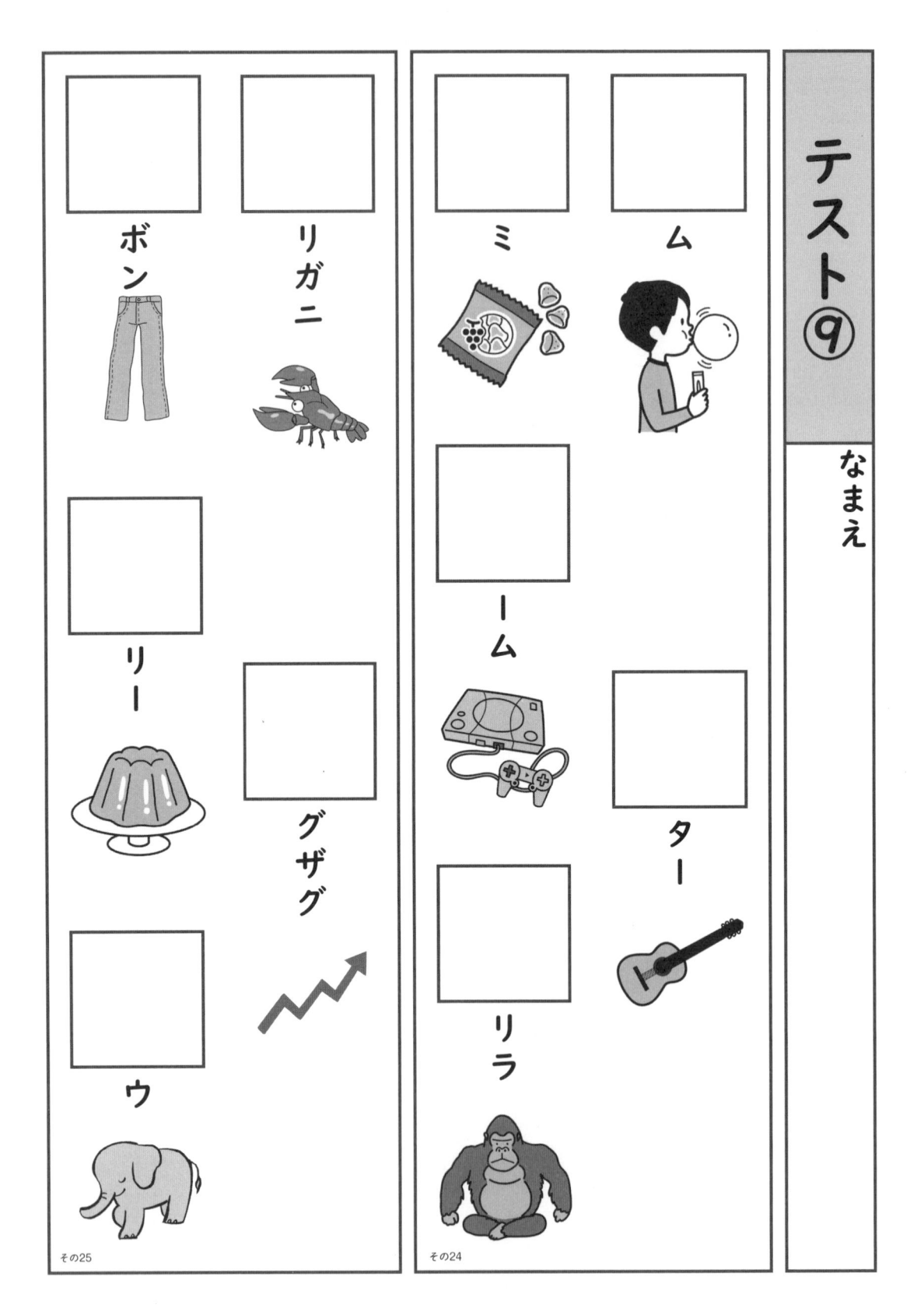

テスト⑩

なまえ

ンゴムシ

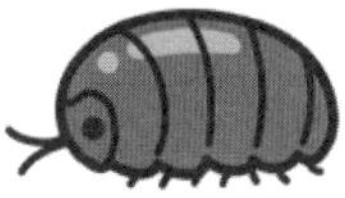

ハナ

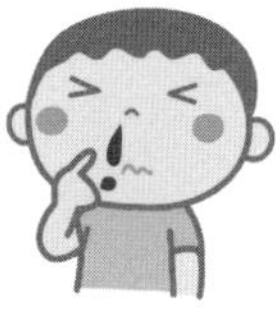

カナ

チ

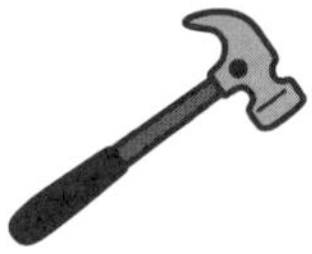

ザート

ーナツ

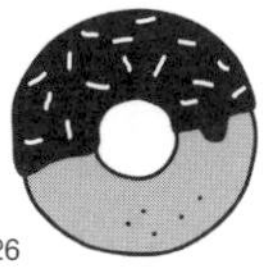

その26

ナナ

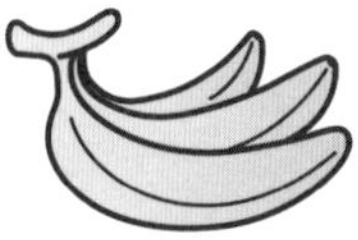

ール

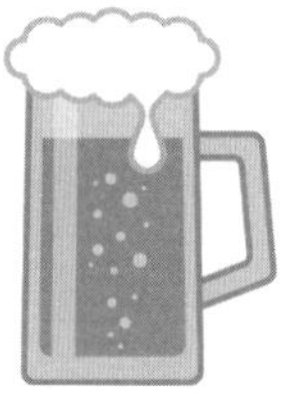

タ

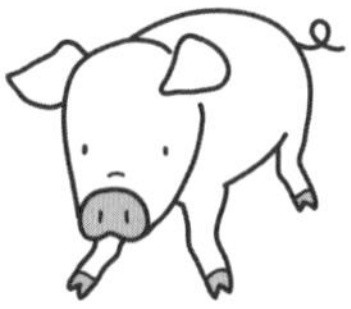

ーコン

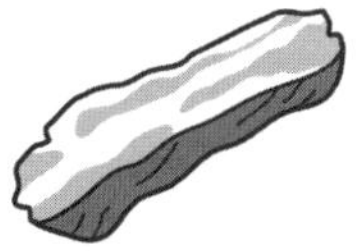

ール

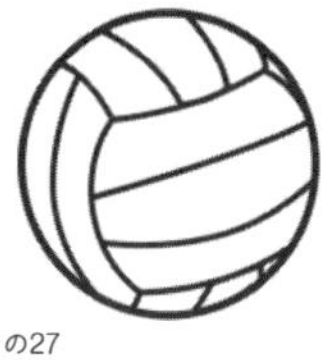

その27

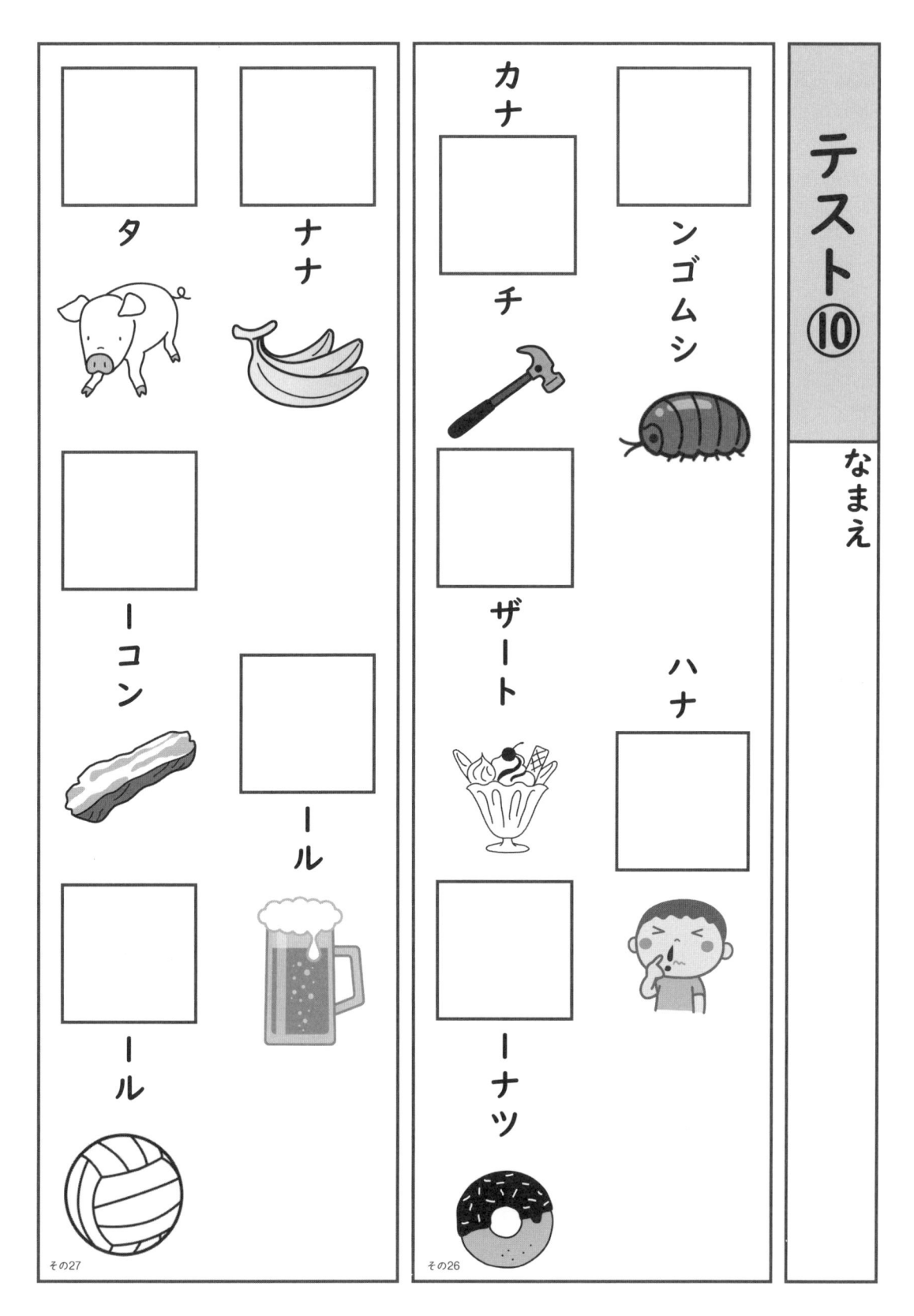

テスト⑪

なまえ

ン

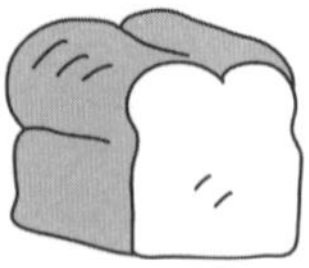

ーマン

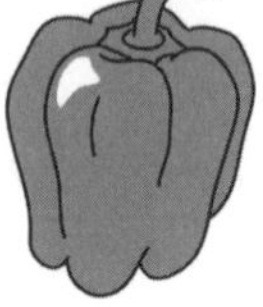

リン

ンギン

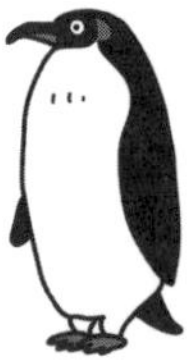

スト

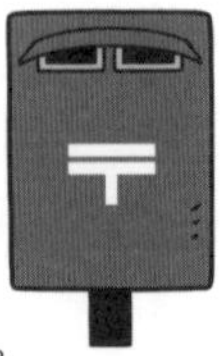

その28

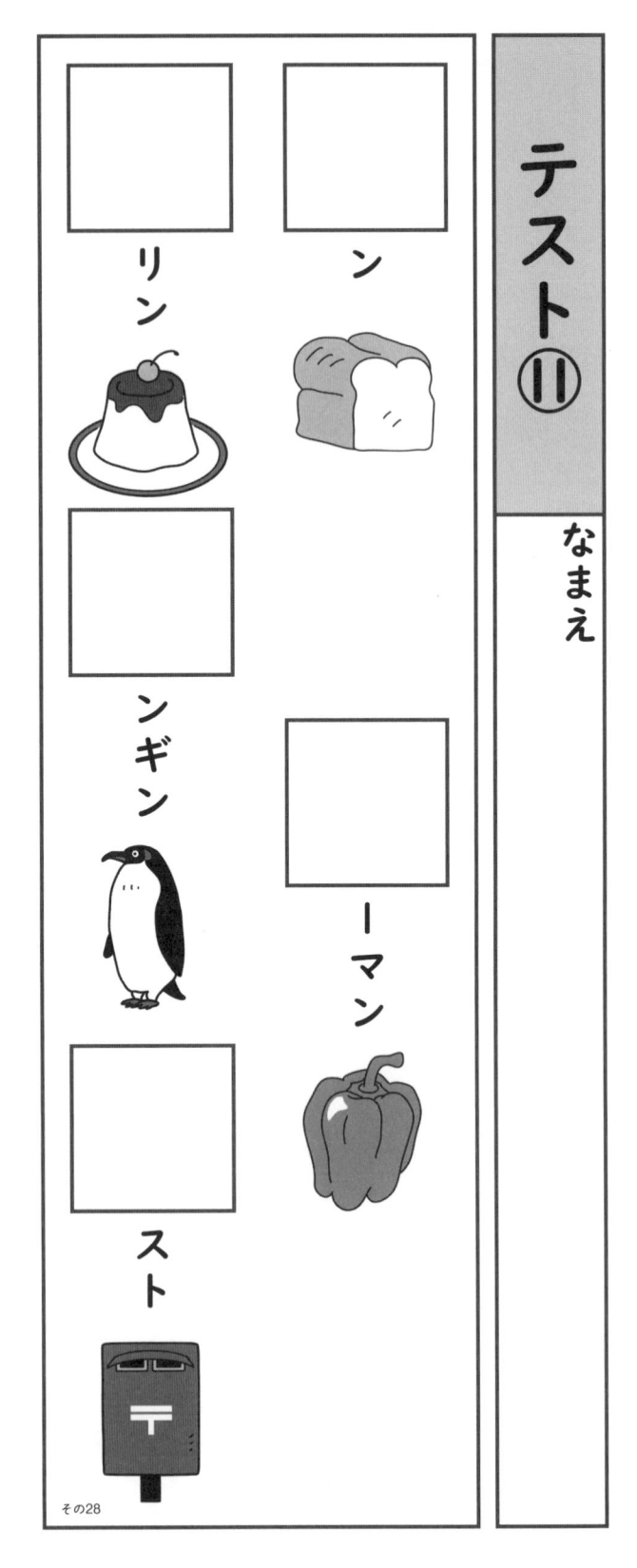

テスト⑫

なまえ

●	●	●

●	●	●

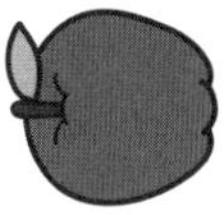

●	●	●

●	●	●

●	●	●

●	●	●

●	●	●	●
ト			ク

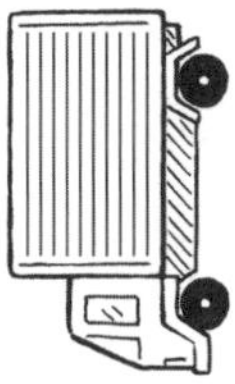

●	●	●	●
ロ			ト

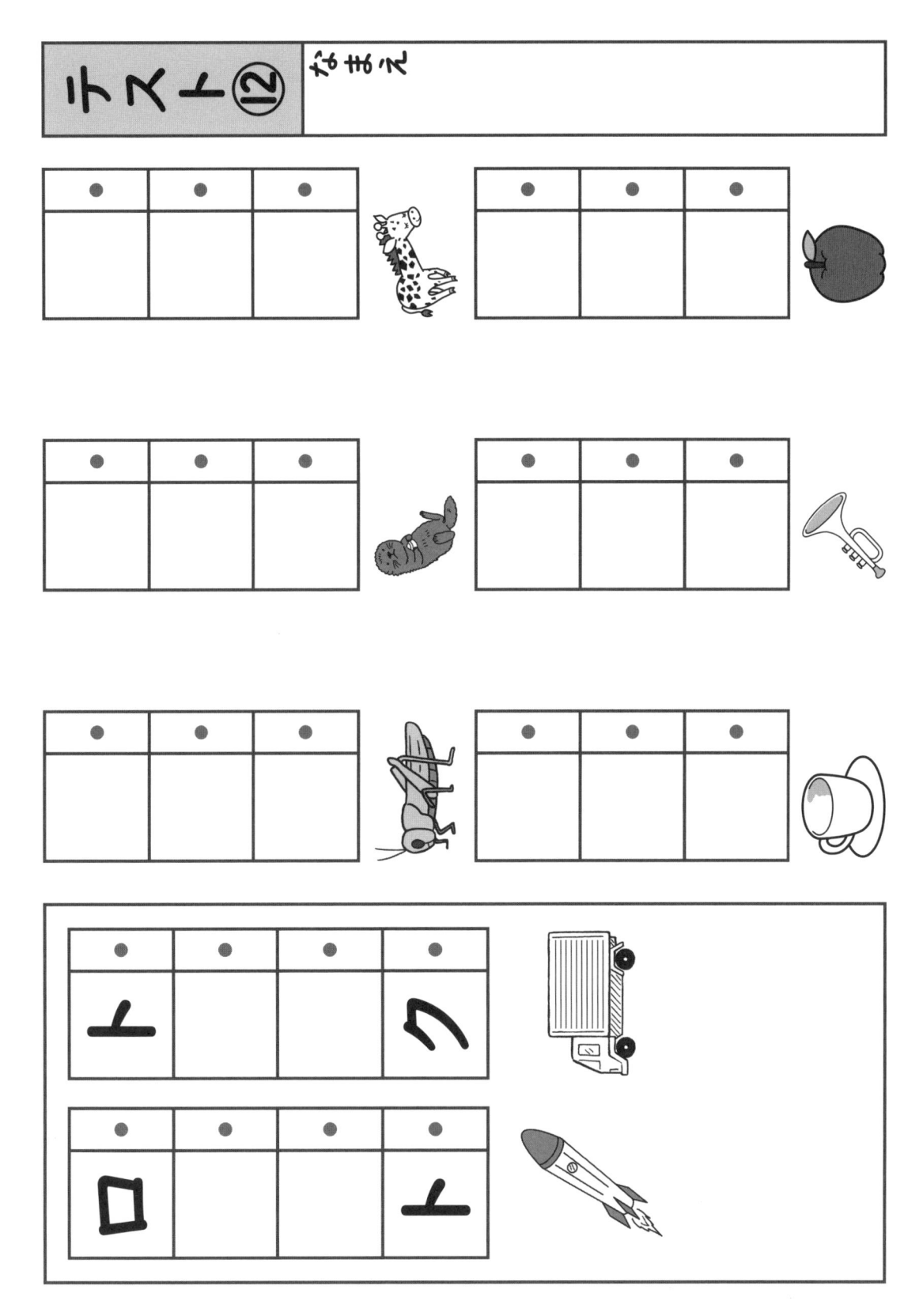

テスト⑬

なまえ

⌒		•	•	•
		ラ	メ	ル

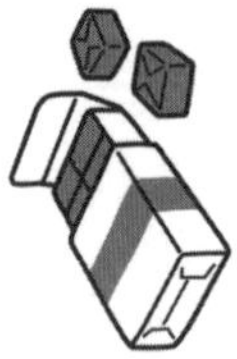

⌒		•	•
			リ

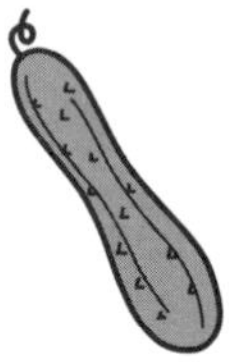

•	•	⌒		•
ラ				

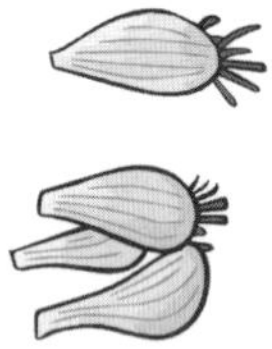

その30

⌒		•	ー
		ワ	

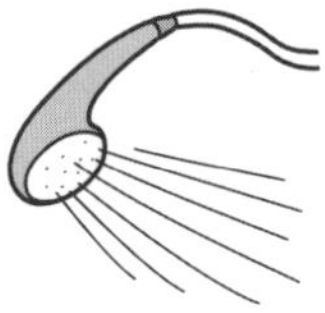

⌒		ー	•	•	ー	•
			ク			ム

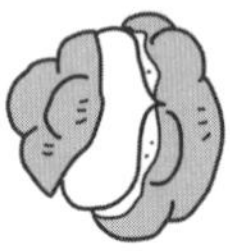

⌒		ー

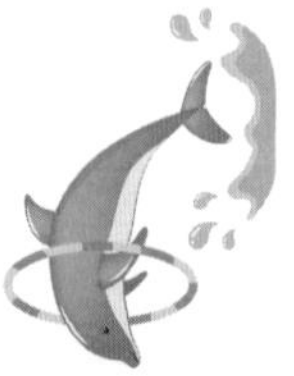

その31

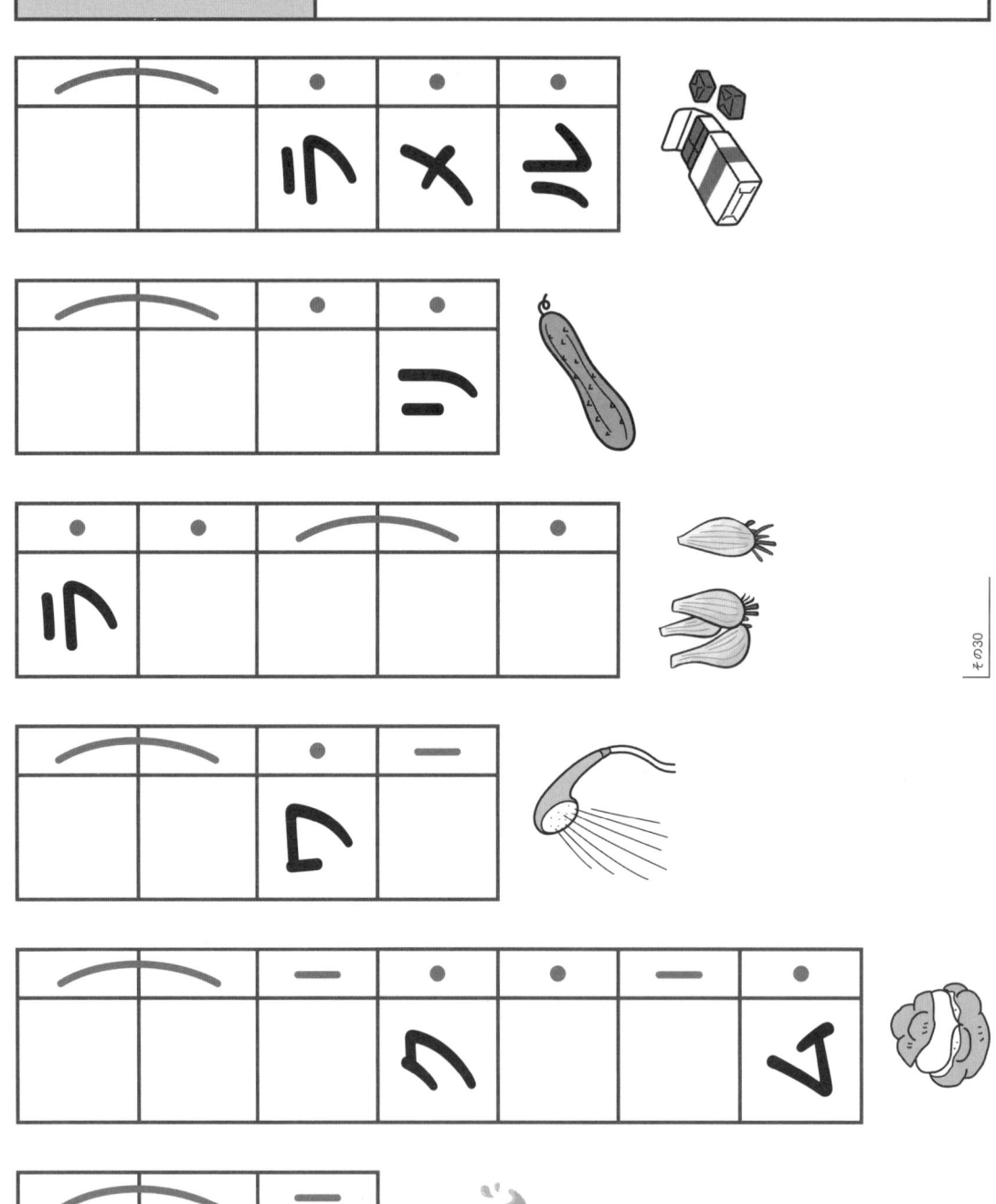

テスト⑭

なまえ

			ハ	

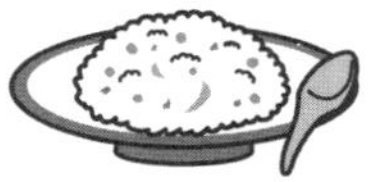

					プ

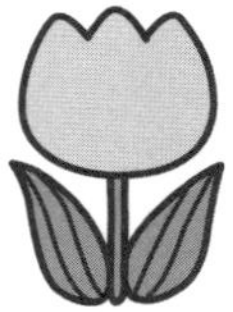

		コ

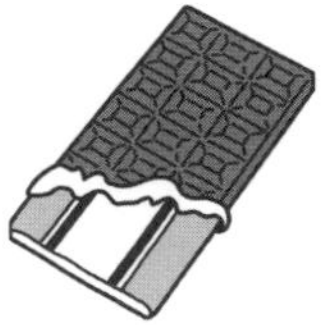

その32

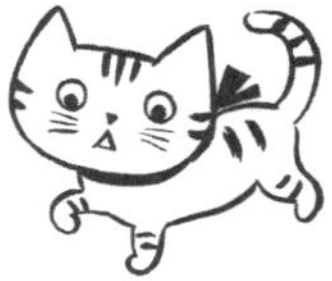

			ス

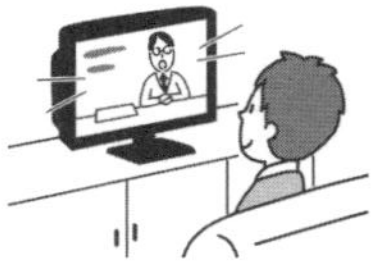

		キ			キ

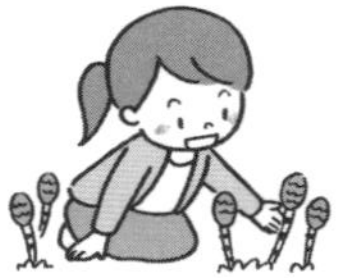

その33

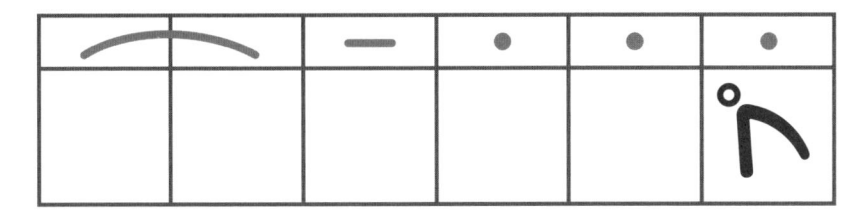

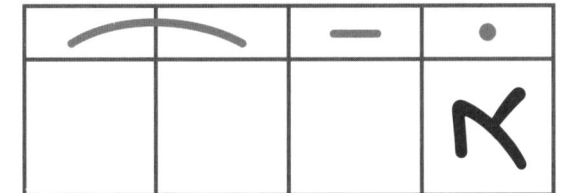

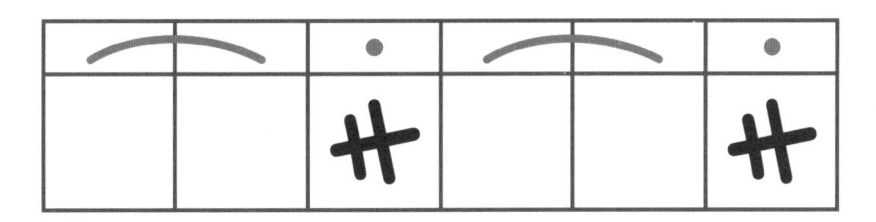

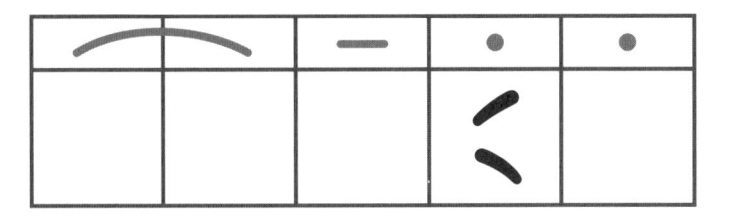

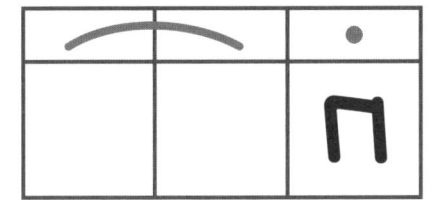

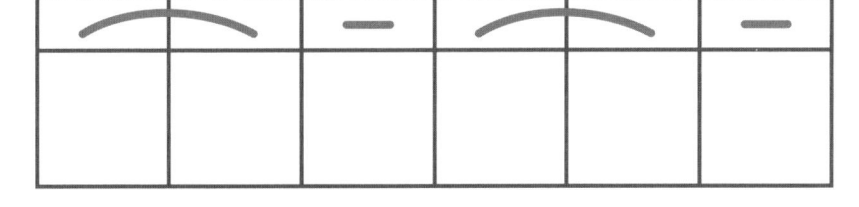

テスト⑮

なまえ

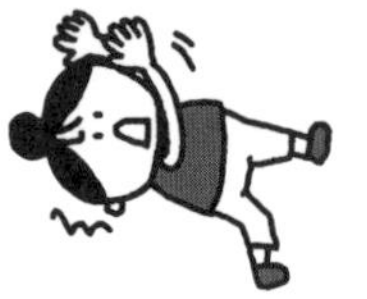

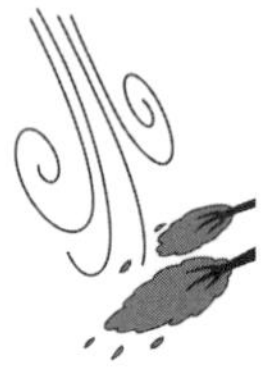

		ウ

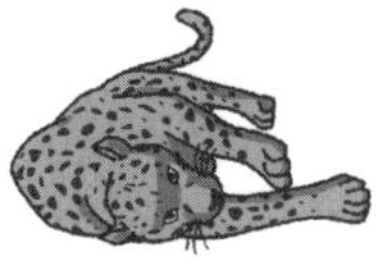

その34

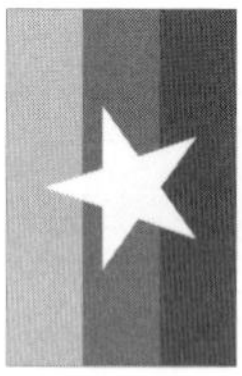

					ク

		ウ	ガ

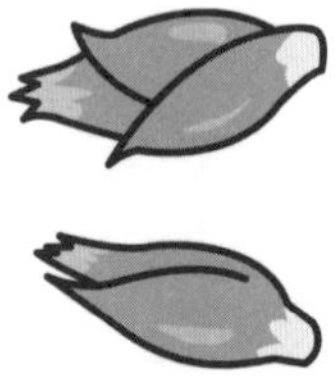

その35

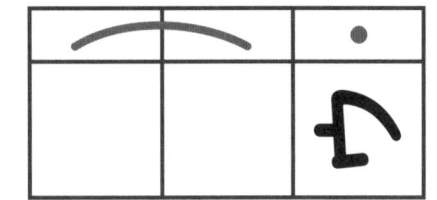

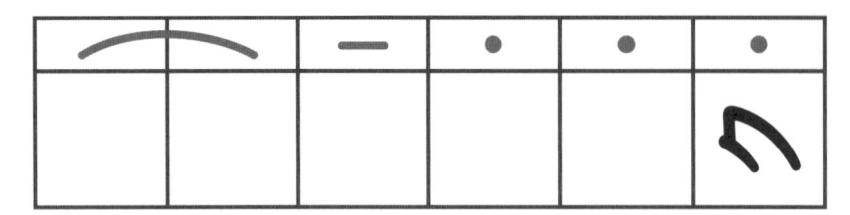

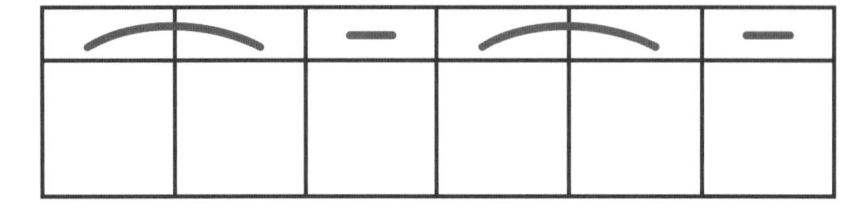

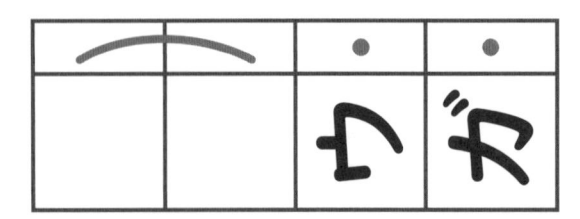

テスト⑯

なまえ

		マ

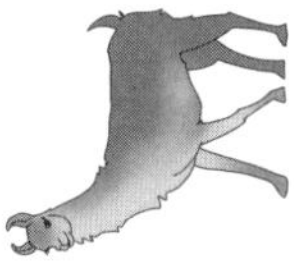

			ク

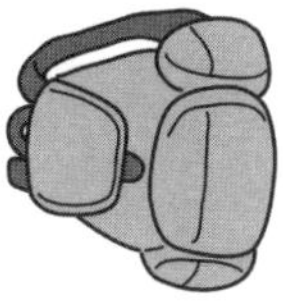

マ	ト				シ	カ

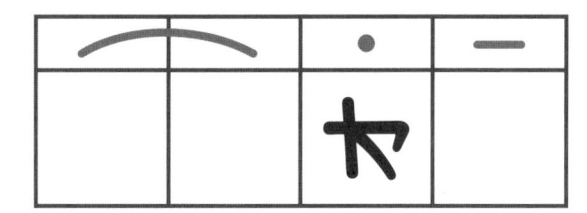

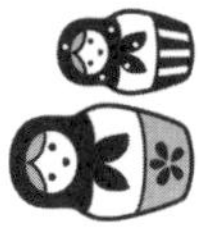

その36

		オ	

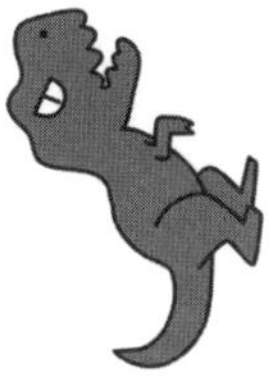

ス	イ			ウ

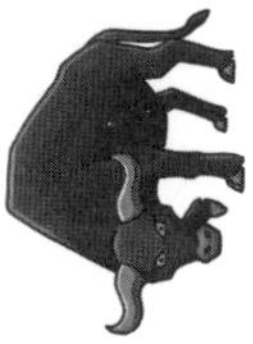

			ザ

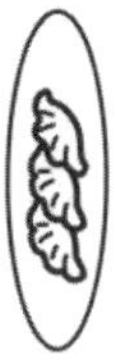

その37

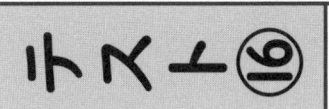

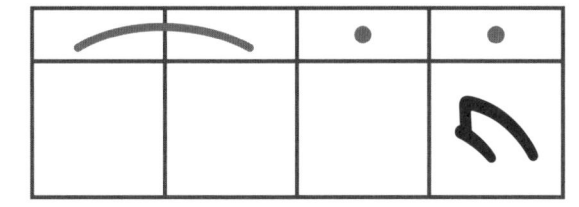

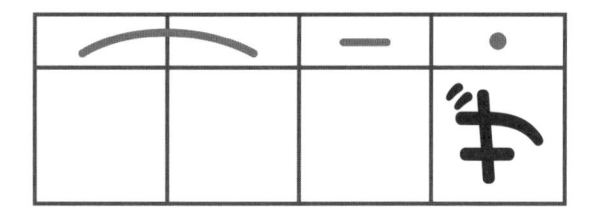

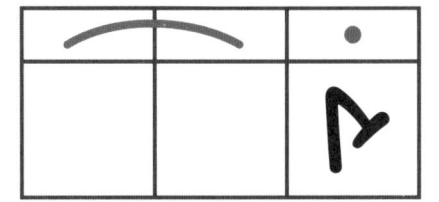

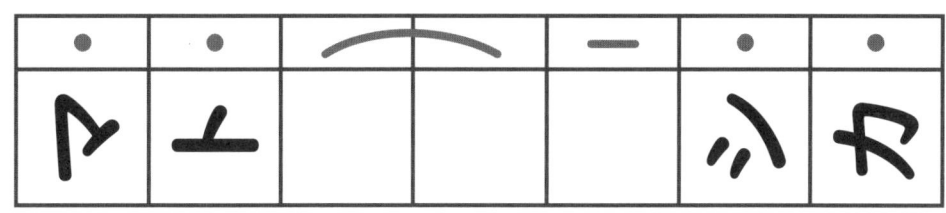

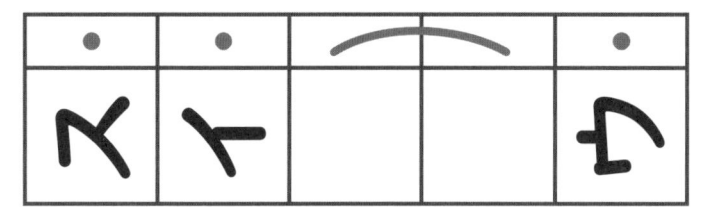

テスト⑰	なまえ

⌒		●	●	●
			ケ	

⌒		ー	●
			ス

⌒		●	●
		ウ	ロ

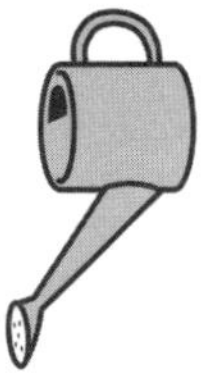

その38

●	●	●	⌒		ー
イ	ン	タ			

その39

●	●	⌒		ー	●	ー
コ					タ	

⌒		●	⌒		●

その40

記録用紙（清音①）	児童名：	枚目

マスの中に「読み・書き」の正誤を〇×で記入　※補助を要した場合は△

日付		／	／	／	／	／	／	／	／	／	／	／	／	／
ア	読み													
	書き													
イ	読み													
	書き													
ウ	読み													
	書き													
エ	読み													
	書き													
オ	読み													
	書き													
カ	読み													
	書き													
キ	読み													
	書き													
ク	読み													
	書き													
ケ	読み													
	書き													
コ	読み													
	書き													
サ	読み													
	書き													
シ	読み													
	書き													
ス	読み													
	書き													
セ	読み													
	書き													
ソ	読み													
	書き													
タ	読み													
	書き													
チ	読み													
	書き													
ツ	読み													
	書き													
テ	読み													
	書き													
ト	読み													
	書き													
ナ	読み													
	書き													
ニ	読み													
	書き													
ヌ	読み													
	書き													
ネ	読み													
	書き													
備考														

記録用紙（清音②）

児童名：	枚目

マスの中に「読み・書き」の正誤を○×で記入　※補助を要した場合は△

日付		／	／	／	／	／	／	／	／	／	／	／	／	／
ノ	読み													
	書き													
ハ	読み													
	書き													
ヒ	読み													
	書き													
フ	読み													
	書き													
ヘ	読み													
	書き													
ホ	読み													
	書き													
マ	読み													
	書き													
ミ	読み													
	書き													
ム	読み													
	書き													
メ	読み													
	書き													
モ	読み													
	書き													
ヤ	読み													
	書き													
ユ	読み													
	書き													
ヨ	読み													
	書き													
ラ	読み													
	書き													
リ	読み													
	書き													
ル	読み													
	書き													
レ	読み													
	書き													
ロ	読み													
	書き													
ワ	読み													
	書き													
ヲ	読み													
	書き													
ン	読み													
	書き													
備考														

記録用紙（濁音・半濁音）	児童名：	枚目

マスの中に「読み・書き」の正誤を○×で記入　※補助を要した場合は△

日付		／	／	／	／	／	／	／	／	／	／	／	／	／
ガ	読み													
	書き													
ギ	読み													
	書き													
グ	読み													
	書き													
ゲ	読み													
	書き													
ゴ	読み													
	書き													
ザ	読み													
	書き													
ジ	読み													
	書き													
ズ	読み													
	書き													
ゼ	読み													
	書き													
ゾ	読み													
	書き													
ダ	読み													
	書き													
ヂ	読み													
	書き													
ヅ	読み													
	書き													
デ	読み													
	書き													
ド	読み													
	書き													
バ	読み													
	書き													
ビ	読み													
	書き													
ブ	読み													
	書き													
ベ	読み													
	書き													
ボ	読み													
	書き													
パ	読み													
	書き													
ピ	読み													
	書き													
プ	読み													
	書き													
ペ	読み													
	書き													
ポ	読み													
	書き													

記録用紙（拗音・促音・長音）

児童名：	枚目

読めた文字・書けた文字を記入する

日付		／	／	／	／
その29	読み				
	書き				
その30	読み				
	書き				
その31	読み				
	書き				
その32	読み				
	書き				
その33	読み				
	書き				
その34	読み				
	書き				
その35	読み				
	書き				
その36	読み				
	書き				
その37	読み				
	書き				
その38	読み				
	書き				
その39	読み				
	書き				
その40	読み				
	書き				
備考					

記録用紙（単語・書き分け）	児童名：	枚目

テストの正誤を〇×で記入　練習を要した場合は△

日付		／	／	／	／	／	／	／
記入例	カタカナ	〇〇〇×〇〇	〇〇〇〇〇〇					
	ひらがな	〇〇〇	未実施					
	どちらかな	×〇〇〇〇〇	〇〇〇〇〇〇					
①	カタカナ							
	ひらがな							
	どちらかな							
②	カタカナ							
	ひらがな							
	どちらかな							
③	カタカナ							
	ひらがな							
	どちらかな							
④	カタカナ							
	ひらがな							
	どちらかな							
⑤	カタカナ							
	ひらがな							
	どちらかな							
⑥	カタカナ							
	ひらがな							
	どちらかな							
⑦	カタカナ							
	ひらがな							
	どちらかな							
⑧	カタカナ							
	ひらがな							
	どちらかな							

【著者紹介】

河村　優詞（かわむら　まさし）

東京都公立小学校主任教諭，博士（総合社会文化），環太平洋大学非常勤講師，日本自閉症スペクトラム学会誌『自閉症スペクトラム研究』編集委員，日本ポジティブ行動支援ネットワーク運営委員，地域障害児教育研究会会長。応用行動分析学を専門とし，特別支援学級向け指導法開発に関する研究で表彰・論文多数。子ども達の能力開発とQOLの向上を図るため，科学的な根拠に基づく指導法と日本の教育現場におけるノウハウの融合を目指して研究・教育・啓発活動に取り組んでいる。

特別支援教育サポートBOOKS
通級指導教室・特別支援学級で使える
河村式カタカナプリント

2025年2月初版第1刷刊 ©著　者　河　村　優　詞
発行者　藤　原　光　政
発行所　明治図書出版株式会社
http://www.meijitosho.co.jp
（企画）木山 麻衣子（校正）丹治 梨奈
〒114-0023　東京都北区滝野川7-46-1
振替00160-5-151318　電話03(5907)6702
ご注文窓口　電話03(5907)6668

＊検印省略　組版所　朝日メディアインターナショナル株式会社

Printed in Japan　ISBN978-4-18-308121-6